実践に活かす

保育の心理学

原口喜充 | 編著

ミネルヴァ書房

はじめに

　心理学は役に立つ。保育者の力になる。

　筆者はカウンセラーとして保育現場のお手伝いをしています。主な仕事は，発達の遅れやアンバランスさがあり困っている子について，保育者と一緒に理解を深め，関わり方を話し合うことです。保育者からその子の普段の様子を教えていただき，カウンセラーである筆者は，心理学の立場から子どもの行動の背景にある心理・発達的な意味を解説します。心理学の視点からお伝えすることで，保育者は「そういうことか！」と子どものよくわからなかった行動を納得して受け止めることができるようです。

　そのようなやり取りを重ねる中で，現場の保育者から「学生時代にちゃんと心理学を学んでおけばよかった」という声を耳にしてきました。実際に学生時代にどうだったのか尋ねてみると，心理学に対するイメージは授業で学ぶ「お勉強」であり，残念ながら，保育や子どもたちの姿とつながるものではなかったようでした。

　保育者養成校の学生は，座学に実技に実習にと，学ぶことが多くて大変です。そのような中での心理学の授業は，これまで馴染みのなかった心理学実験や小難しい専門用語が出てきて，テストやレポートで苦労するいやな科目なのかもしれません。しかし，じつは保育者として現場にでると，心理学は役に立つのです。だからこそ，保育者を目指す学生や現場の保育者に対して，保育に役に立つ心理学を伝えたいという思いを抱くようになりました。

　本書はこの思いを形にしたものです。心理学の知識が保育と結びつくように，現場でよく出会う子どもの姿を事例や具体例として多く盛り込みました。それが可能だったのは，本書の執筆者の多くが，実際に保育現場等で活躍するカウンセラー（臨床心理士・公認心理師の有資格者）だからです。カウンセラーとして保育者にお伝えしてきたことを，心理学の研究成果と結びつけながらわかりやすく解説しています。

　なお，本書の章立ては，保育士資格の必修科目である「保育の心理学」に対応しています。そのため，発達心理学の内容が中心になりますが，本書では保育者としての実践につながるようにと，実践に役立つ臨床心理学や教育心理学の内容も多く盛り込みました。

　いろいろな方とのご縁とご協力があり，学生にとっても，現役保育者にとっても，保育現場に興味のあるカウンセラーにとっても，読みやすいけれど読み応えのあるものができたと自負しています。本書を読むことで，心理学が役に立つものであり，学ぶことで保育者の力になると，きっと実感してもらえるはずです。

編著者　原口喜充

目　次

第Ⅱ部　子どもの発達過程

第Ⅲ部　子どもの学びと保育

第Ⅰ部
発達をとらえる視点

第1章
発達を学ぶ意義

第1章では，これから発達について学びを深めていく前に，保育者が発達について学ぶ意義について解説します。第1節では，具体例から保育者が発達を学ぶ意義を考えてみましょう。第2節では，「発達」の定義や過程について学びます。第3節では，本書のタイトルにもある「保育の心理学」という言葉について考えてみます。この章を読み終わったあとに，保育の心理学として乳幼児の発達について学ぶ意義が，きっとわかるはずです。

1 なぜ発達を学ぶのか

　心理学を初めて学ぶ学生に，「心理学」のイメージを尋ねてみると，心理テストや「心を読める」といったカジュアルな答えも返ってきますが，それと同じくらい「難しそう」という声も聞きます。たしかに，心理学は決して簡単な学問ではありませんが，じつはとてもおもしろくて，子どもの理解や保育にもとても役に立つものです。心理士でもある筆者が，保育現場で活躍する保育者と話をする中で，「もっと心理学を学んでおけばよかった」と言われることもめずらしくありません。まずは，「発達」を学ぶことが子ども理解や保育実践にどのようにつながるのか，いくつかの事例を通してみていきましょう。

1．発達水準にあった関わりをする

　まず，次の生後7か月の赤ちゃんについての記述を読んでみましょう。

【事例1-1】　7か月の赤ちゃん？
　うちの赤ちゃんは生後7か月になるところです。生まれた直後は寝転んでいるか，私が抱っこするかでしたが，今では自分でよちよち歩いて近づいてきます。いろんな面での成長が感じられるので，泣いているとき私は「どうして泣いているのか教えて？」と聞いて，赤ちゃん自身の口から泣いている理由を言ってもらうようにしています。

図1-1　7か月の乳児
出典：筆者撮影。

この事例を読んで，「あれ？」と違和感をもった方は正解です。この事例の赤ちゃんには，乳児の発達についての知識がある人からすると，おかしいと感じる点が2つあります。ポイントはこの赤ちゃんが生後7か月だということです。

ひとつ目は，「今では自分でよちよち歩いて」のところです。運動発達については，何かにつかまることなく，自分の足だけで立つことができるようになるのは，おおむね1歳です。7か月といえば，ハイハイの中でもいわゆるずり這いと呼ばれる，ほふく前進のようなものができるくらいの頃です。2つ目は，「赤ちゃん自身の口から泣いている理由を言ってもらう」の部分です。意味のある言葉をようやく単語で言えるようになるのもおおよそ1歳頃なので，泣いている理由を言葉で説明できるのはもっと先のことでしょう。

この事例を読んだときに，乳児の運動発達と言語発達についての知識があれば，この赤ちゃんに関する情報は間違っているか，本当の情報だとしたらかなり早熟のスーパー赤ちゃんであるかのどちらかだろうと推測することができます。

発達についての知識がない人だと，この事例のように，その子の発達のレベル（発達水準）にあわない関わりをしてしまい，やり取りがちぐはぐになってしまいます。そのため，保育者は子どもの発達についての知識を身につけておき，一人ひとりの発達水準を見極めた上で，その子にあった関わりをしていくことが求められます。

2．子どもの目線に立つ

では，次の事例をみてみましょう。

【事例1-2】同じ量のおやつ

　あなたは3歳児クラスの担任をしています。
今日のおやつはヨーグルトです。透明のうつわにおたまで一杯ずつヨーグルトを入れて，子どもたちにわたしていきます。うつわが足りなくなり，Aちゃんには代わりに細長いうつわに入れてわたしました。すると，他の子たちが「Aちゃんだけ多くてずるい！」と言い始めました。おたまに一杯ずつだから，みんな同じ量なのに……

図1-2　容器は違うけど量は同じ

出典：筆者作成。

この事例では，同じ「おたまに一杯」ずつヨーグルトを入れているにもかかわらず，容器の形が違うだけで，3歳児クラスの子どもたちは「ずるい！」と言っています。大人の感覚からすると，子どもたちが

「ずるい！」と言っている理由がわかりません。

　この事例については，第 8 章で学ぶ**ピアジェの発達理論**を知っていると，理由を説明できるようになります。3 歳児はピアジェの発達理論では前操作期にあたりますが，この時期の子どもは目立つ特徴だけを見て判断しがちで，この傾向を**中心化**と呼びます。前操作期の次の段階である具体的操作期になると，保存の概念を獲得するといわれていますが，これは「見た目が変わっても量は変わらない」ということの理解です。じつはピアジェが行った実験も，この事例の状況とよく似ています。

　このように，子どもは年齢によって，大人とは少し違ったとらえ方や感じ方をしていることがあります。子どもを理解するためには「子どもと同じ目線に立つ」ことが大切だと言われますが，そのためには知識も必要です。中心化について知っていると，「この時期の子どもたちは目立つ特徴だけを見て考えてしまうから，この子たちは高さだけを見てずるいと言っているんだな」と考えることができるようになります。

3．行動の発達的な意味を読み取る

　さて次は，保護者からの相談事例です。

> **【事例 1-3】 2 歳の子をもつ保護者からの相談**
> 　あなたは 2 歳児クラスの担任をしています。ある日，クラスの子のお母さんから「うちの子が，急に言うことを聞かなくなったんです！」と相談を受けました。詳しく聴いてみると，今までは着替えでもトイレでも，お母さんから言われたことには素直に従っていたそうです。しかし，最近になって，お母さんから言われたことに対して，「いやだ」と言って反抗的な態度をとっているようです。
> 　保育者であるあなたは，このお母さんから「このままだとわがままな子に育ってしまうので，もっと厳しく言って従わせないといけないですよね？」と尋ねられました。

　このような相談を保護者から受けたとき，あなたならどのように答えるでしょうか。「はい，そうです」と答えてもよいのでしょうか。

　この事例の子どもは 2 歳ということなので，いわゆる「**イヤイヤ期**」であると考えることができます。イヤイヤ期だとすると，この反抗は母親が言っているように単なる「わがまま」だととらえてしまうと，その後の発達がうまくいきません。というのも，この時期の「いや」は，自分でしたいという気持ちが芽生えてきた証拠です。最初はその気持ちをうまくコントロールできず，上手に言葉で伝えることも難しいため，「いや！」という言葉で精一杯表現してくれているのです。そのため，

▷ 1　ピアジェの発達理論
ピアジェの発達理論については，第 8 章を参照。

▷ 2　中心化
目立つ特徴だけに注目して考えてしまうという，幼児の思考の特徴。

▷ 3　イヤイヤ期
イヤイヤ期については，第 6 章を参照。

この「いや」に対して，厳しく叱って従わせたとしても，自分自身でコントロールできるようになりません。また，自分の気持ちを主張することができない人になってしまうかもしれません。

このように，発達に関する知識がない人からすると単なる悪い行動にしか見えなくとも，じつは発達の上ではとても大切な意味がある場合があります。この発達的な意味を理解していないと，良かれと思ったしつけでも，結果的に不適切な関わりとなってしまいます。だからこそ，しっかりと発達について学んでおき，子どもの大切な発達のサインを受け止められるようになりましょう。

以上，3つの事例を通してみてきたように，乳幼児の発達について学ぶことで，子どもたちの発達水準を見極めた上で，年齢にあった関わりをすることができるようになります。また，子どもの目線に立ち，行動の発達的な意味を理解することができます。それは子どもの世界を理解し，発達を支えていくことに直結します。このように発達について学ぶことは，子どもの発達に伴走する保育者にとって，必要な知識なのです。

2　「発達する」とはどういうことか

1. 発達とは

心理学の立場から発達を学ぶことが，保育者になる上でも役に立つということがなんとなくわかってきたところで，そもそも発達とは何かということを考えていきましょう。まずは，下の四角の中に，「発達とは何か」という質問に対する，あなた自身の今の考えを書いてみましょう。

> 発達とは，
>
>
>
> 　　　　　　　　　　　　　　　　　　　　　　である。

『広辞苑（第7版）』（2018）では，「発達」という言葉の心理学な意味は，以下のように説明されています。

個体が**時間経過に伴って**その心的・身体的機能を変えてゆく過程。遺伝と環境とを要因として展開する。（新村編，2018，2363頁）

ここでのポイントは「時間経過に伴って」という部分です。発達はこ

表1-1　「保育所保育指針」にみる年齢ごとの発達の違い

第2章　保育の内容
1　乳児保育に関わるねらい及び内容
　(1)　基本的事項
　　ア　乳児期の発達については，視覚，聴覚などの感覚や，座る，はう，歩くなどの運動機能が著しく発達し，特定の大人との応答的な関わりを通じて，情緒的な絆（きずな）が形成されるといった特徴がある。これらの発達の特徴を踏まえて，乳児保育は，愛情豊かに，応答的に行われることが特に必要である。

2　1歳以上3歳未満児の保育に関わるねらい及び内容
　(1)　基本的事項
　　ア　この時期においては，歩き始めから，歩く，走る，跳ぶなどへと，基本的な運動機能が次第に発達し，排泄（せつ）の自立のための身体的機能も整うようになる。つまむ，めくるなどの指先の機能も発達し，食事，衣類の着脱なども，保育士等の援助の下で自分で行うようになる。発声も明瞭になり，語彙も増加し，自分の意思や欲求を言葉で表出できるようになる。このように自分でできることが増えてくる時期であることから，保育士等は，子どもの生活の安定を図りながら，自分でしようとする気持ちを尊重し，温かく見守るとともに，愛情豊かに，応答的に関わることが必要である。

3　3歳以上児の保育に関するねらい及び内容
　(1)　基本的事項
　　ア　この時期においては，運動機能の発達により，基本的な動作が一通りできるようになるとともに，基本的な生活習慣もほぼ自立できるようになる。理解する語彙数が急激に増加し，知的興味や関心も高まってくる。仲間と遊び，仲間の中の一人という自覚が生じ，集団的な遊びや協同的な活動も見られるようになる。これらの発達の特徴を踏まえて，この時期の保育においては，個の成長と集団としての活動の充実が図られるようにしなければならない。

の説明の中にあるように，心身が変化するプロセスのことですが，その変化は「時間経過に伴って」進んでいきます。ここでの「時間経過」とは，生後5か月で寝返りをして，生後8か月でハイハイができるようになって，生後1歳で歩き始めて……というように，月齢や年齢のことです。第Ⅱ部（第4章以降）は，言語や認知など，さまざまな側面の発達について学んでいきますが，その際，何歳頃に何ができるのか，年齢とともに理解していくことが大切になります。

　保育所保育指針の中でも，乳児（0歳），1歳以上3歳未満児，3歳以上児というように，大まかに年齢を分けて，その時期ごとの特徴がまとめてあります（表1-1）。この表に書いてあることを，心理学的な視点から説明できるようになることが，本書のひとつの目的です。

　なお，年齢ごとの発達を学ぶ上で，気をつけておきたいのが，実際には「個人差」があるということです。たとえば，同じ生後2か月でも身長や体重に差があります（第4章）。また，言葉についても，早い子であれば1歳になる前から話し始める一方，2歳くらいになってから話し始める子もいます（第9章）。そのため，子どもの発達を支えていく保育者は，一般的な発達のタイミングを理解した上で，一人ひとりの個人

▷4　月齢
生後何か月かを表す。たとえば，生後5か月であれば月齢は「5月」，3歳2か月であれば月齢は「38月」となる。

▷5　「保育所保育指針第2章　保育の内容」より抜粋。

差にも目を向けていく必要があります。

2．子どもは自分ひとりで育つ？

さて，発達は「時間経過にともなって」進むことを学んできましたが，人の赤ちゃんは，時間さえ経てば放っておいても発達するというわけではありません。それどころか，自分ひとりで生きていくことすらできません。

ポルトマン[6]は，哺乳類の赤ちゃんを，生まれたときの状態で２つのグループに分けました。片方のグループの特徴は「就巣性」と呼ばれ，生まれたときにはさまざまな機能が未熟で，すぐには自力で動くことができない動物たちです。また，妊娠期間が短く，一度にたくさん生まれ，成長が早いという特徴もあります。具体的には，ねずみ[7]や犬など比較的小さい動物が多いです。もう一方のグループの特徴は「離巣性」と呼ばれます。“巣”から“離”れるとあるように，生まれてすぐに自力で動くことができる動物です。具体例としては，馬の出産[8]シーンの映像で，生まれたての子馬が足をぷるぷる震わせながら立ち上がる姿を見たことがある人もおられることでしょう。妊娠期間が長く，一度に生まれるのは１～２頭程度の大型の動物です。

▷６　**ポルトマン（Portmann, A., 1897～1982）**
スイスの生物学者。哺乳類のなかでも，ヒトは未熟な状態で生まれてしまっている「生理的早産」だとした。

▷７　**ねずみ**
NHK for School「カヤネズミの巣作り」

▷８　**馬の出産**
NHK for School「ウマの出産」

では，同じ哺乳類であるヒトの赤ちゃんは，離巣性と就巣性のどちらの特徴をもっているでしょうか。ヒトの妊娠期間は40週ほどで比較的長く，一度に生まれるのも多くの場合１人なので，離巣性の特徴があるといえそうです。しかし，馬と違って，ヒトの赤ちゃんは生まれてすぐに自力で歩くことができません。それどころか，１歳になってようやくよちよち歩ける程度です。このことから，ポルトマンは，ヒトは離巣性の特徴をもっており，本来はあと１年長くお腹の中にいるべきだが，早く生まれてしまっている「生理的早産」なのだと考えました。

それほど未熟な状態で生まれてくるのがヒトの**新生児**[9]です。自分では移動することができず，食事をとることもできないため，世話をしてくれる大人の関わりが不可欠です。大人による世話は，栄養をとらせる，病気にならないよう清潔にするなど生きるために必要なことでもありますが，じつは世話の中での何気ないやり取りは，心理的な土台を作るためにもかけがえのないものであり，そこから言葉も生まれてきます。つまり，時間経過にともなって進むのが発達とはいっても，ただ時間が過ぎていけば発達するのではなく，大人によるていねいな関わりが必要なのです。

▷９　**新生児**
生まれてから生後４週間までの赤ちゃんのこと。

また，保育においては，集団の中での他児との関わりがあることも，

発達にとっては大切な要素です。子ども同士の関わりの中でやり取りを学び，また他者を見て学ぶこともできます。このように，発達のプロセスにおいては，多くの他者の存在が欠かせません。

3．発達を促すための視点——「できる」と「できない」の間

保育者として子どもの発達を促していくためには，身辺自立ができているか，教えたことが理解できているかという「評価」が必要です。小学生であれば，授業内容を身につけているかどうかは，テストの点数から評価することができます。一方，乳幼児の場合，寝返りができるか，着替えができるか，折り紙で鶴が折れるか，というように「できる—できない」という二分法で評価することも少なくありません。しかし，「できる」と「できない」という2つに分けて考えるだけでよいのでしょうか。

新版K式発達検査の中にある，積木を使った「門の模倣」[10]という問題を例に考えてみましょう。検査者[11]が5つの積木を使って「門」を作り，それと同じものを子どもが作る問題です。この問題では，最初は作っているところを見せずに，完成した見本だけを見せて子どもに作ってもらいます。それだけで同じように作ることができればよいのですが，もし同じように作れなかった場合は、検査者が作っているところを子どもに見せてから，もう一度作ってもらいます。3〜4歳の子どもの中には，1回目ではできなくとも，作り方を見せれば，同じように作ることができる子がいます。つまり，完成した見本だけを見て同じ物を作ることが「できる」か「できないか」という間には，作り方を見ればできるという段階があるのです。

この「できる」と「できない」の間の，適切なヒントがあればできる発達の水準の大切さについて，ヴィゴツキー[12]は「発達の最近接領域」（The Zone of Proximal Development）という考えを示しています。これは，簡単にいうと「自力ではできないが，誰かの助けやヒントがあればできる，発達しつつある領域」のことです。保育者が子どもと関わるときに，この部分の見極めはとても大切です。発達の最近接領域の活動は，今は大人の助けが必要でも，近いうちに子どもが自分だけでできるようになります。つまり，保育や教育においては，発達の最近接領域を見極めて，適切な援助を行っていくことが，発達を促すために大切なのです。さらに，子どもにとっては，できそうだけど簡単にはできない遊びや活動というのは，興味をもちやすく，最後までやり遂げたくなる[13]ものでもあります。

発達の最近接領域に合わせた保育を行うためにも，まずは発達のプロ

▷10　門の模倣
『新版K式発達検査2020解説書（理論と解釈）』（新版K式発達検査研究会編）によると，半数の子どもができるようになる年齢は，見本だけだと約3.11歳，作り方を見せると3.7歳となっており，実際に難易度が違うことがわかる。

▷11　検査者
発達検査や心理検査を行う人のこと。テスターとも呼ばれる。

▷12　ヴィゴツキー（Vygodtsky, L. D., 1896〜1934）
旧ソ連の心理学者。発達の最近接領域概念にみられるような他者との関わりを大切にした発達観は，保育にも影響を与えている。その偉大さと，30代という若さで亡くなったこともあり「心理学のモーツァルト」と呼ばれた。

▷13　最後までやり遂げようとする気持ちを，心理学では「達成動機」という。鎌原雅彦・竹網誠一郎（2019）は『やさしい教育心理学』（有斐閣アルマ）の中で，アトキンソン（Atkinson, 1964）の「達成行動を行おうとする気持ち＝達成動機×期待×価値」「価値＝1－期待」という考えを紹介した上で，「できるかできないか五分五分のときに一番頑張る，と予想されます」と指摘している。

セスを理解し，一人ひとりの発達を見極められるようになることを目指しましょう。

3 保育の心理学を学ぶ

1．心理学とは何か

第1章の最後に，「保育の心理学」とは何なのかということを考えてみましょう。そもそも「心理学」はどのような学問なのかというと，有名なテキストである『ヒルガードの心理学（第16版）』には，**「行動と心的過程についての科学的研究」**と定義が紹介されています。

「行動と心的過程についての」という表現からは，心理学が心の動きとその表れである行動を扱う学問であることがわかります。「科学的研究」については，心理学の知見は科学的な研究方法に基づいていることを示しています。

心理学の研究では，目的によってさまざまな方法が用いられますが，多くの研究に共通しているのが，何らかのデータを集めることです。データとは，アンケートやインタビュー，観察，実験などから得られる情報のことです。このデータを科学的な分析方法に則って整理し，考察したものが，これから学んでいく心理学の知見です。科学的な研究方法を通して得られた知見を学ぶことは，専門家として確かな知識を身につけていくことにつながります。

2．心理学の研究方法

では，具体的な心理学の研究方法についてみてみましょう。この本を読んでいる方の多くは，心理学の研究者になるわけではないでしょうが，心理学の研究方法を知っておくと，これから学んでいく研究結果を読み進める上で，きっと理解が深まるはずです。ここでは実験法，面接法，質問紙法，（自然）観察法の4つを取り上げます。

①実験法 ◁14

実際に研究者が考えた実験に参加してもらう方法です。これまでの研究でわかっていることをもとに，「仮説」という結果の予測を立て，実験で本当にその通りになるのかを確かめます。実験の場面を研究者自身が設定できるので，因果関係をピンポイントに検証することができます。実験法の短所としては，**生態学的妥当性** ◁15 が低いということがしばしば指

▷14　実験法の例としては，ストレンジ・シチュエーション法（第5章），ファンツの選好注視法（第7章），アルバート坊やの実験（第2章，第12章）など。

▷15　**生態学的妥当性**
研究で得られた結果が，現実の生活場面の中でも同じ結果になるかどうかということ。

摘されています。実験場面は，日常生活とは違う，とても特殊な状況なので，実験でわかったことが，そのまま生活場面でも同じようになるとは限らないということです。

②面接法

知りたいことについて誰かにインタビューを行う方法です。語られた言葉がデータになるので，言葉の発達の最中にある乳幼児よりも，保育者などの大人に対して用いられることが多いです。また，実験法と違い，仮説を立てて確認するというよりは，自由な語りから新たな仮説やモデルを作り出すために用いられます。たとえば，筆者の研究では，保育者の日々の心の揺れについてインタビューを行い，保育者の心理的体験をモデル化しました。[16]

面接法では，研究者が知りたい内容について，一人ひとりの考えや経験を詳しく聞くことができますが，その分インタビューに時間がかかります。[17]また，面接法で得られる情報は，インタビューを行う人の影響を受けやすいことにも注意しなければなりません。場合によっては，研究者が思っている結果になるように，気づかないうちに誘導してしまっていたり，逆に話してほしい内容を十分に引き出せなかったりします。良い研究にするためには，ただ質問をすればいいのではなく，話しやすい雰囲気づくりや上手な質問といった，インタビュー技術が必要です。

③質問紙法

質問紙とはアンケートのことです。質問紙法では，面接法や実験法と違って，1人ずつではなく一斉に実施することができます。たとえば，授業中にアンケートを実施すれば数十人，数百人のデータが一度に集まります。近年では，オンライン上での質問紙調査も増えてきました。アンケート（質問紙）を作って配ってしまえば，たくさんのデータを集められるというのが，この方法の長所です。

質問紙法では，質問に対して文章で答えてもらうこともありますが，心理学の研究では，ある質問に対して当てはまる程度を「1．全くあてはまらない～5．とてもあてはまる」のように，何段階かの中から数字で答えてもらう形式をとることが多いです。質問の内容は，オリジナルのものを新たに作る場合もありますが，複数の質問を通して不安や効力感のように特定の内容の程度を調べることができる，**心理尺度**を用いることも多いです。[18]

質問紙法の短所としては，回答が虚偽やでたらめなものになりやすい

▷16　原口喜充（2016）「日々の保育における担任保育者の保育体験──保育者の主観的体験に注目して」『保育学研究』第54巻第1号，42～53頁。

▷17　例として，上述の原口（2016）での，インタビュー時間は最長1時間50分，最短でも1時間3分であった。なお，この時間には最初に行う研究の説明などの時間は含まれていないため，実際にはさらに時間がかかる。

▷18　**心理尺度の例**
保育者効力感尺度：三木知子・桜井茂男（1998）「保育専攻短大生の保育者効力感に及ぼす教育実習の影響」『教育心理学研究』第46巻第2号，203～213頁。
日本語版 Ten Item Personality Inventory：小塩真司・阿部晋吾（2012）「日本語版 Ten Item Personality Inventory（TIPI-J）作成の試み」『パーソナリティ研究』第21巻第1号，40～52頁。

表 1-2　各研究方法の長所と短所

	長　所	短　所
実験法	・因果関係を検証できる	・生態学的妥当性が低い
面接法	・一人ひとり詳しく聞ける ・その場の流れに合わせて質問できる	・データ収集が大変 ・インタビューする側の影響を受ける
質問紙法	・質問紙を配ることができれば，データ収集が容易（大勢へ一斉にできる）	・答える側に一定の言語能力が必要 ・虚偽ややでたらめな回答をする場合がある
（自然）観察法	・得られた結果が現実場面を反映している可能性が高い ・乳幼児のように言語による研究参加が難しい場合にも可能	・観察者の主観が入りやすい ・観察したい行動が必ずみられるとは限らない

出典：筆者作成。

点があげられます。質問項目が100個以上になることも少なくありませんが，数字に丸をつけていくうちに面倒になったのか，途中から全部同じ数字に丸がついたアンケートが返ってきたこともあります。

④観察法

今回は観察法の中でも，自然観察法について紹介します。自然観察法では，自然な場面，つまり普段の生活の様子を観察します。たとえば，第13章で詳しく紹介するパーテンの研究では，研究者が保育所へ出向き，朝の自由遊び場面での子どもたちの様子を観察しています。

観察法の長所は，実験法とは逆に生態学的妥当性が高いことです。厳密に考えると，研究者が観察していることは「不自然」ですが，日常場面の中での観察から得られた結果は，ほぼそのまま日常場面にも当てはめることが可能です。なお，研究者が観察していることの不自然さを取り除く手段としては，日々関わっている保育者が，保育を行いながらさりげなく観察する方法もあります。研究者が関わりながら観察する方法は「関与観察（参与観察）」と呼ばれます。

観察法には，言葉が未熟な乳幼児の研究にも用いることができるという長所もあります。一方，短所としては，自然観察法では日常場面を観察するため，必ずしも観察したい行動が見られるとは限りません。

このようにそれぞれの研究方法には長所・短所があるため，調べたい内容や対象にあった方法が用いられます。それぞれの研究方法の長所と短所は表 1-2にまとめてあります。

3．保育の心理学を学ぶ

このように，心理学とは科学的研究方法に基づいた学問です。では，

▷19　パーテンは，「何もしていない」から「共同遊び」まで，社会的参加の視点から遊びを分類した。詳しくは第13章を参照。

「保育の」心理学とはどのようなものでしょうか。「保育の心理学」という言葉は，保育士養成課程における科目名のひとつとして用いられていますが，心理学の中でも主に「発達心理学」の内容が扱われます。それでもあえて「保育の心理学」と名づけられているのはなぜでしょうか。

　これまでみてきた通り，心理学は科学的な研究を通して重要な知見を提供していますが，その知見はそのまま保育に使えるわけではありません。心理学の研究結果を保育に応用しようと思ったときには，もう一工夫が必要です。これから発達のさまざまな側面について学んでいきますが，単に何歳で何ができるということを覚えるだけでなく，具体的な子どもの姿としてイメージできるようにしておくことが，実際に子どもたちの発達を見極める上では大切です。また，発達の最近接領域などの考え方についても，具体的にどのような場面で活用できるのかを考えておくことで，保育で用いることができる知識になっていきます。

　この本では，主に発達心理学の知見を，できる限り具体的な子どもの様子とともに紹介しています。また，さまざまな理論や考え方について，保育とどのようにつながるのか，関連づけて説明しています。それらの説明を読みながら，ぜひ自身の子どもの頃の記憶や身近な子どもの姿，保育現場での様子も思い返してみてください。そうすれば，きっと保育に有効活用できる「保育の心理学」が身についていくはずです。

◆考えてみよう！

(1)　自分の乳幼児期について調べてみましょう。保護者に尋ねてみたり，母子手帳や小さいころの写真，保育所や幼稚園でのアルバムなどを見比べてみましょう。

(2)　保育の心理学を学ぶにあたって，どのようなことを身につけたいか，保育者としてどのように生かしていきたいかについて，意気込みを200字程度にまとめてみましょう。

引用・参考文献

・Atkinson, J. W. (1964) *An introduction to motivation*, Van Nostrand.
・新村出編 (2018)『広辞苑（第7版）』岩波書店。
・Nolen-Hoeksema, S., Fredrickson, B. L., Loftus, G. R., & Lutz, C. (2014) *Atkinson & Hilgard's introduction to psychology*, 16th ed., Cengage Learning（ノーレン‐ホークセマ, S. ほか／内田一成監訳 (2015)『ヒルガードの心理学（第16版）』金剛出版).

コラム 私が心理学を学ぼうと思ったきっかけ

　私が保育者として20年以上働く中で，日々子どもと接しながら，子どもの様子を見て，ふとした疑問がわいたのです。

　それは，保護者に子どもの園での様子を話す際に，保護者が自分の子どもに対してどのような見方をしているのか，家庭の姿と園の姿との違いに気づいたとき，どのようなすりあわせ方をしていけばよいのかといったことです。

　そのことをきっかけに，ますます人の『こころ』について知りたいと思いました。自分が働いている園でキンダーカウンセラー＊として，臨床心理士の先生が保育者研修を実施し，子どもの様子を観察して『この行動の背景は○○からきている』『この子の発達は今，△△の状態である』などと的確なアドバイスをして下さいました。

　子どもの発達から心理的背景や，個人の育ちを見ながら個別の声かけの方法を教えて下さることが，保育者の自信へとつながっています。そうならば，保育者自身が心理を学ぶことで，直接にアドバイスできるようになるのではないかと思ったのが，きっかけといえます。

　保育者は，子どもの姿はしっかりと把握できているが，その様子を具体的に保護者に伝えるとき，保育技術の知識だけでなく，専門的な心理の知識が，子ども理解・保護者理解につながると考え，私は通信制大学の心理学科に入学しました。現在3回生として仕事と学業を両立しているところです。

　保育者として，「こころ」について学びたいとの思いで講義を受けるにつれ，心理学の面白さ，科学的な面が見えてきて，心理学って奥が深いなあ……と思う今日この頃です。

（みのり幼稚園副園長，幼稚園教諭　森田美貴）

＊ 編者注 キンダーカウンセラー：大阪，京都，兵庫などで活躍する幼稚園のカウンセラー。小中学校，高等学校のスクールカウンセラーの幼稚園版ともいえるが，子どものカウンセリングを行うことは少なく，保育場面での園児の行動観察，保護者とのカウンセリング，保育者とのコンサルテーションを中心とした活動を行う。

第2章
子どもの発達と環境

子どもの育ちに遺伝や環境はどう影響するのでしょうか。本章ではまず，遺伝と環境が与える影響について身近な例から考えていきます。次に，発達心理学の研究では遺伝と環境に関する考え方がどのように変遷してきたのか，そして現在どのようなことがわかってきているのかをみていきます。そして，保育においてはとりわけ環境が重要であることを念頭におきつつ，援助のために，その子の特性と環境要因の両方を理解することの重要性について学びましょう。

1 「遺伝」か「環境」か？「遺伝」も「環境」も？

「カエルの子はカエル」「孟母三遷の教え▷1」ということわざや故事を知っていますか。「カエルの子はカエル」とは，親から子に受け継がれていくものは変わらないという「遺伝」を強調したことわざですね。「孟母三遷」は，子どものよりよい育ちのために親が何度も引っ越して環境を整えたという「環境」を強調した中国の故事です。このように昔の人々も，子どもの育ちには，遺伝と環境のどちらも影響すると考えていたのだということがわかります。

1．身近な例で考えてみよう──プロ棋士藤井聡太さんの場合

遺伝と環境が子どもに与える影響について考えていくために，まずは身近な有名人の例で考えてみましょう。

次々と史上最年少記録を打ち立てて世間を驚かせ続けているプロ棋士の藤井聡太さん。輝かしい最年少記録の初めは，あの伝説の加藤一二三プロ棋士より5か月早い14歳2か月での4段昇進。そしてこの年にプロデビューを果たします。16歳4か月ではあの天才棋士の羽生善治さんを抜き，史上最年少通算100勝を達成。数えきれない史上最年少記録が続く中，19歳7か月でやはり羽生さんの記録をぬりかえて竜王，王位，叡王，王将，棋聖▷2の5冠を達成しました。

この藤井聡太さんの将棋の才能は，いったいどこからきているのでしょうか。どんな家族関係の中でどんな育ちをしたのか非常に興味がわきます。以下に示すのは，インターネット情報を参考にした藤井聡太▷3さんの家族歴・生育歴です。

▷1 孟母三遷の教えとは，中国・戦国時代の儒学者として有名な孟子の母が，子どもの教育のためによい環境を選んで引っ越しを繰り返したという教え。また，教育熱心な親のたとえ。

▷2 竜王，王位，叡王，王将，棋聖とは，将棋界に存在する8つのタイトルのうちの5つの名称。

▷3 出典：http://memento79.net/hujiikazoku-7566（2019年4月アクセス），https://kennyrichey.org/fujii-sota-family/（2022年4月26日アクセス）

14

プロ棋士藤井聡太さんの家族歴・生育歴

父：50代前半　会社にお勤めのサラリーマン。ジャズ愛好家でレコード収集が趣味。将棋は全然知らない。聡太さんが3歳から好んだ「キュブロ」という積木をたくさん与えたと言われている。

母：50代前半　専業主婦。趣味は音楽でアマチュアオーケストラに参加し、ビオラやバイオリンを弾くとか。母として息子に「好きなことを見つけ、集中してもらうために、何ができるかをいつも考える」と言う。聡太さんが子どもの時、将棋大会で負けて悔しくて泣いていたとき、心ゆくまで泣かせて、落ち着いてから帰っていったというエピソードがある。

兄：4歳上　大学生。幼いころは兄弟げんかもしたが、聡太さんは負けず嫌いで絶対に参ったとは言わなかったとか。最後はお兄さんが折れて終わったという話がある。

祖母：聡太さんが5歳の時「スタディ将棋」というおもちゃを最初に与えた。聡太さんはすぐに覚えておばあちゃんを負かしたそうだ。

祖父：小学生で将棋教室に通いだしてからは、母とおじいちゃんが交代で付き添ってくれた。聡太さんはとてもおじいちゃん子だったそうだ。

　さて、藤井聡太さんの家族歴・生育歴を読んで、あなたはどう考えますか。プロ棋士としての才能が開花したのは、遺伝の影響が大きいでしょうか、環境の影響が大きいでしょうか。

　家族の中に直接将棋の才能を発揮していた人はいなかったようです。〈将棋の才能が遺伝した〉とは言いがたいのではないでしょうか。ですが、幼い時から好きなことに熱中したところは生まれながらのように見えます。父親や母親が趣味とはいえ、レコード収集をしたり、好きな音楽演奏を続けていたりするのをみると、好きなことには熱中する特性を親から受け継いだと考えられそうです。

　ですが、それ以上に、息子の子育てでは「好きなことを見つけ、集中してもらうために、何ができるかをいつも考える」ことを大事にした母親がいたり、子どもが夢中になっているおもちゃを十分に与える父親がいたりと、好きなことを好きなだけさせてもらえる環境が良かったともいえそうです。また兄とのけんかのエピソードや将棋大会で負けて悔しくて泣くエピソードを見ると、かなり頑固で負けず嫌いであったようです。しかし最後は兄が折れてくれたり、心ゆくまで泣くのを見守る母親がいてくれたりしたことは、聡太さんのもって生まれた特性が否定されずにむしろ強みとして伸ばしてもらえたということではないでしょうか。それが現在の勝負への粘り強さにつながっていったのかもしれません。将棋の才能を見いだした祖母がスタディ将棋を与えたり、祖父が教室に付き添ったりと、彼がとことん将棋ができるように家族総出で環境を整

えていったから，彼のもって生まれた能力が開花したのだと考えることもできそうです。

2．発達に影響を与える要因──「遺伝」と「環境」の相互作用

　藤井聡太さんの例でもみられるように，遺伝だけ，環境だけが発達に影響を与えるのではなく，親から遺伝として受け継いだものも含めたもって生まれた特性と，その子が育つ環境の両方が相互作用して，発達に影響を与えていると考えられます。

　発達心理学では，時間の経過とともに遺伝的なものが現れてくることを「**成熟**」といいます。それに対して，環境の中で経験を通して得た比較的永続的な行動の変化のことを「学習」といいます。ですので，遺伝の要因と環境の要因が相互作用して，成熟と学習がもたらされることで人は発達していくと今では考えられています。

　しかし，かつては，人の発達には遺伝の影響の方が大きいのだ，いや環境の影響の方が大きいのだという議論が展開された時代もありました。遺伝と環境の関係については現在も研究が進んでいるところですが，現在に至るまでの変遷をまず理解していきましょう。その上で，私たちはこれからの子どもたちにどのように関わっていけばよいのかを考えていきましょう。

2　発達に影響する遺伝と環境に関する考え方の変遷

1．成熟優位説

　まず，環境より遺伝の影響の方が大きいという考え方が「**成熟優位説**」です。この立場の代表がアメリカの心理学者**ゲゼル**です。ゲゼルが一卵性双生児の子どもに対して行った階段上りの訓練の実験は有名です。一卵性双生児は100％遺伝型が同じです。ですので，環境的な条件に差を設けた場合，もし発達に差が生じたとしたら，それは環境の影響である，と結論づけられると考えたのです。

　双子の実験では，一人（Aちゃんとしましょう）には，生後46週から52週まで毎日階段を上る練習をさせました。6週間の練習の結果，Aちゃんは26秒で上れるようになりました。もう一人の子ども（Bちゃんとしましょう）は生後53週になってから初めて階段上りの練習を始めました。Bちゃんは最初は45秒もかかりましたが，わずか2週間の練習で，生後55週の時にはなんと10秒で上れるようになってしまったのです。先

▷4　**学習**
「学習」については第12章を参照のこと。

▷5　**ゲゼル（Gesell, A., 1880〜1961）**
アメリカの心理学者。発達において遺伝的要因を重視した「成熟優位説」の提唱者。

に始めた A ちゃんは，3 倍近い練習をしたにもかかわらず，結果的に後から始めた B ちゃんに追いつかれ，ついには追い越されてしまったのです。このことからゲゼルは，いくら環境を整えて早くから学習させたとしても，時期が来て運動機能の遺伝的な成熟が現れる準備（**レディネス**）が整わなければ，発達は成し遂げられないと結論づけたのです。ゲゼルはこの他に，積木，遊びの持続，ものの記憶などについても同様の実験をした結果，環境の影響は遺伝的成熟を超えられないと主張したのです。

　ただ，この実験はよく考えてみると，いろいろと疑問点もでてきます。たとえば，先に訓練を受けていた A ちゃんは，同じ階段上りの繰り返しにあきたりしなかったのだろうか，ということや，後から訓練を受け始めた B ちゃんは，A ちゃんに早く追いつこうというやる気（**動機づけ**）が高まったのではないか，ということなどが考えられそうですね。そうした環境の要因が影響している可能性があるという点は，のちのち研究者の間でも多く指摘されるようになりました。

2．環境優位説

　一方，環境要因を強調する立場は，アメリカの行動主義心理学の創始者**ワトソン**が代表格です。彼は環境の中での経験こそが新しい行動を形成することを主張しました。ワトソン（1930/1980）は，次のような言葉を残しています。

　　私に，健康で，いい体をした 1 ダースの赤ん坊と，彼らを育てるための私自身の特殊な世界を与えたまえ。そうすれば，私はでたらめにそのうちの一人をとり，その子を訓練して，私が選んだある専門家，──医者，法律家，芸術家，大実業家，そうだ，乞食，泥棒さえも──に，その子の祖先の才能，嗜好，傾向，能力，職業がどうだろうと，きっとしてみせよう。（ワトソン，1980，130頁）

　つまり，生まれた後の環境さえ与えたなら，100％どんな行動でも学習によって身につけられるということを強く主張したのです。
　さて，ワトソンの実験で有名なのが，生後11か月の**アルバート坊やの実験**（Watson & Rayner, 1920）です。最初アルバート坊やは，シロネズミなどの動物を目の前に置かれると興味を示して触ろうとし，怖がる様子はありませんでした。一方で，つるした鉄の棒をハンマーでたたき突然大きな音をたてると怖がって泣き出す様子が観察されていました。こ

▷6　レディネス
『発達心理学辞典』（1995，ミネルヴァ書房）によると，「教育や学習が効果的に行われるためにはその前に学習者である子どもの心身の機能がある程度まで発達していることが必要である。このような学習の成立にとって必要な個体の発達的素地，心身の準備性のこと」とある。

▷7　動機づけ
『発達心理学辞典』（前掲）によると，「行動を解発するもの，方向づけるものとしてとらえられる心的過程」とある。つまり，行動を始めよう，続けようなどとするときの意欲ということである。なお，自身の興味や関心による「内発的動機づけ」と賞賛など自分の外からのものによる「外発的動機づけ」がある。

▷8　ワトソン（Watson, J. B., 1878〜1958）
行動主義を提唱したアメリカの心理学者。

▷9　アルバート坊やの実験
第12章を参照。

▷10　レスポンデント条件
づけ（古典的条件づけ）
レスポンデント条件づけの
学習のかたちについては第
12章を参照のこと。

▷11　シュテルン（Stern,
W., 1871～1938）
ドイツの心理学者。個性や
知能に関する研究の先駆者
で，IQの概念をつくった。

▷12　ルクセンブルガー
（Luxenburger, H.）
シュテルンの輻輳説におけ
る遺伝要因と環境要因の2
つの割合を図式で示した。

▷13　遺伝と環境の寄与率
算出に貢献している研究が
双生児研究である。100％
遺伝子を共有する一卵性双
生児と50％共有する二卵性
双生児が同じ環境で育てら
れたら，環境の影響は等し
くなる。したがって，一卵
性と二卵性の類似度合いを
比較して，一卵性の方が類
似していれば遺伝の影響，
類似度に差がなければ環境
の影響とみなせるという考
え方である。それにより，
これらの寄与率が計算され
た結果を用いている（安藤,
2014）。

▷14　ジェンセン（Jen-
sen, A. R., 1923～2012）
遺伝と環境は相互に作用す
ると考える，相互作用説の
ひとつである環境閾値説を
唱えた。

こで実験が行われました。アルバート坊やがシロネズミを触ろうとした
ときに，同時に鉄の棒をハンマーでたたき大きな音を出して怖がらせる，
ということを繰り返したのです。その結果どうなったでしょう。アル
バート坊やはシロネズミを見ただけで怖がり泣いて逃げようとするよう
になったのです。これは，学習理論の**レスポンデント条件づけ（古典的
条件づけ）**[10]と言われるものです。

　ワトソンはこうした実験を通して，人は生まれた後の環境でどのよう
な経験を通して学習するかによって行動が形作られて発達するのだとい
う主張をしたのです。

3. 輻輳説

　その後，それまでの「遺伝か環境か」の論争から，「遺伝も環境も」
発達に影響するのだという説が現れてきました。

　まずは，**シュテルン**[11]の「**輻輳説**」です。どのような機能の発達であっ
ても，遺伝と環境の両方の影響を受けるが，それは遺伝と環境の足し算
として考えることができるとしました。これを図式化したのが**ルクセン
ブルガー**[12]です（図2-1）。この図を見ると，遺伝と環境がそれぞれ影響
を与える度合い（寄与率）が長方形の対角線上の位置で示されることに
なります。たとえば，学業成績は55％が遺伝要因で，45％が環境要因で
説明される，とか，一般知能は77％が遺伝要因で，23％が環境要因で説
明される[13]，などとなります。

4. 環境閾値説

　一方，ジェンセン[14]は「**環境閾値説**」を唱えました。これは，遺伝によ
るもって生まれた素質や才能を伸ばすにはそれ相応の環境が必要である
が，素質や才能が環境の影響を受ける感度は，それぞれ異なるだろうと
想定したのです。環境の適切さの最低限度を環境閾値といいますが，
もって生まれた素質や才能を伸ばすには，それぞれの特性によって環境
閾値が異なるということになります。それを示したのが図2-2です。
特性Aはそれほど環境の影響を受けないので環境閾値は低いと考えら
れ，特性Dはきわめて適切な環境がないと発達しない特性ということ
で環境閾値が高いということになります。

　たとえば身長（A）は，成長期によほど栄養状態が悪いとか，自由に
動きまわることを制限されるといった，不適切な環境でない限り発達に
支障はそれほどきたさないでしょう。身長に対する環境が及ぼす影響は
低い，すなわち閾値の係数が小さいと考えられます。それに比べると，

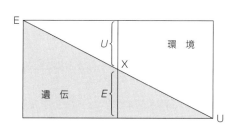

図 2 - 1　ルクセンブルガーの図式
出典：関・齋藤（2018）より。

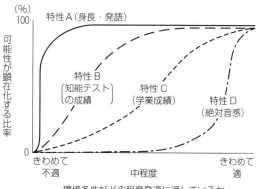

図 2 - 2　ジェンセンの環境閾値説
出典：関・齋藤（2018）より。

知能テストの成績（B）は環境から受ける影響がやや大きくなります。学業成績（C）は学習する環境がどれくらい整っているかの影響をより受けることになりますから，それよりも閾値の係数が大きくなるでしょう。そして，絶対音感や外国語の音韻の弁別[15]（D）となると，きわめてそれにふさわしい環境を用意されなければ能力が発達しないので，環境閾値の係数が高くなります。

5．エピジェネティクス

　遺伝と環境に関する研究においては，現在，遺伝子を含む DNA のゲノム解析が進む中で，「**エピジェネティクス（後成的遺伝）**」に注目が集まっています。エピジェネティクスとは，環境からの刺激で遺伝子のスイッチがオンになったりオフになったりする現象のことです。つまり，いまや，環境が遺伝子の発現レベルにまで影響を与えるということがわかってきたのです。

　2019年 5 月12日に NHK スペシャルで放送された『シリーズ人体 II 遺伝子　第 2 集 "DNA スイッチ" が運命を変える[16]』の番組の中では，次のような研究が紹介されていました。

　スウェーデンの北極圏にあるエベルカーリクス村で，ある時期40代前後の人たちの間でメタボリック症候群が原因の心筋梗塞，糖尿病で多数死亡するケースが相次ぎました。病気になった人の健康状態を調べたところ，ひとつだけ共通点が見つかりました。それはその人たちの祖父の代が大豊作を経験していたことです。祖父の代の経験が孫の代にまで影響を及ぼすということがおこるのでしょうか。それを再現したマウス実験を行いました。カロリー過多のエサをマウス（祖父マウス）に与えます。すると体脂肪率が1.2倍になりました。そしてその次の代のマウス（つまり子マウス）

▷15　**絶対音感，音韻の弁別**
絶対音感は，きこえてきた音の高さを他の音と比較することなく，瞬時に判断できる能力で，幼少期の適切な環境や訓練が習得には必要という。音韻弁別とは，幼児は言語圏の違いに関わらず早い時期から弁別能力をもつことが明らかにされており，所属する集団言語の音韻への知覚が発達し母国語習得に結びついていくとされる。

▷16　出典：NHK スペシャル『シリーズ人体 II 遺伝子　第 2 集 "DNA スイッチ" が運命を変える』2019年 5 月12日放送。

にはカロリーの少ない通常のエサを与えました。それにもかかわらず，体脂肪率が1.7倍に増加したのです。さらにその次の代（つまり孫マウス）も通常のエサを食べて体脂肪率は1.2倍に増加してしまったのです。つまり，祖父の代が食べすぎると，次の代が普通に食べても肥満になる体質を受け継ぐのです。そこから，祖父の代に肥満のDNAスイッチがオンになり，その後，子の代，孫の代とそれが精子を通じて，3世代にわたって受け継がれたDNAスイッチは元に戻りにくくなってしまっているという仮説が立てられました。さらに病気になった人たちの精子のDNAスイッチを調べたところ，「食欲を増す」DNAスイッチと「脂肪をためる」DNAスイッチがオンになっていたという事実がわかったのです。親が経験を通した学習によって獲得した性質や体質が次の世代に遺伝するということがわかったのです。これまでの研究を覆す結果だということです。

　また，親の行動が子どものDNAスイッチに影響を及ぼすという研究には，日本における子どもの肥満の増加に関する次のような研究もあります。肥満の増加の背景に，妊娠中の母親の極端なダイエットの影響が関係するという研究結果です。これは，妊娠中の母親が極端なダイエットをすることで，胎児が危険を察知して肥満に関連する遺伝子のDNAスイッチをオンにするために，生後子どもが肥満になってしまうということなのです（Gluckman et al., 2007）。

　ここまでみてきたように，子どもたちは自分たちの祖父母や両親が経験した環境からも，そして胎児期の環境からも，すでにこれほどまでに影響を受けながら発達を遂げていることが科学的にわかってきているのです。

3　環境が子どもに与える影響を理解した保育者の関わりの重要性

　ここまでみてきたように，子どもの発達に与える環境の影響は非常に大きいものであることがわかりました。では次に，保育者として子どもを取り巻く環境をとらえるいくつかの視点を整理した上で，具体的な関わり方について，事例を通して学んでいきましょう。

1．子どもを取り巻く環境をとらえる視点①──エコロジカルモデル

　個人を取り巻く環境にはいくつかの水準があり，それを，個人を中心とした同心円状のシステムとして，ソーシャルワークの視点から図示したのが，**ブロンフェンブレンナー**[17]の**エコロジカルモデル**です（図2-3）。

▷17　ブロンフェンブレンナー（Bronfenbrenner, U., 1917～2005）
社会的な環境変化が人の発達の変化につながるという概念を提唱した。ソーシャルワークの視点から，個人を取り巻く環境を，個人を中心とした同心円状のシステムとして図示した。

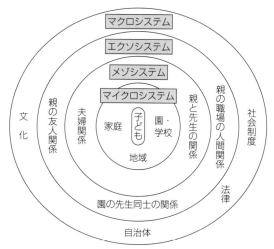

図2-3　ブロンフェンブレンナーのエコロジカルモデル
出典：ブロンフェンブレンナー／磯貝芳郎・福富護訳（1996）『人間発達の生態学』川島書店をもとに筆者作成。

　マイクロシステムとは，家庭や園など子どもに最も身近で直接的な影響を及ぼす対人関係や物理的な環境です。

　メゾシステムは，家庭の中での両親の関係や，家庭と学校の関係などマイクロシステム間の関係です。

　エクソシステムは，たとえば親の職場の人間関係とか，親の友人関係，園の先生同士の関係のように，子どもに直接の影響はないけれども間接的に影響を与える環境です。

　マクロシステムは，社会制度や法律，文化，自治体などのように社会を支えるシステムとして私たちの生活に影響を与えているものです。

　子どもをとりまく環境をエコロジカルモデルでとらえるとどのようになるか，事例を通して解説しましょう。

【事例2-1】夫の転勤で引っ越してきた山田さん家族　その1
　山田ゆうすけさん，みやさんは3歳のさらちゃんと3人家族です。最近ゆうすけさんの転勤で，みやさんの実家の近くを離れて他県に転居してきました。まわりに誰も知り合いのいない土地です。みやさんは現在妊娠4か月でつわりもまだ収まらない中，3歳のさらちゃんのイヤイヤ期が続いており手を焼いています。転勤したばかりなので，夫も職場を休めず，さらちゃんを見てもらうこともできません。行きたいと思っている妊婦検診にも出向けず，みやさんは引っ越し早々気分が落ち込んでしまいました。

　さあ，この山田さん家族がおかれた状況を，エコロジカルモデルから考えてみましょう。みやさんは地域に頼れる人もおらず，夫以外の家族もいない中で孤立して，元気に子育てできなくなっています。それがさ

らちゃんに直接的に影響します（マイクロシステム）。頼りの夫は新しい職場に慣れるために仕事を優先せざるを得ず，妻を手伝えなくなっています。夫婦関係（メゾシステム）や夫の職場（エクソシステム）が間接的に母子に影響しています。この場合，みやさんが相談できる市町村の窓口や，さらちゃんを預かってくれる保育園が見つかれば，みやさんは少し楽になれそうですが，今は自治体の行政制度を利用することができておらず，それがまた親子を苦しめていると考えられます（マクロシステム）。山田さん親子が楽しく子育てできるようになるためには，それぞれのシステムでのつながりが作られていくことが必要ですが，エコロジカルモデルを知っていることで援助の方法を考えることができます。

２．子どもを取り巻く環境をとらえる視点②
——「保育所保育指針」にみる「環境」の重要性

　保育においては，環境を整え，構成し，工夫し，それを通して子どもの発達を促していくことが重要です。それを示したのが「保育所保育指針」です。以下に「環境」に関する記述を示します（下線は筆者）。

第1章　総則
1　保育所保育に関する基本原則
　(3)　保育の方法
　　イ　子どもの生活のリズムを大切にし，健康，安全で情緒の安定した生活ができる環境や，自己を十分に発揮できる環境を整えること。
　　オ　子どもが自発的・意欲的に関われるような環境を構成し，子どもの主体的な活動や子ども相互の関わりを大切にすること。特に，乳幼児期にふさわしい体験が得られるように，生活や遊びを通して総合的に保育すること。
　(4)　保育の環境
　　保育の環境には，保育士等や子どもなどの人的環境，施設や遊具などの物的環境，更には自然や社会の事象などがある。保育所は，こうした人，物，場などの環境が相互に関連し合い，子どもの生活が豊かなものとなるよう，次の事項に留意しつつ，計画的に環境を構成し，工夫して保育しなければならない。

　このことを次の事例から考えていきましょう。

【事例２－２】夫の転勤で引っ越してきた山田さん家族　その２

　みやさんは落ち込んでばかりいられないと，市役所の保育課に出向きました。そこで，事情を話し保育園にさらちゃんを入れたいと申し出ました。幸い定員に空きがあり，早速おひさま保育園に入園することになりました。初めて母親と離れることになったさらちゃんは，入園初日は大泣きでしたが，担当のわかば先生は優しく迎え入れてくれました。「お母さん大丈夫ですよ。さらちゃん，ママと離れるのさみしいよね，先生と遊んでまってようね，ママは病院行ったら迎えに来てくれるからね」とみやさんを送り出してくれました。

　さらちゃんはわかば先生に抱っこされて泣いていましたが，しばらくすると，周囲を見回し，大好きなおままごとセットがあることに気づきました。わかば先生と一緒に遊び始めるとお友だちも近くでおままごと遊びを始めました。他のお友だちが園庭に出て砂遊びをしているのを見つけると，さらちゃんはわかば先生の手を引いて砂場に行こうと誘いました。こうして午前中いっぱいおままごとをしたり，砂場や園庭の遊具で遊んだりして過ごしました。みやさんはわが子が泣いているのではないかと急いでお迎えに来たのですが，さらちゃんがすっかりにこにこ笑顔になっているのを見て，「保育園ってすごいですね」と驚いたのでした。

　このように，幼児が安心して過ごせるようにまずは保育者が安全な避難所になれるように努めることが大切です。そして，好奇心が芽生えた幼児には自ら園の遊び環境や人的環境（先生たちや友だち）に関わっていけるように，保育者が子どもの安全基地となりながら活動に誘い，その経験が豊かに広がるように導いていくことが重要な役割となるのです。

3．子どもの発達に影響を与える要因を理解して援助する

　保育場面では，いろいろな特性をもった子どもたち，さまざまな家庭環境で育つ子どもたちに出会います。ここまでみてきたように，子どもたちの発達は，多様な環境要因と子どもがもともともっている遺伝も含めた個人要因とが相互に作用しながら時間経過の中で形づくられていきます。

　保育現場は，非常に目まぐるしい日常が展開しています。そのため，えてして子どもの問題行動があると，すぐに，何とかしなければと焦って先走って対応を考えがちです。しかし，そういう時こそ，急がば回れなのです。子どもの行動には，必ず理由があります。その問題がどうしておきたのかを，個人要因，環境要因の双方から考え，問題が時間経過の中で形成されざるを得なかった事情を理解していくことがとても重要です。援助の方法はその後に検討されるべきものです。事例を通じてそれらを学びましょう。

▷18　ここでは保育者が子どもの行動を問題だと認識してとらえるという意味で「問題行動」という言葉を使っている。

【事例2-3】落ち着きのないやまとくん（4歳）

〈エピソード〉

　やまとくん（4歳）はこの4月から2年保育で入園してきました。じっとしていることができず，教室からすぐに飛び出してしまいます。それまで集団生活の経験がなく，初めての園生活のためだろうと4月当初は担任のみさき先生も考えていたのですが，やまとくんの落ち着きのなさはエスカレートしていく一方でした。無理に止めてクラスに戻そうとすると，大声を出してかみつく，叩く，ひっかくなど大暴れしてパニックになってしまいます。

〈母親から聞いた生育歴・家族歴〉

　これは家庭と連携していくしかないと考えたみさき先生は，母親と面談をすることにしました。そこで母親から，これまでのやまとくんの子育ての大変さについて聞くことになりました。

　やまとくんは赤ちゃんの時はまったく手がかからない子だったのですが，歩き始めたときからどこにでも行ってしまうため，目が離せなくなってしまったといいます。公園に連れて出ても勝手に道をわたって反対側に行ってしまうし，友だちの遊んでいるところに入っていってはおもちゃを勝手に使うので近所の公園では遊ばせられなくなり，毎日遠くの公園まで車で連れて出ていたそうです。早く保育園に入れたかったのですが，当時同居していた姑（やまとくんの祖母）から，育て方が悪いからこうなる，恥ずかしくて保育園なんかに入れられない，近所に笑われる，あなたがしつけなさいと厳しく言われ，必死で子育てしてきたのだということです。3歳児健診のとき，あまりにも落ち着きがないことから発達相談を勧められたのですが，これも姑の目を気にしてしまい，どうしても相談に行くことができず自分でなんとかしようとやまとくんと2人で遊ぶ生活を続けてきたのです。しかし，思い通りにいかないと叩く，蹴る，かみつくなどの行動が止められず，やまとくんと一緒にいることが怖くなってしまったといいます。このままではだめだと思い，何とか助けてほしいという思いから入園させることになったと話されました。

①やまとくんの問題の理解

　やまとくんはもともと多動傾向があったといえるでしょう。子どもと2人きりで子育てするよりも多くの人の中で育てたほうがいいと母親は思っており，相談につながる機会もあったのですが，同居の姑との関係から思うような子育てができなかったことがうかがえます。そして，子どもの問題にも対処できず，だんだんと子育てへの自信を失っていったということがわかりました。みさき先生は母親の苦労を労いつつ，子どもにとってどうしていくのがいちばんいいのか一緒に考えたいと申し出ました。

②援助の基本は何か

保育者が保護者とこうして子どもの発達について話し合える関係を築くことがまず援助の第一歩となります。そのためには，保護者や子どもの立場に立って問題をみていくことです。そして保護者と子どもの強みに目を向けて，今できていることやもっている力を伸ばすことを考えましょう。そして親子にとってこの先どのような発達が望ましいのかを考え，園でできること，家庭でできること，外部との連携について，話し合っていくことが望まれます。

▷19 「保育所保育指針」では，「保護者支援」「保護者の子育て支援」が保育者の職務に位置づけられている。よって保育者の行う養育者への支援の場合，養育者と同じ意味で「保護者」と表記する。

━◆考えてみよう！━

(1) あなたが担任の立場ならば，やまとくんへの援助をどのように考えていきますか？　園でできること，家庭でできること，外部との連携について，まず自分で考えてみましょう。とくに園でできることとして，園の環境をどのように工夫していくか，どのように活用していけばよいかを考えてみましょう。

	あなたのアイデア
園でできる援助案	
家庭でできる援助案	
外部との連携案	

(2) 自分自身を題材にして遺伝の影響だと思うことと，環境の影響だと思うことを考えて，下の図に記入してみましょう。それをお互いに発表して共有しましょう。

ワーク1　自分自身について，親の遺伝の影響だなと思うことは何？　　　ワーク2　自分自身について，育った環境の影響だなと思うことは何？

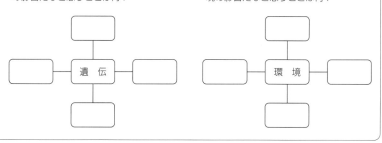

引用・参考文献
・安藤寿康（2014）『心理学の世界専門編18　遺伝と環境の心理学——人間行動遺伝学入門』培風館。
・Gluckman, P. D., Seng, C. Y., Fukuoka, H., Beedle, A. S., Hanson, M. A. (2007) "Low birthweight and subsequent obesity in Japan," *Lancet*, 369,

▷本章イラスト：林茉奈。

pp. 1081-1082.

・厚生労働省（2017）「保育所保育指針」。

・開一夫・齋藤慈子（2018）『ベーシック発達心理学』東京大学出版会。

・Watson, J. B.(1930) *Behaviorism*, Revised ed., Norton & Company（ワトソン，J. B.／安田一郎訳（1980）『行動主義の心理学』河出書房新社，130頁）.

・Watson, J. B. & Rayner, R.（1920）"Conditioned emotional reactions," *Journal of Experimental Psychology*, 3, pp. 1-14.

第3章
発達理論と子ども観・保育観

　本章では，現代社会における保育のあり方について考えるために，まずはもっとも素朴な問いである「子どもとは何か？」を考えるところから始めます。また，発達研究者がこれまでに考えてきた「発達理論」をいくつか紹介し，みなさんが今もっている「子ども観」「発達観」について再考することで，社会の中で保育が果たす役割が見えてくるのではないかと思います。

1　社会の変化と「子ども観」

1．子どもとは何か

　「子どもとは何か？」と改めて問われると，どう答えたらよいか，思いのほか困ってしまうのではないでしょうか。"まだ大人になっていない者"を子どもと考えればよいかもしれません。しかしそうすると今度は，いつから大人なのか，という疑問が浮かんできます。成年年齢，つまり社会的に「大人」と認める年齢は国によっても違いますし，日本国内でも時代によって変化してきています。実際，2022年4月の民法改正で成年年齢は20歳から18歳に引き下げられました。つまり，大人の定義も時代や社会とともに変化しており，一定ではないのです。

　また，子どもとはどんな存在でしょうか。かわいいもの，弱いもの，護るべきもの……，いろいろなイメージが湧いてくるかと思います。ただ，子どもが社会の中でどのような存在であるかという点も，時代によって異なるのです。時代を遡れば，子どもは親の所属物とみなされていた時代がありました。日本においてはかつて「口減らし」といって，家計に余裕がなくなった世帯が，子どもを丁稚奉公に出したり（商店などに住み込み，仕事をする），場合によっては殺めたりすることがありました。これは日本に限らず，世界中でみられたことですが，もちろん，現代では親が子どもを丁稚奉公に出すことは児童労働にあたり法令違反となりますし，子どもを殺めることも当然許されません。

　このように，「子ども」のとらえ方が時代によって変化してきたという事実を踏まえて，次節では，現代の日本社会における子ども観につい

▷1　児童労働
15歳未満（就業最低年齢および義務教育年齢）の労働と18歳未満の危険で有害な労働をさす。

27

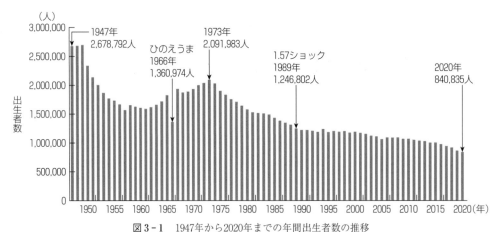

図3-1　1947年から2020年までの年間出生者数の推移

出典：「人口動態統計特殊報告　令和3年度「出生に関する統計」」（厚生労働省，2021）をもとに筆者作成。

▷2　1966（昭和41）年の出生数が落ち込んでいるのは，丙午（ひのえうま）の影響である。

▷3　**団塊の世代**
「だんかいのせだい」と読む。1947年から1949年の3年間に生まれた世代のことをさす。

▷4　15歳も，子どもと大人を分けるひとつの区切りとなっている。たとえば，医療の領域では15歳未満の子どもを「小児」と呼び，15歳以上になると小児科ではなく内科での受診が一般的となる。また義務教育も15歳までである。なお，人口に占める子どもの割合は今後も減少していく見込みであり，国立社会保障・人口問題研究所の推計によると2065年には10％程度になるとされている。

▷5　**乳児死亡率**
出生から1年未満で死亡した子どもの割合で，統計では出生1000人中の死亡者数で示される（1950年は出生1000人に対して60.1人）。また，生後28日未満で死亡した子どもの割合を新生児死亡率と言い，乳児死亡率

て説明します。

2．子どもが少ない現代の日本

　図3-1は，日本における1947年から2020年までの年間出生者数の推移をまとめたものです。

　1940年代後半の年間出生者数はおよそ250万人で，2020年の約3倍にあたります。当時は第二次世界大戦が終わった直後で，久しぶりに平和な時代を迎え，子どもがたくさん生まれたという時代背景があります。「**団塊の世代**」という言葉を聞いたことがあると思います。近年，「団塊の世代」がニュースなどで取り上げられるのは，この世代が75歳以上の高齢者になり，医療や介護などのニーズが急増しているためです。ここではその問題はひとまず置いておいて，この「団塊の世代」が子どもであった頃のことを考えてみましょう。図3-2は1950年と2021年における日本の総人口とその中に占める15歳未満の人口の割合を図で示したものです。

　1950年は15歳未満人口が全体の3割以上を占めていて，一目見て，子どもの割合が現代と比べてはるかに高かったことがわかるかと思います。子どもがたくさんいて，活気があったことが想像されますし，一方で，一人ひとりの子どもに大人が手厚く関わることは，現実的に難しかったかもしれません。実際，1950年の**乳児死亡率**（1歳までに亡くなってしまう子どもの割合）は6％を超えていました。つまり100人の赤ちゃんが生まれたとしたら，1歳の誕生日を迎えられるのはその中の約94人だったわけです。乳児死亡率は2020年では0.18％まで低下しており，新生児医療の進歩によって劇的に改善しています。生まれてきた赤ちゃんのほと

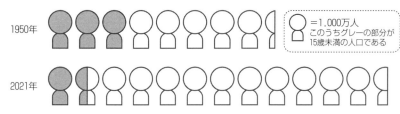

1950年

2021年

○＝1,000万人
このうちグレーの部分が
15歳未満の人口である

図3-2　1950年と2021年の日本の総人口とその中に占める15歳未満人口の割合
出典：筆者作成。

んどが1歳の誕生日を迎えられるというのは，近年になって実現された
ことで，決して当たり前のことではないのです。また，1950年の小学校
の1クラスあたりの人数（学級編成基準）は50名でした。2022年では小
学校の1クラスの定員は35名となっており，一人ひとりの子どもに目が
届きやすい環境に変わってきています。このように，時代の変化ととも
に，医療技術が進歩し，教育制度も改善を重ねていく中で，子どもへの
対応が手厚くなってきています。この点は，社会の変化が子どもの生活
環境によい影響を与えた部分であるといえるでしょう。

　その一方で，子どもにとっては必ずしもプラスとはいえないような変
化も生じています。近年，新聞やニュース，SNSなどで『保育園の建
設に地域住民から反対の声』『通勤時間帯の電車にベビーカーを乗せる
なんて非常識』など，保育や子育てに対して批判的なコメントを見かけ
ることが増えてきました。子ども連れの外出に対するクレームや，保育
園の子どもの声や音に関する苦情の対策に苦心するなどといった事例や
訴訟となるケース，保育園が防音壁を設置して対応したというケースも
見受けられます。[6]

　子どもが保育園や幼稚園，学校などで友だちと過ごし，元気な声をあ
げるのはごく自然なことで，今の大人もかつてはそのような子ども時代
を過ごしてきたはずです。しかし，これらの事例は今の日本社会が「子
どもの声」を許容できなくなりつつあるということを示しています。こ
れは子どもにとって明らかにマイナスの変化です。このような子どもに
対する意識の変化が生じていることは，子どもや子育て世帯が減少し，
社会の中で少数者（マイノリティ）になってきていることと無関係では
ないと思います。子どもが多かった時代は，子どもの声が街中のどこか
らでも聞こえるのが当たり前であり，社会の中で否定的にとらえられる
ものではなかったのだと思います。

　同じような事態は，少子化が進む諸外国においてもみられます。ドイ
ツのベルリンでは「子どもの声は騒音であり，苦痛である」という訴え
により裁判が行われるという事態が生じました。幸い，裁判の結果，

のおよそ50%程度を占め
ている。ユニセフが公表し
ている『世界子供白書
2021』によると，乳児死亡
率の世界192か国の平均は
2019年時点で2.8%（出生
1000人に対して28人）であ
り，日本は乳児死亡率がき
わめて低いことがわかる。

▷6　東京都の保育所に
「子どもの声がうるさい」と
いう苦情が寄せられている
という新聞記事。少子化に
より日常的に子どもの声を
聞かなくなったことにより
うるさく感じる人が増えた
のでは，という識者のコメ
ントと，対応として防音壁
を設置した園庭の写真が掲
載されている（『読売新聞』
〔夕刊・東京版〕2014年12
月3日付）。

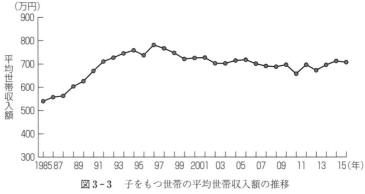

図3-3　子をもつ世帯の平均世帯収入額の推移

注：18歳未満の「児童」のいる世帯。
出典：『平成29年版　厚生労働白書』（厚生労働省，2017）をもとに筆者作成。

▷7　環境確保条例
旧名は「公害防止条例」で，都民の健康や快適な生活を確保することを目的に，工場が発する音や，車の騒音，土壌汚染などに対する規制を目的としていた。2000年の改正で環境確保条例と名称が変更されたが，2018年の改正までは「子どもの遊び声」が騒音に含まれており，子どもの声が苦情や児童施設の設置に対する反対の一因となっていた。

「子どもの声は騒音とは認められない」という結論となり，このことが「子どもの騒音」を保護する法的整備がなされるにきっかけにもなりました。このような流れを受け，国内でも東京都の**環境確保条例**において，従来は騒音規制の対象となっていた「子どもの声」が2018年の改正で除外されました。法律や条例による保護がなくても，もっとおおらかに，子どもを見守り育てる社会であってほしいと思いますが，少数者に対する無意識的な排除はどのような文化や社会でも起こり得るものです。法律や制度の整備によって，時代の変化にも対応しながら，子どもを育てやすい社会をめざしていきたいものです。

3．子どもと保育

　ここまで，少子化を中心に子育て環境の変化について説明してきましたが，実際のところ，子育てをめぐる社会的課題は少子化だけにとどまりません。たとえば，子育て世帯の経済状況にも課題があります。図3-3に示したように，日本における平均世帯収入は1990年代をピークに減少しています。長引く経済不振により，労働者の賃金が上がらなかったり，非正規雇用が増加したりしていることが影響しています。

　このような経済的状況も影響し，近年では，結果として共働きによって家計を賄う世帯が増加しています（図3-4）。

　また，これは近年に限ったことではないのですが，とくに都市部において核家族化が進んだことから，親世代だけで育児と家事，仕事を両立させなければならない世帯も増加しています。2010年の「ユーキャン新語・流行語大賞」で「イクメン」（育児参加する男性）が流行語トップ10に入り話題となりました。これはもちろん，家事・育児は夫婦で協力して担うものであるという意識が広がったことが大きいのですが，一方で，

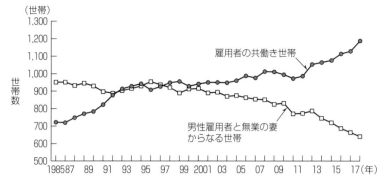

（世帯）

図3-4　共働き世帯と男性雇用者・専業主婦世帯の年度による推移
出典：『平成30年版　厚生労働白書』（厚生労働省，2018）をもとに筆者作成。

共働き世帯が増加する中，夫婦で協力しないと家事・育児が回らないという現実的な問題から，男性の育児参加が進んだという部分もあるように思います。さらに，雇用の不安定化（非正規雇用の増加）により，世帯収入が低い家庭が増加し，「**子どもの貧困**」が社会的な問題として取り上げられるようになってきています。

　ここまで述べてきたように，子育て世帯において，人手や経済的な余裕がない状況が生じています。さらに，離別や死別等によって父親または母親ひとりで子育てを担う「ひとり親家庭」では，この傾向はより顕著となります。これらの状況を踏まえると，現在における子育ては親だけですべてを担うのは困難であり，社会的なサポートを要すると考える必要があります。日本においては，2000年前後から**子育ての社会化**の必要性が強調されるようになってきました。2005年の内閣府の「国民生活白書」では，子育てに対して社会全体で取り組むことの重要性が強調されています（内閣府，2005）。子育てを社会全体が担うとは，つまり，保育のように制度化された取り組みだけでなく，地域住民や地域社会を巻き込んだ取り組みや交流が必要であることを意味しています。しかしながら，地域における「子育ての社会化」はまだ具体的な取り組みにまでつながっていない状況であり，依然として子育て支援において保育が担う役割は大きいといえます。

　このような子育て世代の現状のもと，保育者には子どもの育ちを支えることに加えて，保護者支援や他職種との連携など，幅広い役割が求められます。それらの基盤となるのは，やはり保育者としての専門性です。次節では，子どもの育ちを理解し支えるために必要となる「発達観」について，さまざまな発達研究者が考えてきた発達理論を紹介しながら考えます。

▷8　**子どもの貧困**
世帯所得が可処分所得の中央値の半分以下であることを相対的貧困といい，日本において相対的貧困の水準で生活する子どもが7人に1人であることが報告されている。最低限の衣食住の確保に困窮する「絶対的貧困」ではないが，平均的な家庭と比べて教育や生活経験の機会が制限される可能性があり，社会的なハンディを負った状況になる恐れがある。

▷9　両親の離婚や死別などにより，父親または母親のいずれかひとりの親が養育を担う家庭のこと。家事・育児・生計を一手に引き受けるため負担が大きく，非正規労働の割合も高く，経済的な問題も生じやすい。とくに，母親と子どもからなるひとり親家庭では，2世帯に1世帯が相対的貧困にあたるとされている。

▷10　**子育ての社会化**
社会全体で子どもを育てていくという考え方。背景には急速に進む少子化への危機感がある。1994年には「今後の子育て支援のための施策の基本的方向について」（通称：エンゼルプラン）が策定され，国や自治体，企業や地域社会が一体となって子育て支援を行っていく重要性が強調されたが，少子化は加速し続けており，十分に効果をあげているとはいえない。

2　さまざまな発達理論と発達観

1．ピアジェの発達理論

▷11　ピアジェ（Piaget, J., 1896～1980）
スイスの発達心理学者，児童心理学者。子どもは成長過程で普遍的に４つの段階をたどるとしている。ピアジェの発達理論について，詳しくは，第８章を参照。

　ジャン・ピアジェ[11]はもっとも有名な発達心理学者のひとりであり，ピアジェの発達理論はその後の発達研究にも大きな影響を与えました。ピアジェは子どもの成長過程における論理的思考の発達を重視し，「感覚運動期」（0～2歳頃），「前操作期」（2～7歳頃），「具体的操作期」（7～11歳頃），「形式的操作期」（12歳～）の4つの段階からなる発達理論を構成しました。まず，その導入にあたる「感覚運動期」から順に説明します。

　生後半年未満の赤ちゃんに，何かおもちゃをわたしてみましょう。そうすると，たぶん口に含んでガジガジと噛んだり，なめたりするでしょう（図3-5）。これが赤ちゃんにとっての遊びです。また生後半年を過ぎると，今度は持っているものを床や机にぶつけたり，手でたたいたりして遊びます。赤ちゃんはこうやって，自分の感覚（口や手）を使って遊びながら，身近な世界について理解していくのです。

　みなさんが今いる部屋や教室を見渡してみて下さい。窓を見れば，カーテンが風に揺れているかもしれません。そのカーテンに触れたらどんな手触りがするか，どのくらいの重みが手に伝わるか，触れなくてもおおよそ見当がつけられると思います。絶対にやらないとは思いますが，カーテンを口に含んだらどんな味がするかも，多分おおよそわかるはずです。それは，私たち自身がかつてさまざまな物を「感覚的に」理解するという試みを繰り返してきたからです。記憶には残っていなくても，私たちもかつて「感覚運動期」の成長過程を経ていて，その時に感覚的に学習したものが，今も残っているのです。

　ただ，運動や感覚を通して理解できることには限界があります。直接触れたり動かしたりできるものしか，理解の対象にできないからです。「感覚運動期」から次の段階に進むためにもっとも重要なもの，それが「言葉」です。「犬」という言葉を聞けば，みなさんの頭の中には犬のイメージが浮かびます。「昨日，うちで飼っている犬がね……」と，目の前にいない愛犬のことを友だちと話せるのも，言葉の力によるものです。このように，言葉を獲得することによって，目の前にない事柄を扱うことができるようになり，それが論理的思考の発達へとつながっていくのです。

　とはいえ，しゃべりはじめたばかりの子どもの言葉は，私たち大人の

図3-5　生後4か月頃の口での探索（左）と生後8か月頃の手を使った活動（右）

言葉とは質的にかなり違います。言葉の世界に入ったばかりの「前操作期」，論理的思考の入口にさしかかる「具体的操作期」を経て，大人のような論理的思考が可能になる「形式的操作期」へと段階が進んでいくわけですが，この点については第8章で詳しく説明しようと思います。

2．ウィニコットの発達理論

　ピアジェは自身の子どもの詳細な観察をもとに，知的発達の過程についての緻密な理論を組み立てました。その理論は，子ども個人の「能力の獲得」という観点から子どもの発達を理解しようとした点に特徴があります。

　一方で，子どもは成長の過程で，人との関わりにおいても特定の月齢で，その時期特有の特徴的な行動を見せます。たとえば，生後半年を過ぎてからの「人見知り」や，2歳を過ぎた頃の「反抗期」などです。これらの行動は，養育者（親）や大人との間で生じるものであり，その関係を新たに構築し直そうと試行錯誤している過程で生じるわけですが，このように子どもは重要な他者（多くの場合は親）との関係を常に再構築しながら成長していくという側面をもっています。これを**関係発達**[12]といいます。

　ヒトの赤ちゃんは，きわめて未熟な状態で生まれてきます。自分で移動することはもちろん，生命の維持に必要な栄養を自分で摂取することもできないのです。牛や鹿の赤ちゃんが生後数時間で立ち上がり歩き始めることと比較すると，ヒトの子どもがいかに未熟な状態で生まれてきているかが理解できると思います。つまり，生まれたばかりの赤ちゃんは，「誰かが世話をしてくれること」を前提として生まれてきており，絶対的に他者に依存した状態であるわけです。この出生時の依存状態をもとに，母と子の関係の発達について考えたのが，**ウィニコット**[13]です。

　ウィニコットが述べた発達心理学の重要な概念のひとつに「移行対象」があります。生後半年から1年頃の赤ちゃんの行動として，お気に

▷12　**関係発達**
発達を，個人の能力の発達からとらえた個人内のプロセスと考えるのではなく，「育てるもの－育てられるもの」の関係とその発達という観点からとらえる（鯨岡，2002）。子育てをするようになって，初めて自分が育てられていた時の意味に気づくことがある。これは，子どもを育てる大人が「子どもを育てながら自身が育てられたプロセスを再認識していること」を示している。つまり，子育て中の大人もまた「育てられるもの」としての過程の中で生きているということである。

▷13　**ウィニコット**（Winnicott, D.W., 1896～1971）
イギリスの小児科医，精神科医，精神分析家。対象関係論の視点から，「移行対象」「原初的没頭」など，子どもや母親に関する概念を数多く提唱した。

入りのタオルやぬいぐるみを肌身離さず持っていることがあります。これは生まれたばかりの絶対的依存状態（お母さんと一体）から，徐々に母と自分は別の存在であると気づき始めた赤ちゃんが，母親の代わりとしてぬいぐるみや毛布，タオルなどに常に触れていることで，感情の安定を図っているのです。この時のタオルやぬいぐるみを**移行対象**[14]といいます。

またウィニコットの発達観の重要なポイントとして，関係発達の中で親もまた変化していくのだと指摘している点があげられます。「関係発達」ですから，これは子どもだけでなく，親と子の双方に影響を与えていくわけです。つまり，親もまた，子どもと関わることを通して親になっていくということです。最後にウィニコットの言葉を引用してこの節を終えようと思います。

しかし，若いお母さんは，母親になるということがどのようなことであるのか，あらかじめ教えられる必要は必ずしもないのです。…中略…，最もよい母親のかかわりは，自然に自分自身を信頼することから生まれてきます。自然ににじみ出てくることと，学んだこととは，違うのです。私は，自然に生まれてくるものがそこなわれないように，この二つを区別しようと努めているのです。（ウィニコット，1985，2頁）。

この言葉には，保護者支援において常に心がけておきたい重要な考え方が含まれていると思います。

3　保育者に必要な発達観

1．子どもの育ちをどうとらえるか

それでは，現代の保育者は子どもの育ちをどのようにとらえればよいのか，つまりどのような発達観をもつことが求められているのかという点について考えてみましょう。

子どもたちが健やかに成長してやがて大人となり，社会の担い手となり，また次世代を育てていってくれることは，社会が期待するところであり，多くの親の望みでもあるでしょう。

では，子どもの育ちを理解し支えるためには，どのような力や知識が必要とされるのでしょうか。本書でものちに登場しますが，ピアジェの発達理論やゲゼルの発達診断学など，発達段階や発達理論などを学習す

▷14　移行対象
乳児期に母子一体であった状態から，少しずつ母子分離（親と離れて行動すること）が可能になる時期に，子どもがぬいぐるみや毛布など，特定の対象を持ち歩くという行動がみられる。このぬいぐるみや毛布を「移行対象」と呼び，母子一体の状態から分離へと移行することを支える役割があると考えられている。

ることももちろん役立ちます。しかし，それだけで十分とはいえないのです。

　一例として，赤ちゃんの発達について考えてみましょう。いくつか質問をしますので，それぞれ答えを考えてみてください。

① 赤ちゃんがお座りできるようになるのはいつごろ？
② 赤ちゃんがハイハイをするようになるのはいつごろ？
③ 赤ちゃんが歩くようになるのはいつごろ？
④ 赤ちゃんがしゃべり始めるのはいつごろ？

　子どもの成長には個人差がありますので，あくまでも平均的な時期ですが，座位が保てるようになるのは生後6〜7か月頃，ハイハイをするようになるのは生後7〜10か月頃，歩くようになるのは1歳前後，しゃべり始めるのは1歳前から1歳後半くらいであり，しゃべり始める時期についてはかなり個人差が大きいです。

　このような発達に関する知識をもっておくことは，もちろん重要です。これらの知識に基づいて，たとえば1歳半くらいになってもまだ歩いていないとしたら，発達について専門機関で診てもらうことが必要かもしれない，と判断し支援につなぐことができるからです。

2．一人ひとりの発達をみる視点

　ここまで，子どもの発達について，「平均的に」「いつごろ」「どんなことができるのか」という知識の側面から，その必要性について考えてきました。では次は，一人ひとりの子どもの育ちに寄り添うために，つまり目の前の子どもの育ちについて理解するために必要な力について考えてみようと思います。

　図3-6は，生後2か月の赤ちゃん，5か月の赤ちゃん，6か月の赤ちゃんがお座り（座位）の姿勢をとっているところを写したものです。生後2か月では座位が保てず，体が前傾してしまっていますが，5か月では手をついて支えにすれば座位が維持できるようになり，6か月では手を使わずに座位が保てるようになっています。**母子健康手帳**などでもお座りができるのは6〜7か月頃と書かれていますから，おおよそ平均的な発達状態であることがわかります。さて，ここで考えて頂きたいのは，まだ体を支え切れず手の支えを必要としていた5か月の姿から，手の支えなしで座位が保てる6か月の姿になる，その中間点では赤ちゃんはどんな姿勢をとっていたのかということです。ここで少し立ち止まっ

▷15　**母子健康手帳**
母子健康手帳には妊産婦，乳児及び幼児に対する健康診査及び保健指導の記録を行うことが規定されており，妊娠期から乳幼児期までの健康に関する重要な情報が管理できる母子保健の優れたツールとなっている。

2か月　　　　　　　5か月　　　　　　　6か月

図3-6　乳児の座位の姿勢の発達

出典：筆者撮影。

て，自分なりの考えが浮かんでから，続きを読んでください。

　以前，保育士の勉強会で同じ質問をした時には，「両手の支えが片手になって，最後に支えなしで座れるようになる」「手の支えを一瞬放してまたすぐ床に手をつく，ということを繰り返して，だんだん長い時間手が放せるようになる」といった意見も出ました。もちろんそのような姿勢も見られるのですが，正解は「体を起こしたところで止められず，後ろに倒れてしまう」といった姿になります。

　答えを聞いても「ふーん」と思うかもしれませんが，このプロセスには，子どもの「発達」をみる上で非常に重要なポイントが含まれています。ひとつは，子どもの発達的な変化（この場合は座位がとれるようになる）の背景には，複合的な要因があるということです。そしてもうひとつは，「何かができるようになる」ためには，行き過ぎや失敗というプロセスが必ず含まれているということです。

　保育計画の中でも，「○○ができるようになる」という目標を立てることがあるかもしれません。もちろん，子どもは成長の過程でさまざまなスキルを身につけていきますし，大人に頼るだけでなく自分でできることを増やしていくことも重要です。しかし，何かのスキルを身につけるためには，ただただその練習だけをすればよいわけではないのです。また，子どもの安全管理はとても大切ですが，失敗をまったく経験させないというのも，必ずしも子どもの成長にプラスに働くとはいえません。失敗や行き過ぎも含めて，子どもが豊かな体験を積み重ねていけるような働きかけや環境設定が，保育者に求められています。

3．発達の背景にあるもの

　先に述べた赤ちゃんがお座りできるようになるまでのプロセスについて，改めて説明します。最初は体を起こす力が足りなくて前傾したり，手を前について体を支えていました。そして，次は体を起こし過ぎて後ろに倒れてしまう時期を経て，最後に「後ろに倒れそうになったら，そこから立て直す力」を身につけて，ようやく座位が保てるようになったわけです。つまり，「座位」がとれるようになる背景には，「体を起こす力」と「行き過ぎた時に戻す力」という 2 つの力が必要になるわけです。お座りができるようになったばかりの赤ちゃんをよく観察してみてください。よく見ると，上体や頭が前後に揺れている様子が確認できると思います。体を起こしたり，行き過ぎた（起こし過ぎた）のを戻したりすることを小刻みに切り替えて姿勢を維持しているわけですが，なんとも愛くるしいです。

　子どもの成長の背景にその基盤となる複合的な要因があるというのは，もちろん座位に限った話ではありません。私たちはつい子どもの「できる―できない」を気にしてしまったり，「できないことをできるように」と考えてしまったりします。実際，かなり昔にはまだ自力で座位がとれない子どもに対して，座位の練習のために，補助具付きの座椅子に座らせる，ということも行われていました。ですが，これでは「体を起こす」ことも，「倒れそうになって立て直す」ことも経験することができません。子どもの成長を支えるためには，その基盤が十分に育つのを待つことも必要になります。結果を急ぐのではなく，子どもの成長の土台がしっかりと作られるように，時に見守り，時に支える姿勢が，大人に求められていると思います。

4　子どもの世界を理解する

1．発達は行きつ戻りつ

　私たちは，何かができるようになるまでのプロセスについて，一方向的に「だんだんできるようになる」というイメージをもちがちです。たとえば勉強であれば，全然わからない時は 0 点だけど，理解し始めると50点，完璧にわかるようになると100点，という感じです。ですが，子どもの発達はそのように右肩上がりで進んでいくものではなく，できなくなったり，後退したりしたように感じるプロセスもたどりながら育っ

ていくのです。子どもはまだ自力で全然できないようなことを「自分で！」と言って助けを拒むこともありますし，そうかと思えばもう自力でできるのに「できない……」「やって！」と甘えることもあります。また言葉の発達の過程においても，犬のことを「わんわん」と言い始めた子どもが，動物全般（たとえば猫やライオンのことも）を「わんわん」と言うというプロセスを経て，猫は「にゃんにゃん」，ライオンは「ライオンさん」と言い分けるようになったりします。過剰な汎化を経て，社会的認識に沿った形での分化がなされたということになりますが，ここでも一度「行き過ぎる」過程が含まれているといえます。

日本赤ちゃん学会を創設した**小西行郎**[16]は，その著書の中で「子どもはらせん状に育っていく」（小西・小西，2020）と述べていますが，子どもの発達とはまさにそのようなイメージです。一見遠回りに見えたり，不必要に思えたりするような行動や経験も，子どもにとって必要なプロセスであり，発達の土台を豊かにしてくれるのです。

2．子どもは子ども

子どもたちが遊んでいる様子を観察していると，大人からはちょっと不思議に思えるような姿を目にすることも少なくありません。たとえば，さっきまで激しくケンカをしていたかと思ったら，とくにきっかけはないのに，また何事もなかったかのように楽しく遊び始める，というようなこともあります。このような子どもの行動について，「子どもだから，すぐに忘れちゃうんだ」「子どもだから，目先の楽しいことに気を取られて切り替わってしまうんだ」と，子どもの未熟さにその原因を求めることもできるかもしれません。でも，本当にそれだけでしょうか。

たしかに，子どもはその成長の過程でさまざまな力を身につけます。歩けるようになることも，言葉を話すようになることも成長の一過程であり，未熟な子どもが年齢を重ねながら成熟した大人になっていくということ自体は事実です。一方で，子どもの物事のとらえ方は，大人に新鮮な驚きをもたらしてくれることもあります。ある子どもは赤いクレヨンでぐるぐるとなぐり描きをして，それを「バナナ」と言いました。「バナナは黄色」「バナナは細長い」のは確かにそうですが，では赤でバナナを描いてはいけないのか，というと，そこにこだわる必要もないかもしれません。葛飾北斎が富士山を赤く描いたように，私たちがとらわれてしまっている「当たり前」を崩してくれる素朴で率直な物事のとらえ方が，子どもの中にはあります。

大切なのは，子どもを大人と比べて未熟な存在として扱うのではなく，

▷16　**小西行郎**（こにし・ゆくお，1947〜2019）
小児科医，保育学者。『赤ちゃんと脳科学』など著書多数。日本赤ちゃん学会の創設者。

「子どもは子ども」であるという前提から出発することであると思います。この考え方は，ルソーの著書『子どもの発見』の中で登場しますが，現在の子育てや保育にも通じるものが含まれているといえるでしょう。

▷17　ルソー（Rousseau, J.-J., 1712～1778）
18世紀に活躍した哲学者。『人間不平等起源論』『社会契約論』『エミール』など，社会学，教育学に多大な影響を与えた著作も数多い。

◆考えてみよう！

(1)　9か月頃の赤ちゃんの前で，遊んでいたおもちゃを箱（仮に箱Aとします）の中に隠しました。すると，赤ちゃんは箱を開けて，おもちゃを見つけることができました。これを数回繰り返した後，赤ちゃんの目の前で，別の箱（仮に箱Bとします）の方におもちゃを隠しました。赤ちゃんは，箱Aと箱B，どちらを開けるでしょうか。
　　答えは，箱Aの方を開けます。では，なぜ箱Aを開けるのでしょうか。赤ちゃんの気持ちになって考えてみましょう。

(2)　子どもの発達は行きつ戻りつ，らせん状に育っていきます。本章の中で取り上げた以外にも，さまざまな例があげられます。どんなものがあるか考えてみましょう。

引用・参考文献

・Winnicott, D. W. (1964) *The Child, the Family, and the Outside (Part1)*, Penguin Books（ウィニコット，D. W.／猪股丈二訳（1985）『赤ちゃんはなぜなくの──ウィニコット博士の育児講義（子どもと家族とまわりの世界・上）』星和書店）.

・鯨岡峻（2022）『〈育てられるもの〉から〈育てるもの〉へ──関係発達の視点から』日本放送出版協会。

・厚生労働省（2017）『平成29年版　厚生労働白書』（https://www.mhlw.go.jp/wp/hakusyo/kousei/17/backdata/01-02-01-01.html　2022年4月10日アクセス）。

・厚生労働省（2018）『平成30年版　厚生労働白書』（https://www.mhlw.go.jp/stf/wp/hakusyo/kousei/18/backdata/02-01-01-03.html　2022年4月10日アクセス）。

・厚生労働省（2021）「人口動態統計特殊報告　令和3年度「出生に関する統計」」（https://www.e-stat.go.jp/stat-search/files?page=1&toukei=00450013&tstat=000001156366　2022年4月10日アクセス）。

・小西行郎・小西薫（2020）『子どもはこう育つ！──おなかの中から6歳まで』赤ちゃんとママ社。

・内閣府（2005）『平成17年度国民生活白書──子育て世代の意識と生活』（「暮らしと社会」シリーズ）内閣府。

コラム　変わりゆく社会と子どもの発達

　子どもたちの健やかな成長は，子どもと関わるすべての大人の一番の願いといえるでしょう。そのため，養育者や教師，保育士は，子どもの育ちを支え，導こうとします。しかし，子どもが過ごす生活環境は時代とともに変化し，子どもの発達の様相もまた時代によって変化しています。

　表に示したように，今の子どもと20年前，40年前の子どもを比較すると，描画や折紙などの手作業は未熟化しており，以前より高い年齢（月齢）にならないと作業をこなすことができなくなっています。その一方で，色の名前の理解など，知識面は早熟化しています（新版K式発達検査研究会編，2020）。このような子どもの発達的変化の影響は保育の現場にも及んでおり，多くの保育士が，以前と比べて「集中力や落ち着きのない子が増えた」「手先が不器用になったり，運動能力が落ちている」など，子どもの行動面や発達面の変化を感じていることが報告されています（郷間ほか，2008）。

　このような子どもの発達の変化は，なぜ生じているのでしょうか。多くの研究では，仮説として，子どもの生活環境が影響していると考えられてきました。つまり，子どもの遊びが多様化し，折紙やお絵かきなどをする機会が減少したことや，身近にあるものが小さな力で簡単に操作できるようになったことによって手作業が未熟化し，一方で，テレビやインターネットなどの情報機器に小さい頃から触れるようになったことで，知識の側面は早熟化したと考えたわけです。

　しかしながら，子どもの発達の変化は1歳未満の乳児期にも及んでいます。日本国内で生まれる赤ちゃんの平均出生体重は徐々に減

表　新版K式発達検査の標準化資料にみる50%通過年齢＊（月齢）の推移

項目名	1983年版	2001年版	2020年版
折紙Ⅲ	37.6	40.9	44.2
正方形模写	46.7	52.6	57.4
色の名称	48.3	39.0	35.8

注：＊50%通過年齢（月齢）とは，当該の項目を平均的に達成可能になる年齢（月齢）を指す。
出典：『新版K式発達検査2020解説書』（新版K式発達検査研究会編，2020）より作成。

少しており，1980年では3200gほどでしたが，2020年には3000gを割り込む寸前になっています。さらに，最近20年間では，乳児期の運動面の発達においても未熟化がみられました（大谷ほか，2020）。

　急激に変化する社会の中で，子どもの育ちもまた変わってきています。子どもの育ちを支えるために，保育者に求められる力もまた，時代とともに変わってくるのかもしれません。

引用・参考文献
・大谷多加志・原口喜充・松田佳尚・郷間英世（2020）「近年の乳児の発達速度の変化——2000-2001年と2015-2019年における新版K式発達検査2001の検査結果の比較」『小児保健研究』第79巻，380～387頁。
・郷間英世・圓尾奈津美・宮地知美・池田友美・郷間安美子（2008）「幼稚園・保育園における「気になる子」に対する保育上の困難さについての調査研究」『京都教育大学紀要』第113巻，81～89頁。
・新版K式発達検査研究会編（2020）『新版K式発達検査2020解説書（理論と解釈）』京都国際社会福祉センター。

（大谷多加志）

第Ⅱ部
子どもの発達過程

第4章
身体と運動機能の発育・発達

子どもの心と体には密接な関係があります。本章では，子どもの身体の発育・発達と運動機能の発達について紹介します。本章を通して，子どもの身体と運動機能がどのように発育・発達するか，そして身体と運動機能の発育・発達が子どもの心の発達とどのように関わるかについて考えてみましょう。

1 身体の発育・発達

　子どもの心の発達を考えるためには，子どもの身体がどのように発育・発達していくかについても知っておくことが重要となります。本節では子どもの身体について，体格などの外見と体温などの中身の両面から考えます。

1．形態（外見）

①身長と体重

　出生時の平均身長については，男子が49.3cm，女子が48.7cmとなっています。その後，1歳くらいになるとおよそ1.5倍の約75cm，4歳くらいになるとおよそ2倍の約100cmとなります。

　一方，出生時の平均体重については，男子が3.05kg，女子が2.96kgとなっています。▷1その後，1歳くらいになるとおよそ3倍の約9kg，4歳くらいになるとおよそ5倍の約15kgとなります。

　出生時から6歳までの身長と体重それぞれの**発育曲線**については，図▷24－1と図4－3に示す通りです。各図の右側を見ると，3, 10, 25, 50, 75, 90および97という数字があります。この数字はパーセンタイルと呼ばれ，たとえば身長でみると，3パーセンタイルは100人中前から3番目にあたる子どもの身長の増加を示しています。体重についても同様です。3から97パーセンタイルの間を正常範囲としていますが，この時期は個人差も大きく，正常範囲を外れたからといってすぐに問題となるわけではありません。図4－2と図4－4に，身長・体重のおおよその発達のイメージを示します。

▷1　厚生労働省（2022）
「令和2年（2020）人口動態統計（確定数）の概況」。

▷2　**発育曲線**
乳幼児の身体的発達の程度を，横軸に年齢，縦軸に身長・体重などのデータにより，グラフで表した曲線のことをいう。

42

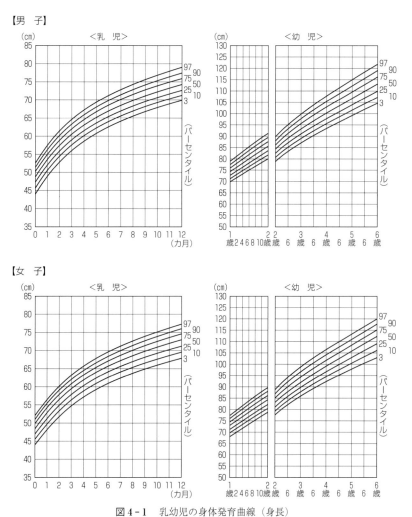

図4-1　乳幼児の身体発育曲線（身長）

出典：厚生労働省（2011）「平成22年乳幼児身体発育調査報告書」。

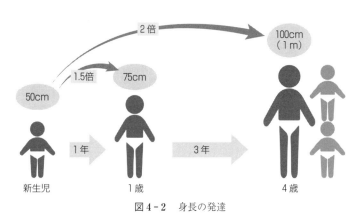

図4-2　身長の発達

出典：筆者作成。

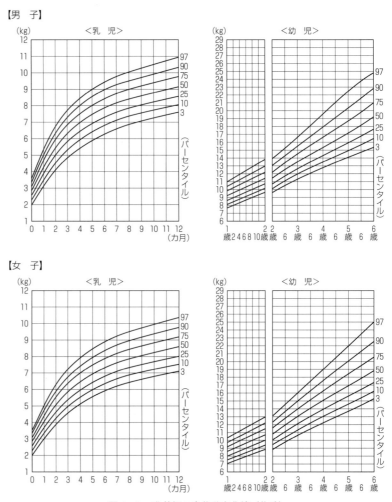

図4-3　乳幼児の身体発育曲線（体重）

出典：厚生労働省（2011）「平成22年乳幼児身体発育調査報告書」。

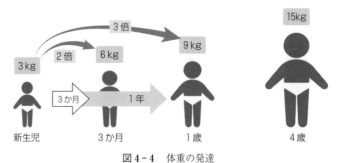

図4-4　体重の発達

出典：筆者作成。

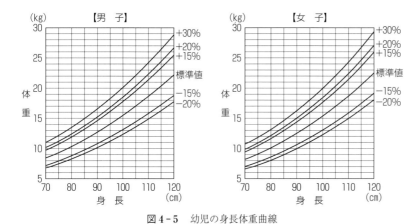

図4-5　幼児の身長体重曲線

注：身長70〜118cm のデータをもとに 2 次曲線で近似した成績を採用。
出典：国立保健医療科学院（2012）「乳幼児身体発育評価マニュアル」より。

　また，身体の比率（頭の大きさと身体全体の比率）をみると，新生児の場合，手足は短いが頭が大きく重心も高いため，バランスを取ることが難しく転びやすいです。その後，成長するにつれて手足が相対的に長くなり，成人では 7 〜 8 頭身になります。

②体格

　体格については身長と体重の相対的な関係をみて評価する必要があり，その方法は大きく 2 つあるとされています。ひとつ目は身長から算出される標準体重に対してどのくらい大きいかをみる方法（幼児の身長体重曲線など身長別標準体重を用いる方法）です。幼児期（1 〜 6 歳）の子どもの標準体重は以下の式で求めることができます。[3]

> ■ 男子　標準体重＝$0.00206 \times$ 身長$^2 - 0.1166 \times$ 身長$+ 6.5273$
>
> ■ 女子　標準体重＝$0.00249 \times$ 身長$^2 - 0.1858 \times$ 身長$+ 9.0360$

　体格の評価の指標である肥満度については，（実測体重（kg）－身長別標準体重（kg））／身長別標準体重（kg）×100で表されます。なお，幼児では，肥満度±15％以内を「ふつう」としています（図4-5）。
　2 つ目は，カウプ指数など身長と体重の値を組み合わせて算出された数値を用いる方法です。2 つ目の方法に関し，乳幼児（満 3 か月〜 5 歳）に適用可能なカウプ指数は，成人の体格指数として知られている BMI（body mass index）と同様に，体重（kg）を身長（m）の二乗で割って求めることができます。カウプ指数の基準値については年齢ごとに基準を設けることもありますが，厚生労働省は，14以下を「やせぎみ」，15〜

▷ 3　横山徹爾（研究代表者）（2012）『乳幼児身体発育調査の統計学的解析とその手法及び利活用に関する研究　乳幼児身体発育評価マニュアル』　平成23年度厚生労働科学研究費補助金（成育疾患克服等次世代育成基盤研究事業）。

▷4　厚生労働省（2009）「21世紀出生児縦断調査（特別報告）結果の概況 2001年ベビーの軌跡（未就学編）」。

やせぎみ（≦14）　ふつう（15〜17）　ふとりぎみ（≧18）

▷5　乳歯
ヒトの場合，歯は1回生え替わるが，初めて生える歯のことをいう。

乳歯の生える順番

▷6　永久歯
乳歯が抜けた後に生えてくる歯のことをいう。

▷7　曽我部夏子ほか（2010）「都市部在住の乳幼児の口腔発達状況と食生活に関する研究」『日本公衛誌』第57巻第8号，641〜648頁。

17を「ふつう」，18以上を「ふとりぎみ」としています[4]。

③骨

　子どもの身体の発育・発達や運動機能の発達と骨の形成には密接な関係があります。乳幼児期は成人期に比べて軟骨の部分が多く，この部分が硬くなる過程を繰り返して成熟していきます。そして，手や足の骨は徐々に数や形を変えながら複雑に組み合わさり大人の骨格へと変わっていきます。これらの変化によって，複雑な動きができるようになります。

④歯

　歯の萌出（歯が生えてくること）については，生後6〜7か月ころから乳歯が生え始め，満1歳ころに上下4本ずつとなり，2〜3歳ころに20本の乳歯が生えそろいます。その後，6歳をむかえるころには乳歯が生えてきた順に抜けはじめ，14歳ころまでに永久歯[6]（28本）に生え替わります。永久歯は，親知らず4本を含め全部で32本ありますが，すべて生えそろうのは16〜30歳ごろとなります。

　歯の発達は子どもの食生活に大きく影響します。乳幼児の口腔発達状況と食生活の関係を調査した研究からは，前歯上下8本が生えそろっていないと回答した保護者は，前歯上下8本に加え奥歯（第一乳臼歯）上下4本が生えそろっていると回答した保護者に比べ，子どもに軟飯（やわらかいごはん）を食べさせている割合が高く，普通飯を食べさせている割合が低いことが示されています（曽我部ほか，2010）[7]。このように歯が発達していくことで子どもは少しずつ「食べる」ことができるようになっていきます。

⑤脳

　脳の発達は子どもの心の発達と深い関係があります。そこで，まず脳の重さがどのように発達していくかをみてみると，出生時には300〜400gほどですが，1歳ころにおよそ1000g程度となります。その後，2歳を過ぎたあたりから増加が鈍くなり少しずつ成人（約1300g）の数値に近づいていきます（図4-6）。

　一方で，脳の内部について，神経細胞の発達の観点から考えてみます。神経細胞には，他の細胞への情報の出力元である軸索と他の細胞からの情報の受け取りである樹状突起があります。これらの中で樹状突起の発達と年齢の関係をみてみると，出生後から3か月ころまでは樹状突起の発達がほとんどみられませんが，2年目においては樹状突起の発達が

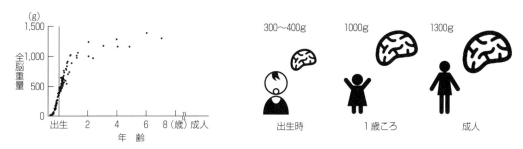

図 4-6　脳重量の発達

出典：Dobbing ほか（1973）より筆者作成。右のイラストは，脳重量の発達のイメージ。

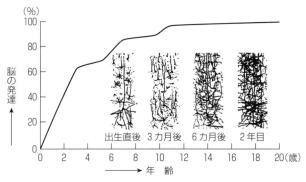

図 4-7　脳の発達の状況

出典：藤原編（2008）より。

かなり活発となっており，脳のネットワークが顕著に形成されていると考えられます。脳の発達については，3歳ころまではとても速いスピードで発達し，6歳くらいで成人の約70%，10歳くらいで約95% の発達を終えます（図4-7）。

　このような脳の発達にともない，後述する運動機能も発達していきます。

2．機能（中身）

①基礎代謝

　『医学大辞典』[8]によると，基礎代謝とは，「快適な環境温度のもとに，肉体的にも精神的にも安静状態にあり，食後12〜15時間を経て消化・吸収作用終了後の状態での仰臥時（覚醒）[9]のエネルギー産出量」のことをいいます。すなわち，基礎代謝とは体温調整や呼吸，心拍など生きるために必要な最小のエネルギーのことです。基礎代謝はさまざまな因子から影響を受けますが，そのひとつが年齢です。成長などのために体内での代謝が活発なため，年齢が若い人の方が基礎代謝基準値は大きな値となります（表4-1）。

▷8　鈴木肇（代表者）(1998)『医学大辞典（第18版）』南山堂。

▷9　「ぎょうが」と読み，仰向けに横たわっている状態のことをいう。

表 4-1　基礎代謝基準値
（単位：kcal/kg）

年齢区分	男性	女性
1〜2歳	61.0	59.7
3〜5歳	54.8	52.2
6〜7歳	44.3	41.9
8〜9歳	40.8	38.3
10〜11歳	37.4	34.8

出典：厚生労働省策定「日本人の食事摂取基準（2020年度版）」より筆者作成。

表4-2　呼吸数と脈拍数と血圧

年　齢	呼吸数（回／分）	脈拍数（安静時，回／分）	血圧（mmHg）	
			最高血圧	最低血圧
新生児	45〜40	120〜160	80〜60	60
乳　児	40〜30	120〜140	80〜90	60
幼　児	30〜20	90〜120	90〜110	50〜80

出典：今村・巷野編（2006），岸井・無藤・柴崎監修（2006）より筆者作成。

　基礎代謝は年齢とともに低下する傾向があります。自分の基礎代謝を知り，維持・向上させることで1日のエネルギー消費量が増え，肥満を防ぎ，生活習慣病の予防にもつながります。

②生理機能

ア：呼吸

　乳児の呼吸は主に腹式呼吸ですが，成長とともに胸式呼吸へと変わっていきます。また乳児は鼻呼吸のため，鼻腔がつまる，鼻汁が増える，このような時は注意が必要となります。呼吸数としては，乳児が1分間に40回前後となり，年齢が上がるにつれ少なくなっていきます。

イ：脈拍

　脈拍とは，心臓が収縮することで左心室から血液が送り出されるたびにおこる血管の拍動のことをいいます。通常，1分間の脈拍数を測定します。乳児の脈拍数は1分間120前後であり，年齢が上がるにつれて少なくなります。

ウ：血圧

　血圧について，血圧とは血管壁の単位面積あたりにかかる側圧のことをさし，mmHg（ミリメートル水銀柱）で表します。心臓が収縮し始める時にもっとも高くなり，これを最大血圧（収縮期血圧）といいます。反対に，心臓が拡張を終える時にもっとも低くなり，これを最低血圧（拡張期血圧）といいます。乳児の場合，最高血圧が80〜90mmHg，最低血圧が60mmHgくらいであり，年齢が上がるにつれ血圧は上昇します。

　年齢ごとにみた呼吸数，脈拍数，血圧を表4-2に示します。保育者が子どもの呼吸数や脈拍数，血圧を直接測定する機会は多くはないかもしれません。しかし，これらは子どもの様子が普段と違う時に子どもの健康状態を客観的に知る指標にもなります。子どもが平常な状態にあるかどうかを判断するための目安のひとつとして知っておくとよいでしょう。

エ：体温

　体温には，個人差や日差，年齢差がありますが，子どもは代謝が盛ん

なため成人よりも0.2〜0.5℃高めとなります。1日の変動をみると，午後から夕方にかけて高くなり，夜間は安静の状態のため低くなります。

　月齢が低い時期は，体温調整の機能が未熟であり，周囲の温度にも左右されやすいです。そのため，熱中症などにならないよう周囲の人が注意することが重要となります。

2　運動機能の発達

　身体機能の発育・発達とともにヒトはさまざまな運動機能が発達していきます。本節では，新生児，乳児，幼児と時期ごとにヒトがどのように運動機能を発達させていくかについて考えていきます。

1．反　射

　先ほど述べた通り，新生児期は脳の発達段階にあり，行動の多くは反射的なものとなります。反射とは，「特定の刺激によって受容器に生じた興奮が，生得的に備わった神経路および中枢を経て特定の効果器に伝えられ，その活動を引き起こすような反応型式」のことをいいます。ポイントとして，反射は，①意思や意識とは無関係であり，刺激によって強制的に生じ，②定型的である（決まっている）ことがあげられます。

　とくに新生児期から乳児期にかけて特徴的にみられ，成長発達とともに消失する反射のことを「**原始反射**」といいます。原始反射にはさまざまな種類があり，消失時期もそれぞれで異なります（表4-3）が，本来

▷10　東洋ほか編集代表（1978）『心理用語の基礎知識』有斐閣ブックス。

表 4-3　原始反射の種類と内容

原始反射		出現・消失時期	内　容
哺乳反射	探索反射	生後すぐ〜3か月	空腹時の新生児の口のまわりに指などが触れると，反射的にその方向へと顔を向ける，口を開いて乳首を求めようとする
	捕捉反射	生後すぐ〜3か月	新生児の口に乳首が触れると，その方向に顔を向けて唇と舌で咥えようとする
	吸啜反射	生後すぐ〜2〜5か月	捕捉反射により，乳首を口にすると，そのまま吸う
把握反射		生後すぐ〜4〜6か月	手のひらに物が触れると強く握りしめる
バビンスキー反射		生後すぐ〜12か月	足裏をかかとから外側に沿って強くこすると，足の親指は甲の方へ反り返り，残りの指は広がる
自動歩行反射		生後すぐ〜2か月	脇を支えて身体を前傾にすると，足を交互に動かすようなしぐさをする
モロー反射		生後すぐ〜4〜6か月	大きな音や支えた頭を急に放すと，びっくりしたように両腕を前に突き出し抱きつこうとする
緊張性頸反射		生後すぐ〜4〜6か月	仰向けに寝ている状態で，顔の向きを左右どちらかにまわすと，顔が向いた側の脚と腕が伸び，反対側の脚と腕は曲がる

出典：清水・相樂編（2018），民秋・穐丸編（2003）より筆者作成。

現れるべき時期にみられない，消失する時期にみられる場合は脳あるいは神経系に何らかの疾患がある可能性があるため注意が必要です。

2．移動運動と操作運動

人は日常生活の中でたくさんの運動をします。その中でももっともよく用いられる基本運動が移動運動と操作運動です。

移動運動については，厚生労働省の調査から，生後9～10か月で「はいはい」（**通過率**90.3%），11～12か月で「つかまり立ち」（通過率91.6%），1年3～4か月で「ひとり歩き」（通過率92.6%）がおおむね可能であることが明らかにされています（表4-4）。操作運動に関しては生後3か月ころに物を握る，7～8か月ごろに手のひら全体で物をわしづかみする，9～10か月で親指を使って物をつかむ，11～12か月で親指と人差し指を使って物をつまむ，そして3歳ころになるとはさみや箸を使うという具合に進んでいくとされています。なお，腕や足，胴などの大雑把な動きを粗大運動，物をつまむ，指先を使って細かな作業ができる動きを微細運動といいます。

▷11　通過率
その運動が可能なものの割合を表す。

3．基本運動

ここまで述べた通り，新生児，乳児へと運動機能のさまざまな側面が発達していきます。それらを踏まえた上で，幼児は多くの経験を通してさらに運動機能を発達させていきます。

『幼児期運動指針ガイドブック』（文部科学省，2012）によると，幼児期に経験する動きについて，「①立つ，座る，寝ころぶ，起きる，回る，転がる，わたる，ぶら下がるなど『体のバランスをとる動き』，②歩く，走る，はねる，跳ぶ，登る，下りる，這う，よける，すべるなど『体を移動する動き』，③持つ，運ぶ，投げる，捕る，転がす，蹴る，積む，こぐ，掘る，押す，引くなどの『用具などを操作する動き』という3つの動きがある」ことが示されています。

『幼児期運動指針ガイドブック』では，3～4歳，4～5歳，5～6歳と3つの年齢区分ごとに詳細が述べられています。3～4歳は，動きが未熟な初期の段階から，日常生活や体を使った遊びの経験をもとに，次第に上手にできるようになっていく時期となります。そのため，この時期の幼児には，体を使った遊びの中で多様な動き（たとえば，マットと跳び箱を使って転がる，上に登る・下りるなど）が経験でき，自分から進んで何度も繰り返すことにおもしろさを感じることができるような環境構成が重要となります。

表4-4　一般調査による乳幼児の運動機能通過率（移動運動）

年月齢	はいはい	つかまり立ち	ひとり歩き
2～3月未満			
3～4			
4～5	0.9		
5～6	5.5	0.5	
6～7	22.6	9.0	
7～8	51.1	33.6	
8～9	75.4	57.4	1.0
9～10	90.3	80.5	4.9
10～11	93.5	89.6	11.2
11～12	95.8	91.6	35.8
1年0～1月未満	96.9	97.3	49.3
1～2歳	97.2	96.7	71.4
2～3	98.9	99.5	81.1
3～4	99.4		92.6
4～5	99.5		100.0

出典：厚生労働省（2011）「平成22年乳幼児身体発育調査の概況について」より筆者作成。

　4～5歳は，3歳から4歳ごろに経験し獲得した動きが定着し，さらに上手になっていきます。友だちと一緒に運動することに楽しさを見いだし，また環境との関わり方や遊び方を工夫しながら，多くの動きを経験する時期となります。この時期には，たとえば，なわ跳びなど，からだ全体でリズムをとる，用具を巧みに操作する，コントロールする遊びの中で，持つ，運ぶ，投げる，捕る，蹴る，押す，引くなどの「用具などを操作する動き」を経験しておくことが望まれます。

　5～6歳は，それまでの経験をもとに，無駄な動きや過剰な動きが少なくなり，より上手になっていきます。さらに，走ってから跳ぶといったように複数の動きを中断することなく連続的に行う，あるいはボールをつきながら走るといったように，やさしい複数の動きを同時に行ったりする「動きの組み合わせ」ができるようになってきます。この時期は，全身を使った運動がより滑らかに，巧みに行えるようになり，全力で走ることや，跳んだりすることに心地よさを感じるようになります。

　幼児の基本動作の発達について，中村ほか（2011）は幼児を対象に，走る，跳ぶ，投げる，捕る，ボールをつく，転がる，平均台を移動する動作の7種類の基本動作をそれぞれ5点満点で評価した合計点を算出し，年少，年中，年長でどのように変化するかを調べました。その結果，年齢が上がるにつれて得点は増大し，幼児期における基本動作は年少児から年長児に向けて発達することが明らかになったと報告しています。[12]

　最後に，身体機能の発育・発達，運動機能の発達のいずれについてもいえることですが，すべての子どもに画一的に生じるわけではなく，通

▷12　中村和彦ほか（2011）「観察的評価法による幼児の基本的動作様式の発達」『発育発達研究』第51巻，1～18頁。

▷13　内閣府ほか（2017）『平成29年告示幼稚園教育要領・保育所保育指針・幼保連携型認定こども園教育・保育要領〈原本〉』チャイルド本社，27頁。

過率の数字（表4-4）からもわかる通り，乳幼児期は個人差が大きい時期といえます。保育の目標を達成するために保育士等が留意すべき点として，保育所保育指針には「子どもの発達について理解し，一人一人の発達過程に応じて保育すること。その際，子どもの個人差に十分配慮すること」と明記されています[13]。そのため，保育者は子ども一人一人の発育・発達状況を把握し，それぞれにあった指導をする必要があります。

▷14　日本肥満学会（2016）『肥満症診療ガイドライン2016』。

◆考えてみよう！

(1)　自分の体格について調べてみましょう。

　　成人の体格指数として知られている BMI は乳幼児に適用可能なカウプ指数と同様に体重（kg）を身長（m）の二乗で割って求めることができます。自分の BMI を計算して，以下の基準のいずれに該当するか確認してみましょう[14]。

BMI（kg/m²）	判　定
<18.5	低体重
18.5≦〜25	普通体重
25≦〜30	肥満（1度）
30≦〜35	肥満（2度）
35≦〜40	肥満（3度）
40≦	肥満（4度）

(2)　自分が小さい時にしていた遊びを振り返り，その遊びにはどのような動きが含まれていたか，『幼児期運動指針ガイドブック』に記載されている3つの動きから考えてみましょう。

引用・参考文献

・今村榮一・巷野悟郎編著（2006）『新・小児保健（第10版）』診断と治療社。
・岸井勇雄・無藤隆・柴崎正行監修／河鍋鸞編著（2006）『保育内容・健康——保育のための健康教育』（保育・教育ネオシリーズ⑯）同文書院。
・清水将之・相樂真樹子編著（2018）『改訂版　〈ねらい〉と〈内容〉から学ぶ保育内容・領域　健康』わかば社。
・民秋言・穐丸武臣編（2003）『保育内容　健康』（保育ライブラリ　保育の内容・方法を知る）北大路書房。
・平山宗宏編（2006）『小児保健』日本小児医事出版社。
・藤原勝夫編著（2008）『運動・認知機能改善へのアプローチ——子どもと高齢者の健康・体力・脳科学』市村出版。
・文部科学省（2012）『幼児期運動指針ガイドブック——毎日，楽しく体を動かすために』。

第5章
発達を支えるアタッチメント

　健康な心と体の発達の土台となるのは「アタッチメント」だといえるでしょう。アタッチメントは，人が生涯を通じて心身ともに健康に生きていく上で欠かせない発達課題であり，人生の最初に獲得されるべきものです。本章ではまず，アタッチメントと「安心感の輪」の仕組みについて説明し，次にボウルビィのアタッチメント理論を紹介します。そしてアタッチメントのタイプについて解説した後，保育におけるその重要性についてみていきます。

1　アタッチメントとは

1. アタッチメントは「くっつく」という意味

　「千と千尋の神隠し」の映画を見たことがありますか。主人公の千尋が引っ越しの途中で不思議の世界に紛れ込んでいくのですが，その入り口としてトンネルに入るシーンが描かれています（宮崎，2001）。

　神様の祠が並ぶ山道，風が吸い込まれていく真っ暗なトンネルを見て，千尋はなんとなく不気味な雰囲気を感じ取ったのでしょう，「私ヤダ，行かない！」と言います。しかし父親は興味本位で「行ってみよう」と言いトンネルに入っていきます。「千尋は待ってなさい」と千尋一人を置いて，母親も行ってしまいます。その後，しぶしぶ追いかけた千尋がとった最初の行動をみなさんはご存じですか？　千尋は怖そうに震えながら，母親の腕に<u>くっつく</u>のです。すると母親が，「千尋，そんなに<u>くっつか</u>ないで，歩きにくいわ」と冷たく言い放ちます。千尋はそう言われても母親の腕に<u>くっつく</u>のをやめないのです。

（「千と千尋の神隠し」の映画と絵本をもとに筆者要約）

　さて，ここで問題です。どうして，千尋は母親に<u>「くっついた」</u>のでしょうか。答えは，<u>怖い時にくっつくと安心するから</u>，です。
　みなさんも，そのような経験はありますよね。幼い時，いろいろな場面で，私たちは安心できる頼れる大人にくっついて，ホッとしてはなん

▷1　アタッチメント
ボウルビィによれば，アタッチメントとは「危機的な状況に際して，あるいは潜在的な危機に備えて，特定の対象との近接を求め，またこれを維持しようとする個体（人間やその他の動物）の傾性である」。つまり，危機に際して生じるネガティブな情動を他の個体とくっついて低減・調節しようとする行動制御システムのことだとされる（Bowlby, 1969, 1973）。

▷2　ポルトマンは，人間の赤ちゃんは「生理的早産」で生まれると表現した。これについては第1章に詳しいので，そちらを参照。

▷3　『くっついた』という赤ちゃん向けの絵本は，動物や人間の親子が次々とくっついてにっこりする展開で，親子でくっつきながらほっとした気持ちを共有することができる良書であり，アタッチメントの本質をわかりやすくかつ楽しく表している。三浦太郎（2005）『くっついた』こぐま社。

▷4　ハーロウ（Harlow, H. F., 1905～1981）
アメリカの心理学者。アカゲザルの実験では，子から母親に対する接触行動が大切だということがわかったが，さらに母親から子に対する愛着行動が養育や情緒安定に必要だということも明らかになった。

だか元気になる，ということを繰り返してきました。みなさんそれぞれが，不安になったり怖かったりした時に，信頼できる大人にくっついて安心したことを，ちょっと思い出してみてください。保育園でお母さんの帰りを待っていて，お迎えに来てくれたお母さんに抱きついてホッとしたのを覚えているかもしれません。あるいは，幼稚園の発表会で舞台に立つ前にドキドキしてきた時，大好きな先生が手を握ってくれて安心して頑張れたことがあったかもしれません。

　このように，不安や怖いといったネガティブな感情になった時，特定の頼れる大人にくっついて安全や安心感を得て，気持ちを落ち着けようとする心の仕組みが「**アタッチメント**」なのです。

　人間の赤ちゃんは，生まれてすぐに歩くこともできませんし，自分で食べることもできません。放っておかれると死んでしまいます。誰かに世話をしてもらうことが必要なのです。そのため，赤ちゃんは，おなかがすいたとか，おむつが濡れて気持ち悪いといった不快感が生じた時，泣いて養育者を引き寄せます。そうして自分の欲求に気づいてもらい，ミルクをもらったり，おむつを替えてもらったりすることで不快を取り除いてもらいます。さらに，なだめてもらって安心したり，気持ちを立て直してもらったりします。このように，自分では自分の身をまだ守れない赤ちゃんが，泣いたり笑顔を見せたりして人を引き寄せ，くっついて助けてもらうことを通して，この世界で生き残っていくことができるわけです。つまりアタッチメントは赤ちゃんがこの世を生き延びるためのとても有効な戦略ともいえます。

　くっつくこと自体に重要な意味があることが見直されるきっかけになった有名な実験が，アメリカの心理学者**ハーロウ**のアカゲザル実験（Harlow & Zimmerman, 1959）（図5-1）です。

　かつて，親子間の親密な絆というのは，養育者が赤ちゃんにミルクや食料という栄養を与えて空腹を満たしてくれるから，そういう存在を求めるようになる結果，作られていくと考えられていた時代がありました。ハーロウはアカゲザルの赤ちゃんを親から離し，2種類の代理母を与えました。一方の代理母は，針金でできているけれどミルクが出る「針金の母親」であり，もう一方は，柔らかな布で覆われているけれどミルクは出ない「布製の母親」でした。

　その結果，アカゲザルの赤ちゃんは，ミルクを飲みに行くときは「針金の母親」のところに行くけれど，それ以外の大半の時間は「布製の母親」にくっついて過ごすという結果になったのです。また，幼いサルが「布製の母親」にくっつくことが安心感を生み恐怖感を減少させること

図5-1　アカゲザル実験
（イラスト：林茉奈）

や，その後，「布製の母親」を安全基地にして新しい場面に近づこうとすることも実験の中で観察しました。つまり，栄養を与えてくれる母親よりも，心地よい肌触りでくっつくことで安心感が得られる母親を頼りにする行動をしたわけです。このことから，くっつくことは栄養を与えてもらえることの副産物ではなく，くっつくこと自体に重要な意味があるのだということを示したのです。

2．アタッチメントと探索──「安心感の輪」

　では，幼い子どもと養育者の様子を観察していきましょう。歩き始めの1歳ごろの子どもを観察すると，こんな場面を見かけます。

【事例5-1】よちよち歩きの子どもと父親の光景◁5
　父親と公園に出かけていくと，ブランコが目に入ります。触ってみたくて父親のそばを離れてよちよちと近づいていきます。ブランコに手を触れます。ゆらゆら揺れて面白いのでにこにこして父親を見ます。父親もにっこりして見つめてくれます。ところが，ブランコの揺れがちょっと強くなって，子どもはよろめいて転んでしまいます。すると，子どもは急に泣きだし，父親の方に一生懸命歩いて戻っていきます。父親もあわてて子どもに駆け寄り抱っこして痛かったところをさすってやりながら，「びっくりしたね，痛かった？　でも大丈夫だよ，大丈夫」と優しく声をかけながらなだめます。すると，すぐに子どもは泣き止み，またブランコの方を見て，指さし，向こうに行きたいことを父親に伝えます。父親が子どもを下ろしてあげると，子どもはまたよちよちとブランコに近づいていきます。

　何気ない光景ですが，ここで何がおきているか解説しましょう。子どもの心が落ち着いていて，好奇心が増した時，子どもは外の世界に冒険に出ていこうとします。これを発達心理学では**「探索」**欲求が高まったといいます。その時，養育者は子どもにとっての活動の拠点＝**「安心の基地」**の役割を果たします。この事例でも，子どもは父親を安心の基地

▷5　第2節で紹介するボウルビィのアタッチメント理論では，養育者として母親が想定されていた。しかし，その後の研究や議論の経過を経て，現在は，養育者は母親に限らず，父親，祖父母，里親などさまざまな人が想定されるようになった。母親でなければならないのではなく，特定の頼れる大人がいるということが重要だとされている。これについては，第4節で解説しているのでそちらを参照。

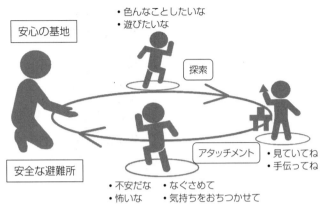

図5-2　探索とアタッチメントを行き来する「安心感の輪」
出典：北川ら（2013）を参考に作成。（イラスト：林茉奈）

として，ブランコに近づき，ブランコを触り，ブランコで遊ぼうとする
わけです。これは1歳児にとってのまわりの世界への探索行動です。
　ところが，急にブランコの揺れが強まってバランスを崩して転んでし
まったら，子どもは痛いし怖いし，自分ではどうにもできなくなり，一
気に感情が崩れて父親の助けが必要になります。すると，一目散に父親
のところに逃げ込みくっついて安心したい欲求が高まるのです。発達心
理学ではこれを，「**アタッチメント**」欲求が高まった状態ととらえます。
この時，養育者である父親は「**安全な避難所**」としての役割を果たしま
す。燃料が足りなくなってもう走り続けられなくなりそうな自動車が，
ガソリンスタンドに大急ぎで入ってくるような感じです。燃料満タンに
なった自動車がずっとガソリンスタンドにはおらずに，すぐまた走り出
すのと同じような動きを子どももします。つまり，子どもは養育者に
くっついて，安心感を取り戻し，動揺して減ってしまった感情のエネル
ギーを補給し，安心で満たされると，またまた外の世界に遊びにでかけ
る，つまり「探索」欲求が高まり養育者のもとを離れていくと考えられ
るのです。このような親子にとっては何気ない当たり前の光景の中に，
「探索」と「アタッチメント」を何度も行き来する様子が映し出されて
います。こうしたことが毎日何回も何回も親子の間では繰り返されてい
るのです。
　このことを，わかりやすく表現したのが「**安心感の輪**（Circle of secu-
rity）」（Powell et al., 2009）です。日本では北川ら（2013）が導入した親子
関係支援としての"「安心感の輪」子育てプログラム"の中で紹介され
ました（北川, 2018）。この輪をくるくるとスムーズに回るごとに親子の
間に強い情緒的な絆が結ばれていくのです（図5-2）。

2　アタッチメント理論

1．ボウルビィのアタッチメント理論[6]

　「アタッチメント」の重要性を体系的な理論として提唱したのが，イギリスの児童精神科医であった**ジョン・ボウルビィ**[7]（Bowlby, J., 1907～1990）です。ボウルビィは盗癖など問題行動の激しい施設児に対する心理治療や，第二次世界大戦で戦争孤児となり施設に保護された子どもたちの心身発達について，WHO（世界保健機関）の依頼を受けて長期にわたる大規模な調査を行いました。その結果，施設収容されている戦争孤児たちの心身発達は，家庭で育った子どもたちと比較すると，さまざまな点で歪んだり遅れたりすることがわかったのです。その原因として，主要な養育者を失ったことやその後もそれに代わる特定の大人との関係がもてないままになったことを主張したのです。つまり「**母性的養育の剝奪**[8]」が問題であるということを示したのです。

　ボウルビィの研究より前から，施設で暮らす子どもたちの発達の遅れや歪みについては知られていました。施設で暮らすことでおきる特有の状態であるということで「ホスピタリズム（施設病）」と呼ばれており，主に施設の環境が悪いせいでおきるのだと考えられていたのです。しかし，ボウルビィが強調したことは，施設環境の劣悪さではなく，養育者を失いその後もそれに代わる頼れる存在が得られないこと，特定養育者との間での安定したアタッチメント関係が形成できないことが問題なのだということでした。

　子どもは安心感の輪をくるくると毎日何回も回る経験を繰り返す中で，特定の養育者にくっついて，もう大丈夫という安心で安全な感覚を獲得していきます。それと同時に，自分は確実に守ってもらえるのだという見通しをもてるようになっていきます。そして，養育者との間に，強い情緒的な絆が形成されて，それをもとに，離れていても自分は必ず助けてもらえる，守ってもらえる，だから大丈夫という強い確信が心の中に育っていきます。その結果，実際に養育者から離れていくことができるようになり，一人でいろいろなことができるようになっていくのです。言い換えると，**自律性**[9]が高まるということです。

2．内的ワーキング・モデル

　子どもはくっついては安心感を得る経験を養育者との間で何万回も繰

▷6　この項は，遠藤（2018）を参考にまとめている。

▷7　前節でも触れたように，ボウルビィのアタッチメント理論では，養育者として，主に母親が想定されていた。母親とのアタッチメント関係が土台となって，その後の他者との関係が形成されるという考えが前提となっており，母子関係の重要性が強調された。これに関してのその後の展開については，第4節を参照。

▷8　**母性的養育の剝奪**
マターナル・ディプリベーション（Maternal Deprivation）という。乳幼児期に，特定の母親的な存在による世話や養育が十分に施されないと，子どもの心身発達のさまざまな側面に深刻な遅滞や歪曲が生じ，なおかつ後々まで長期的な影響が及ぶという（遠藤，2005）。

▷9　**自律性**
ライフサイクル理論を提唱したエリクソン（Erikson, E. H.）は，離れていても自分は守ってもらえる，だから自分は大丈夫という確信が育つということを「基本的信頼」と呼んだ。ライフサイクル理論ではそれぞれの発達段階には超えるべき発達課題があるとされており，乳児期の発達課題が「基本的信頼」，それに続く幼児期前期の発達課題が「自律性」である。エリクソンとライフサイクル理論については第14章（表14-1）を参照。

り返しながらアタッチメント関係を築き，人は求めたら自分を受け入れてくれる存在だということや，自分は求めたら守ってもらえる存在，愛される存在だというイメージを心の中にもてるようになっていくと考えられます。ボウルビィはこれを，「**内的ワーキング・モデル**（Internal Working Model）」と呼びました。坂上（2005）はボウルビィによる内的ワーキング・モデルについて，「子どもは主要なアタッチメント対象との間で経験された相互作用を通して，自分の周りの世界やアタッチメント対象，そして自己に関する心的な表象モデルを構築する」とまとめています。たとえば，3歳になり幼稚園に通いだす子どもを思い浮かべてみましょう。子どもはこの頃になると，幼稚園にいる間，母親と離れていても安定して過ごしています。転んでひざを擦りむいた時に，痛いのを少し我慢して先生のところに走っていき，助けを求めることができるようになっていきます。このように，自分のつらい気持ちをいっときこらえて，自分で解決のための行動をとることができるようになるのも，心の中に，自分が求めたら助けてくれるという他者へのイメージ＝内的ワーキング・モデルが形成され，それをよりどころに行動することができる，と考えられるということです。

　このように幼少期に形作られた内的ワーキング・モデルがその人の一種の人間関係のひな形として，他の人々との関わりにも応用されるようになるとボウルビィは考えました。養育者との間での経験に基づいて，人はこういうふうにきっと反応してくれるだろう，と期待して行動するので，結果的には，いろいろな人との間で似たような関係のパターンが生じやすくなるということです。そのようにして，乳幼児期のアタッチメント経験が生涯にわたりその人の人間関係のもち方に影響をもたらすと考えたのです。

③　アタッチメントの個人差

1．アタッチメントに個人差が生まれるわけ

　さて，ここまでみてきたように，アタッチメント関係は，子どもの感情が崩れた時に，安心を得るために養育者にくっつくというアタッチメント行動と，それに応える養育者の対応によって形作られます。養育者にもさまざまな人がいます。子どものシグナルによく気づき落ち着いて応じてくれる人もいれば，そうでないタイプの人もいます。どんな養育者であれ，子どもは安心を得たいので，最低限でも安心を得られる

「くっつき方」を子どものほうで調整するようになります。その結果，アタッチメントにはいくつかのタイプができるようになります。

このことを，観察実験（方法）でとらえ，いくつかの型（タイプ）があることを明らかにしたのが，**エインズワース**です。[10]

２．ストレンジ・シチュエーション法

エインズワースが考案したアタッチメントの観察実験の方法が，「**ストレンジ・シチュエーション法**（Strange Situation Procedure：SSP）」です（Ainsworth et al., 1978）。この方法は，子どもにとって初めての場面となる実験室で，子どもを養育者と分離させた後，見知らぬ人と交流させ，その後養育者と再会させるという一連の流れを作ります。そこで子どもがどのようなアタッチメント行動をとるのかを観察するのです。この流れを表したのが図5-3です。①実験者（見知らぬ人）のところへ養育者と子どもが入室，②養育者がいて，子どもは自由に探索，③実験者が入室，④養育者が退室（1回目親子分離），実験者と子どもだけになる，⑤養育者が戻って来て（1回目親子再会），実験者が退室，⑥養育者も退室（2回目親子分離），子どもがひとりになる，⑦実験者が入室，⑧養育者が入室して実験者が退室（2回目親子再会），という8つの場面で構成されています。とくに，分離と再会の時に子どもが示す行動に注目して分析していきます。

たとえば，保育園の朝の登園場面で，養育者と別れる前後の子どもの反応をよく観察してみてください。ある子どもは，母親と離れるのを嫌がり，大泣きしながら保育者に抱っこされているかもしれません。先生

▷10　**エインズワース**
(Ainsworth, M. D. S.,
1913～1999)
アメリカ系カナダ人の発達心理学者。乳児の愛着行動にタイプがあることを明らかにした。愛着理論，安全基地などの概念で知られる。

図5-3　ストレンジ・シチュエーション法8つの場面
注：○が実験者（見知らぬ人），●が養育者。
出典：Ainsworth et al.（1978）をもとに筆者作成。（イラスト：林茉奈）

は，その子をなだめながら声をかけています。すると次第に泣きがしずまってきて，部屋を見まわし始めます。しばらくすると，泣き止み，そして"おりる"と意思表示して，大好きな電車のおもちゃに近づき遊び始めます。一方，母親と離れる時にまったく泣かないで表情の変化もあまり見られない子どももいます。母親は淡々と朝の準備をして黙って行ってしまいます。子どもは目で母親を追っていますが，声を出したり近づいたりしません。このように，日常の登園場面の親子の様子を見ていても，子どもと養育者の間のアタッチメント関係が垣間見えます。ストレンジ・シチュエーションの実験場面は，このような分離と再会を意図的に設定して，子どもたちの反応を見ていたのです。

3．アタッチメントの型（タイプ）

　エインズワースはこの実験場面での子どもの行動上の特徴を観察した結果，3つの型（タイプ）に分類しました。**回避型**（Aタイプ），**安定型**（Bタイプ），**アンビバレント型**（Cタイプ）です。その後メイン（Main & Solomon, 1990）はこのいずれにもあてはまらない**無秩序・無方向型**（Dタイプ）を加えました。それぞれのタイプの子どもの行動特徴と養育者の特徴を簡単に説明しましょう（遠藤・田中，2005）。

　①回避型（Aタイプ）
　養育者との分離の時に，泣いたり混乱したりすることがほとんどありません。再会した時，養育者から目をそらしたり，避けようとしたりする動きがみられます。養育者が抱っこしようとしても自分から抱きつこうとすることもなく，また養育者が抱っこをやめても抵抗を示しません。養育者を安全基地として実験室の中を探索することがみられません。先述した安心感の輪でいうなら，怖くて不安なはずなのに安全な避難所に逃げ込めず途中で止まってしまい養育者にくっつかないままでいるのです。
　こうした子どもの養育者は，子どもが近づこうとすると嫌がったり，遠ざけようとする場合があるのです。子どもにとっては，本当はくっつきたいけど，くっつこうとすると遠ざけられるから，養育者に遠くに行かれるくらいならあえて近づかないでいるほうが，まだ養育者が見えるところにいる分だけかろうじて安心を保てることになるのでしょう。

　②安定型（Bタイプ）
　分離に際しては泣きや混乱を示すけれど，養育者と再会した時には積

極的に自分からくっつきに行き，すぐに気持ちが落ち着きます。実験者や養育者に対して肯定的な態度や感情を見せることが多く，養育者との分離時にも実験者からの慰めを受け入れることができます。また養育者を安心の基地として探索行動を活発に見せます。このタイプの子どもは，安心感の輪をくるくるとスムーズに回っているタイプです。

　養育者は子どもの欲求やシグナルに敏感で，過剰な働きかけも少なく，子どもの求めにスムーズに応じ，遊びや身体接触を楽しんでいる様子がみられます。

③アンビバレント型（Cタイプ）

　分離の時に非常に強い不安や混乱を示します。再会した時には，養育者に身体接触を求めていくけれど，一方で怒りながら養育者を激しく叩いたりします。安心感の輪でいうと，怖くて不安になりくっつくけれど，ぐずり続けて崩れた感情がなかなか回復しません。そのため，元気よく探索に出ていくことが制限され，安心感の輪がスムーズに回りません。

　このタイプの子どもの養育者は，子どもが同じことをしても一貫性がなく，気まぐれで，自分の都合や気分に合わせて応じることがやや多いと言われています。今日は泣いて戻ったら抱っこしてくれたけど，明日は同じように反応してくれるかわからない，という状況にいつもさらされています。そのため，親の反応の予測がつきにくく強い不安にさいなまれて，結果的に後追いやしがみつきが激しくなってしまうのでしょう。

④無秩序・無方向型（Dタイプ）

　くっつこうとすることと，回避しようとすることという本来両立しない行動が同時にみられたりします。つまり，顔を背けながら近づこうとしたり，くっついたと思ったら床に倒れこんだりするなどの不自然な行動がみられます。またじっと固まって動かなくなったり，立ちすくんだりしてしまいます。安心感の輪でいうと，くっつきたいのか離れたいのかよくわからず，どちらにも行けずに固まったり，すくんだりしてしまい，輪のどこにもいられない状態です。このタイプの子どもは，虐待など不適切な養育を受けていることが多く報告されています。怖い時に本来逃げ込む場所が，自分に恐怖を与える場所であるために，子どもは動くことができず固まってしまうことになるのです。

4　保育におけるアタッチメントの重要性

1．保育の有無は子どもの発達やアタッチメントに影響するのか[11]

　ボウルビィは基本的にひとりの養育者，とくに母親とのアタッチメント関係の重要性を強調し，母親とのアタッチメント関係が土台となって，その後の他者との関係が形成されるということを前提としました。このことは，日本でも「母性神話」「三歳児神話」など子育てにおける母親の責任と影響を過大にとらえて強調する言説に影響を与えました。アメリカでは，女性の社会進出や保育利用が進んだ1970年代以降，保育による母子分離が子どもの発達を遅らせるのではないか，また安定したアタッチメント形成に悪影響するのではないかという論争が繰り広げられました。しかし，1990年代に入り，アメリカ国立小児保健・人間発達研究所（NICHD）が行った大規模な縦断研究によって，母親養育の場合と保育経験ありの場合で比較しても，知的，言語的，社会的発達に大きな差がないことがわかりました（日本子ども学会編，2009）。さらに，母子間のアタッチメントの安定／不安定の型にも保育の有無は有意な関連がないという結果がでました。ただし，「質」の悪い保育を受けている場合，短期間で保育所を数か所変わったり，あるいは，長時間保育を受けていたり，母親の子どもの欲求に対する**敏感性や応答性**[12]が低いことのいずれかが重なると，アタッチメントが不安定になりやすいということが示されました（NICHD ECCRN, 1997）。つまり，保育所に通っているかどうかが問題なのではなく，どのような保育所でどのくらいの時間を過ごしているかや，そこでどのような関わりをして過ごしているかという「**保育の質**」[13]が重要だということが問われるようになったのです。

2．保育者と子どものアタッチメント

　赤ちゃんの時から保育を受けている子どもにとっては，母親と離れている間，保育者とも親密な関わりを経験するのです。だとしたら，母親と並行してその保育者ともアタッチメント関係が形成される可能性も考えられます。家庭における養育には，もちろん母親だけではなく，父親も積極的に関わっています。祖父母による関わりや里親養育ということも想定されます。こうした複数の大人が子育てに関わるという現実を踏まえて，母子関係だけが強調された研究から，さまざまな大人とのアタッチメントの形成の研究が進みました。複数の大人とのアタッチメン

▷11　第1項，第2項は主に，野澤（2018）を参考にまとめている。

▷12　**敏感性・応答性**
敏感性とは，養育者が子どもの欲求のシグナルに敏感に気づき読み取ることであり，応答性とはそれに呼応して的確に応じることである。たとえば，子どもが泣いた時，それに気づき空腹なのだと読み取り，すぐに授乳して子どもの欲求を充足する，という行動に現れる。最近は，敏感性，応答性以上に，子どもの欲求の読み取りを先回りせずに，子どもが養育者を求めてきた時に，養育者自身が利用可能な状態にある「情緒利用可能性」が注目されている。

▷13　**保育の質**
アメリカ国立小児保健・人間発達研究所（NICHD）の研究で調査された保育の質は2つある。ひとつは，保育の構造に関するもの（子ども対保育者の比率，子どもの人数，保育者の教育レベルなど），もうひとつはプロセス的特徴（子どもと保育者の関わり，子ども同士の関わりなど実際の子どもの日々の体験に関するもの）である。とくにプロセス的特徴のうち，子どもの発達に一貫してもっとも深い関わりをもつのが，保育者のポジティブな養育（子どもの行動に対する感受性の豊かさ，子どもの興味とやる気を励ます接し方，子どもとの頻繁な関わりなど）だといわれている（日本子ども学会編，2009）。

トが子どもの中でどのように組織化されていくのかについては，さまざまな議論がなされています。

　その中で，保育者と子どものアタッチメントに関する興味深い研究を紹介します。アメリカのハウズら（Howes et al., 1998）は，乳幼児期の母親との関係，保育者との関係が，9歳時点での担任教師や友だちとの関係にどう関連するかを調べました。その結果，9歳時点での担任教師や友だちとの関係と関連がみられたのは，母親とのアタッチメントではなく，その子どもが最初に保育を受けた時の保育者とのアタッチメントだったのです。つまり，集団生活の場で出会った最初の親密な大人とのアタッチメント関係が内的ワーキングモデルとなって，その後の集団場面での関係に影響を与えるといえる，とハウズらは考えました。このように，今は子どもは複数の親密な関わりのある大人と同時に並行してアタッチメント関係を築いていくと考えられるようになってきています。

3．アタッチメントを支える保育者の関わり

　「保育所保育指針」には，アタッチメント，安心感の輪，という言葉は出ていませんが，「第1章総則　2養護に関する基本的事項（2）養護に関わるねらい及び内容　イ情緒の安定（イ）内容」には保育者の関わりについて，次の記述があります。

---

① 一人一人の子どもの置かれている状態や発達過程などを的確に把握し，子どもの欲求を適切に満たしながら，応答的な触れ合いや言葉がけを行う。
② 一人一人の子どもの気持ちを受容し，共感しながら，子どもとの継続的な信頼関係を築いていく。
③ 保育士等との信頼関係を基盤に，一人一人の子どもが主体的に活動し，自発性や探索意欲などを高めるとともに，自分への自信をもつことができるよう成長の過程を見守り，適切に働きかける。（下線筆者）

　ここに書かれていることは，まさにこの章で紹介してきた安定したアタッチメントと探索行動が繰り返され，安心感の輪がうまく回るような大人の関わりです。つまり，子どもが保育者を必要とするシグナルを送ってきた時には，子どもの欲求に敏感に気づき，読み取り応答すること。子どもが気持ちを落ち着けてほしい時には受け入れ，触れ合いや言葉かけによって満たしていくこと。安心すれば保育者を基地として，子

どもは自ら探索行動を活発に行い自律性・自発性を高めていくこと。このようにして安心感の輪に沿ってくるくると安定して回る関係が一貫して継続していく日常が続くこと。このようにして子どもは他者と世界そして自分自身に対する信頼を高めていくこと。これらを土台に主体的な遊びを通した学びが深まるのだということが，ここには謳われているのです。アタッチメントは保育の基本なのです。

◆考えてみよう！

(1)　次の事例を読んで，あなたが保育者ならば，この状況をどのように理解し，ＡちゃんとＡちゃんの両親にどのように関わるでしょうか。自分の考えをまとめてみましょう。

【事例5-2】Ａちゃん（2歳児・7月）
　Ａちゃんは両親との3人暮らしです。とてもききわけのよい子で，保育園でも手がかからず，自己主張も少ないので，できるだけＡちゃんがやりたいと思う気持ちを大切に保育してきました。最近お母さんが妊娠しました。産休に入る前で仕事がとても忙しくなりました。帰りのお迎えは毎日お父さんが来る日が続いています。そのような中，Ａちゃんはぬいぐるみを持って登園してくるようになりました。遊んでいる時もお昼寝の時もいつもそのぬいぐるみを手放せません。園では家からおもちゃを持ってこないことがルールになっており，先生は困ってしまいました。

(2)　小グループで，(1)でまとめたお互いの考えを話し合い，グループの意見をまとめてみましょう。そしてそれを発表しましょう。

引用・参考文献

・Ainsworth, M. D. S., Blehar, M. C., Waters, E., & Wall, S. (1978) *Patterns of attachment: A psychological study of the strange situation,* Hillsdale, NJ: Lawrence Erlbaum Associates.
・遠藤利彦（2005）「アタッチメント理論の基本的枠組み」数井みゆき・遠藤利彦編著『アタッチメント——生涯にわたる絆』ミネルヴァ書房，1〜31頁。
・遠藤利彦（2018）「アタッチメントが拓く生涯発達」『発達153　特集：最新・アタッチメントからみる発達』ミネルヴァ書房，2〜9頁。
・遠藤利彦・田中亜希子（2005）「アタッチメントの個人差とそれを規定する諸要因」数井みゆき・遠藤利彦編著『アタッチメント——生涯にわたる絆』ミネルヴァ書房，49〜79頁。
・北川恵（2018）「アタッチメントに焦点化した親子関係支援」『発達153　特集：最新アタッチメントからみる発達』ミネルヴァ書房，73〜78頁。
・北川恵・安藤智子・松浦博美・岩本沙耶佳（2013）「安心感の輪子育てプロ

グラム」認定講師用 DVD マニュアル日本語版1.0（Cooper, G., Hoffman, K., & Powell, B.（2009）*Circle of security parenting© Arelationship based parenting program. Facilitator DVD manual 5.0)*）。

・坂上裕子（2005）「アタッチメントの発達を支える内的作業モデル」数井み ゆき・遠藤利彦編著『アタッチメント──生涯にわたる絆』ミネルヴァ書 房，32～48頁。

・National Institute of Child Health and Human Development Early Child Care Research Network（1997）"The effects of infant child care on infant-mother attachment security: Results of the NICHD study of early child care," *Child Development*, 68, pp. 860-879.

・日本子ども学会編／菅原ますみ・松本聡子訳（2009）『保育の質と子どもの 発達──アメリカ小児保健・人間発達研究所（NICHD）の長期追跡研究 から』赤ちゃんとママ社。

・野澤祥子（2018）「保育の場におけるアタッチメント」『発達153　特集：最 新・アタッチメントからみる発達』ミネルヴァ書房，55～60頁。

・Harlow, H. F., & Zimmerman, R.（1959）"Affectional responses in the infant monkey," *Science*, 130, pp. 421-432.

・Howes, C., Hamilton, C. E., & Philipsen, I. C.（1998）"Stability and continuity of child-caregiver and child-peer relationships," *Child Development*, 69(2), pp. 418-426.

・Powell, B., Cooper, G., Hoffman, K.T., & Mavin, B.（2009）"The circle of security," C. H. Zeanah（ed.）*Handbook of infant mental health*（3rd ed.）, New York: Guilford Press, pp. 450-467.

・開一夫・齋藤慈子（2018）『ベーシック発達心理学』東京大学出版会。

・Bowlby, J.（1969）*Attachment and loss: Vol. 1. Attachment*, New York: Basic Books.

・Bowlby, J.（1973）*Attachment and loss: Vol. 2. Separation: Anxiety and anger*, New York: Basic Books.

・宮崎駿原作・脚本・監督（2001）『徳間アニメ絵本　千と千尋の神隠し』徳 間書店。

・Main, M., & Solomon, J.（1990）"Procedures for identifying infants as disorganized/disoriented during the Ainsworth Strange Situation," Greenberg, M. T., Cicchetti, D., & Cummings, E. M.（eds.）*Attachment in the preschool years*, Chicago: University of Chicago Press, pp. 161-182.

コラム 登園しぶりを大切に扱う

「登園しぶり」という言葉を知っていますか。しぶるとは，気が進まない様子をみせること。つまり幼稚園や保育園に行くことを何らかの理由で嫌がっている状態です。小学校以上では「不登校」といわれますが，登園では，子どもがしぶっても保護者に連れられ登園してくることが多いため，「登園しぶり」となるわけです。

登園しぶりの多くは，入園や進級からしばらくの時期におこりやすく，登園時に大泣きする子どもも少なくありません。長期休暇明けにもよくみられます。幼稚園や保育園は，外の世界。家庭という安全基地から離れることは，とても不安で，登園をしぶることもうなずけます。けれど，楽しみのある園環境の中で日々を過ごしていくと，ひと月が経つ頃には，園になじみ，登園しぶりがなくなるどころか，笑顔でやって来るようになります。

その一方，登園しぶりが続き，理由もわかりにくい場合があります。ママがいい，給食が嫌い，友だちが怖いなどと訴え，そのつど対応しても，ひとつ越えればまた次に行きたくない理由が出てくるのです。筆者の経験でも，そのような園児がいました（矢本・原口・嶋野，2020）。相談に来た母親の話をよく聞くと，家庭で子どもがポツリと「工作がいや」と言ったことがわかりました。じつはここに大きなつまずきがあったのです。園での実際の様子をみてみると手先が不器用で形の見分けも難しく，工作に大苦戦していました。加えて，夜に「今日は幼稚園ある？」と母親

に何度も聞いていたことから，時間の混乱もあり，どうりで登園しぶりしていたわけです。発達面でいろいろ課題が見つかった園児は，のちに適切な配慮をうけ，いきいきと登園するようになりました。

「登園しぶり」は，まだ言葉がつたない子どもが，何かしんどい思いをしている時に，今は家庭を離れがたく，大好きな家族と一緒にいて安心したいという思いを行動で表すメッセージなのです。

入園や進級時には，新しい環境の中でがんばっている子どもを思いながら，力強くあたたかい言葉をかけ，見守りたいですね。また，登園しぶりには，発達のばらつきによる園での過ごしにくさが背後に隠れている場合もあります。その他，身体の不調，家庭環境の変化，習い事やイベントなどのイレギュラーな出来事も不安を高めます。子どもの日常を思いめぐらしてみれば，つまずきがきっと見えてきます。それが育ちの大きなヒントにもなるのです。

小さな子どもたちの「登園しぶり」は，大切に扱いたいものです。

引用・参考文献

・矢本洋子・原口喜充・嶋野珠生（2020）「「登園しぶり」を大切に扱う——キンダーカウンセリングにおける継続的な母親面接から」『日本保育学会第73回発表論文集』259〜260頁。

（矢本洋子）

第6章
自己と感情・情動の発達

うれしい，悲しい，恥ずかしい，悔しいといった気持ち，つまり感情というものを赤ちゃんはいったいいつ頃から感じ始めるのでしょうか。また，最初は泣いてばかりいる赤ちゃんが，幼児になる頃には我慢することができるようになりますが，いったいどうやってこれを身につけるのでしょうか。本章では，感情・情動の発達のプロセスについて学び，子どもが自分の感情とつきあっていけるようになるための大人の役割について理解を深めていきましょう。

1　感情の発達と自己意識の発達

1. 『インサイドヘッド』にみる一次的感情の発達

　感情の発達を理解するために，ディズニー映画『インサイドヘッド』（ディズニー・ピクサー，2015）を見てみましょう。この映画は，主人公ライリーの頭の中にいる5つの感情たち——ヨロコビ，カナシミ，ビビリ，ムカムカ，イカリ——がキャラクターの姿で登場し，ライリーの感情体験をみごとに描いています。そして『インサイドヘッド』は，感情の発達や記憶の仕組みなどについても，実は心理学等の知見に基づいて作られている作品なのです。ですから，感情が赤ちゃんの中で発達していく様子や，感情が私たちを守るためにあるということがよく描かれています。映画の冒頭部分を一緒に見ていきましょう。

　最初に登場するのは「ヨロコビ（喜び）」です。赤ちゃんライリーの頭の中では喜びを感じるたびに楽しい思い出が増えていきます。しかし，赤ちゃんはすぐにむずかって泣き出します。すると登場するのが「カナシミ（悲しみ）」です。その後，「ヨロコビ」は「でも，彼女だけじゃなかったのよね，この後感情はどんどん増えていくのよね」と言い，登場するのが，「ビビリ」「ムカムカ」「イカリ」，つまり恐れ，嫌悪，怒りです。

　20世紀初期の古い理論になりますが，ブリッジズ（Bridges, K. M. B.）は乳児の観察から感情の発達過程を示しました（Bridges, 1932）。彼女によると，生まれたばかりの乳児の感情は単純で未分化なものから，次第にさまざまな感情に分化していくといいます。生まれた時は興奮状態に

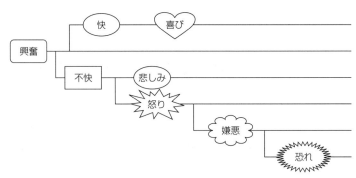

図6-1　ブリッジズによる感情の分化
出典：Bridges（1932）より筆者作成。

▷1　快と不快の分化

これに対して，ルイス（Lewis, 2008）は，新生児は生まれた時から快・不快の2つの情動を示すとした。

ある乳児が，生後2～3か月頃になると，そこから**快と不快が分化**します。さらに3か月以降には，快感情から喜びが，不快感情からは悲しみや怒りと嫌悪，6か月頃には恐れが分化すると指摘しました（図6-1）。

　およそ生まれてから6か月頃には出そろうとされる，喜び，悲しみ，怒り，嫌悪，恐れといった基本的な感情を「**一次的感情**」と呼びます。この後，2歳前後から自己意識が発達するのにともない，より複雑な感情が発達していきます。それらは「**二次的感情**」と呼ばれています。

　また，『インサイドヘッド』では，「ビビリ」「ムカムカ」が登場する時に，「ヨロコビ」は次のように表現します。

　「たとえばビビリ，ライリーの安全を守るのが得意なの」。「それからムカムカ，ライリーがいやな目にあわないようにしてる，心にとってもからだにとってもね」。

　「恐れ」「嫌悪」は一見すると不快でネガティブな感情です。喜びのようなポジティブな感情に比べて扱うのが難しく，人はこうしたネガティブ感情を嫌いがちです。しかし，実はそれぞれの感情には役割があり，すべての感情はその人を守るために存在しているということを，映画はさりげなく教えてくれています。恐れの感情があることで，私たちはむやみに危険なものに近づかず，命を守ることができます。赤ちゃんが苦みに対して嫌悪感情を示すのは，自然界において苦いものは命を危険にさらすことが多いので，それを避けるのだといわれています。一次的感情は，私たちが生き延びていくために必要な感情として生後間もなく出そろってくるのだとも考えられそうです。

2．自己意識の発達

　感情はこの後も発達していきますが，それには**自己意識**の発達が関係してきます。自己意識を『発達心理学辞典』では，「客体としての自己

について意識される場合を自己意識とされる」と定義しています（岡本ほか監修，1995）。つまり，自分が自分だと認識できるようになることです。

　発達心理学では，自己意識にまつわる実験としてルイスとブルックス＝ガン（Lewis & Brooks-Gunn, 1979）の「**ルージュテスト**」[2]が有名です。これは子どもの顔に本人に気づかれないように口紅（ルージュ）で色をつけて行う実験であることからこの名前が付けられました。口紅のついた顔を鏡で見せた時に，鏡に映っているのが自分であるとわかれば，自己意識がみられると考えられるわけです。

　1歳以下の子どもでは，鏡に映る顔に微笑みかけたりして他者に対するような振る舞いを見せます。18か月以降では，鏡に映った自己像を見て，自分の顔についた口紅に触れたりする子も出始めてくることから，自己を意識しだしていることがわかります。2歳前後になると，ほとんどの子どもが鏡に映った自己像を見て即座に顔についた口紅に触れるようになります。このことから，自己を意識できるようになるのは2歳頃だと言われているのです。

3．自己意識に関連する感情の発達——二次的感情

　自己意識が発達する2歳頃になると，自分や他者を意識したより複雑な感情が発達してきます。事例をみてみましょう。

【事例6-1】はずかしがるこうへいくん

　1歳11か月のこうへいくんは，元気で活発な男の子です。いつも公園で遊んでいると，顔なじみのおじいちゃんやおばあちゃんが笑顔で声をかけてくれます。以前はにこにこと手をふっていたこうへいくんですが，最近はおじいちゃんが話しかけると，お母さんの後ろに隠れてもじもじしています。「あれー，どうしたんだ，急に恥ずかしくなっちゃったのか」。おじいちゃんは優しく声をかけてくれますが，こうへいくんはどうも恥ずかしいらしく顔を出せません。

　こうへいくんが感じているような恥じらい，照れくささ，その他にも，うらやましいという気持ちの羨望（せんぼう）や，ねたましいという気持ちの嫉妬（しっと）などの感情は，自分が見られているという意識や，相手を意識した感情です。つまり，自分と他者の区別がはっきりとついていることが前提の感情なのです。ですから，2歳前後でルージュテストをした時，顔についた口紅に触れて自己を意識することができるようになる頃の子どもたちに共通してみられるようになってきます。こうした自己意識に関わる感情のことを，一次的感情とは区別して「**二次的感情**」と呼んでいます。

▷2　ルージュテスト
2018年にイギリスのBBC放送が制作した『赤ちゃんの心の発達の不思議』という番組には，このルージュテストの実験場面も収められている。1歳から2歳の子どもの反応の様子が紹介されている。その他にも，イギリスの赤ちゃんラボで撮影された最新の発達心理学の実験場面が多く収められており，日本語訳されたものがDVDで視聴できる。BBC制作／岩立京子監訳（2019）『赤ちゃん 心の発達の不思議② 社会性の発達』丸善出版。

▷4　3つの領域（生理的
現象，主観的経験，表出的
反応）
ここは，グロスの定義に従
い3つの領域について例示
している。身体がすくむ，
寒気を感じる，ドキドキす
るなどは自律神経の作用に
よる「生理的現象」，ホル
モン物質が放出されるのも
「生理的現象」である。ま
た怖いと感じたり，早く立
ち去りたいと考えたりする
のは「主観的経験」であり，
走り出すという行動は「表
出的反応」にあたる。こう
した3つの領域の変化が情
動には含まれている。

▷5　私たちの脳には，強
い恐怖や不安を感じた時に
原始的な防衛反応をする仕
組みがある。思考し判断す
る大脳皮質の働きを止めて，
脳幹部や辺縁系部が反応し
て命を守るための本能的な
行動をとる態勢に切り替わ
り，必死で逃げるか，恐怖
を感じずに勇敢に戦うかし
て生き延びようとする（大
河原，2015）。脳の構造に
ついては，第2節第3項
（図6-2）を参照すること。

▷6　情動調整の定義はさ
まざまな研究者が行ってい
るため統一的に定めること
は困難だが，トンプソン
(1994) が引用されること
が多い。関心がある人は，
金丸（2017）も参照すると
よい。

2 　情動調整の発達 [3]

　こうへいくんのように自己意識が発達してくると，子どもは強い自己
主張をする時期に入ってきます。この時期の子どもは大人に指示される
とイヤを連発するので「イヤイヤ期」と呼ばれています。しつけを通し
て自分で自分の気持ちを調整する術を学ぶ時期であり，「**情動調整**（emo-
tion regulation）」の発達にとって大事な時期になります。ここからは
「情動調整」の発達についてみていきましょう。

　ところで，第1節では「感情」という言葉を使ってきました。ブリッ
ジズが赤ちゃんの表情などの観察を通じて感情発達の分化を整理したよ
うに，ここでは表情や行動といった外に表される反応に注目したものを
「感情」ということにします。一方，ここから先は「情動」という言葉
を使っていきます。「情動とは，人がある状況に出合い，それが自分に
とって有害か有益かを評価することによって，**生理的現象，主観的経験，**
表情や行動を含めた**表出的反応**という3つの領域に変化をおこすもの」[4]
(Gross, 2014) という定義に従って「情動」という言葉を使うことにしま
す。少し難しいので，例をあげて説明しましょう。

　たとえば私たちが「恐怖」という強い「情動」を感じた時，まず身体
はすくんで固まってしまうかもしれないし，寒気を感じたり，ドキドキ
してきたりするかもしれません。そういう時，じつは脳では「逃げるか
戦うか」というモードになって，[5]身体はそれに備えてホルモン物質を放
出するなど，身を守るための反応が自動的に起こります。個人的には，
「怖い」「早くここから立ち去りたい」などと感じたり考えたりして，そ
して，一目散に走りだすという行動をとるかもしれません。

　このように，身体の生理的な反応，気分や考えなどの主観的な経験，
表情や行動などの表出的反応をすべて含むものとして「情動」という言
葉を使っていきます。

1．情動調整とは何か

　「情動調整」の定義としては次のものが使用されることが多いようで[6]
す。「情動調整は，個人の目標を成し遂げるために，一時的で強いとい
う特徴をもつ情動反応を，モニターし，評価し，変化させることに関わ
る，内在的および外在的なプロセスから構成される」(Thompson, 1994)。

　具体的な例で説明しましょう。みなさんは「怒り」を感じたことがあ
りますね。怒りはとても抑えがたく強い情動です。顔が真っ赤になった

り，胸がドキドキしたり，身体が熱くなったりと，身体の生理反応がともないます。そして大声を出したり，表情を歪ませたりする行動として外に表されます。でも時間がたつと次第に収まっていくという変化をします。大人の場合だと，怒りを感じても，激怒はみっともない，我慢しようと考えて，落ち着くよう自分に言い聞かせたり，コップ一杯の水を飲んで感情を静めたりすることもあるかもしれません。これが自分自身で怒りを収めようと行う努力（内在的）であり，自分をモニターしながら変化させていくプロセスです。しかし，子どもはまだこれが難しいため，大泣きして足をバタバタさせて暴れるかもしれません。そうすると最終的にはお母さんに抱っこしてもらうなど他者の手助けにより落ち着くことになる（外在的）のです。とくに乳幼児期には，この「外在的」プロセスでの養育者の役割が重要になります。

2．情動調整の発達のプロセス

　情動調整を乳幼児はどのように発達させていくのか，そのプロセスを見ていきましょう（Sroufe, 1996）。

①0歳から1歳まで——「養育者に導かれた調整」期

【事例6-2】養育者におちつかせてもらう赤ちゃん
　赤ちゃんは生まれてすぐから，不快を感じると泣きだします。赤ちゃんの泣き声を聞くと，母親は「おっぱいかな？おむつかな？」と考えるでしょう。そしておむつを調べ，「あら濡れてないなあ。そろそろおなかがすいたのかな？」とおっぱいをあげると，ごくごくとよく飲みます。「ああ，おなかがすいていたのね。たくさん飲んでね」。母親に抱っこされながらたっぷりおっぱいを飲んだ赤ちゃんは，眠くなり眠ってしまいます。

　このようなやり取りが，生まれてから毎日毎日何千回と繰り返されていくのです。この繰り返しの中で，赤ちゃんは，どんなに不快な強い感覚が身体の奥から突き上げてきても，必ず収まっていくということを体感していきます。これが情動の調整なのです。この時期は全面的に養育者の手助けを得て，情動を調整してもらうことを経験します。

　ハイハイができるようになるころには自ら不快な情動が生じた時には抱っこや慰めを求めて，養育者に近づいていき，自分からくっついて情動を調整しようとします。第5章の「安心感の輪」（図5-2）で見たように，安全な避難所に逃げ込んで気持ちを落ち着かせてもらうことは，親子の間に安定したアタッチメント関係を形成すると同時に情動調整の発達も支えているのです。

②1歳から2歳台──「自律的な自己の芽生え」期

　この時期になると，歩く，走るなど運動発達が伸びていくと同時に，自己意識も発達します。子どもが自分から積極的に情動を調整する能力もみられるようになります。何でも自分でしたい，けれどできないこと，我慢を求められることも増えてくる「**イヤイヤ期**」です。この時期は「しつけ」の時期でもあるため，当然養育者との衝突や，自分の中での葛藤が高まる時期です。さまざまな自分の欲求を阻まれると強い不快情動が生じて，激しいかんしゃくをおこしがちです。子どもにとっても養育者にとってもストレスが高まる時期ですが，養育者が，明確なルールや枠組みを示して我慢することを教える関わりが重要になってきます。以下の事例にはその様子が表れています。

▷7　**イヤイヤ期**
1歳すぎの自我発達にともない，自己主張が高まる時期は何でも「イヤ」と言うことが増えるので，こう呼ばれる。第一反抗期と同義。

> **【事例6-3】少しずつ我慢をおぼえるこうへいくん**
> 　おなかがすいたこうへいくんは，ごはんが待てず，大泣きです。「はいはい，おなかすいたよね，わかったわかった」「でもね，ちゃんと座っていただきますしてからよ」と母親は言って，泣きわめくこうへいくんを椅子に座らせ，エプロンをします。こうへいくんは大声を出しながらも座って，テーブルをバンバン叩いて待っています。「おててパッチンして，はい，いただきます。じゃあ，食べよう」とようやくお皿がこうへいくんの前に出てきます。「よく待てました」母親は，はーっと深くため息をつきながらも，おいしそうに手づかみで食べ始めるわが子を見つめながら，ほめるのも忘れませんでした。

③3歳以降──「自己調整」期

　3歳以降になると，養育者から求められたルールを心の中に置きとどめ，フラストレーション（欲求不満）があっても，自分でいっとき我慢して，情動を調整することができるようになっていきます。

> **【事例6-4】おもちゃをかせるようになったあつしくん**
> 　2歳の時のあつしくんは，1歳下の弟とおもちゃで遊んでいると，全部取り上げて，「これぼくの！」と弟を押し倒すなど，乱暴な行動が多く，両親を悩ませていました。しかし，3歳の誕生日を過ぎた頃には，あつしくんの様子が変わってきました。今日も大好きなおもちゃの電車のレールをつなげて遊んでいます。弟がレールを一つ持っていこうとしました。「ダメ！」と大声で弟に言ったあつしくん。以前なら必ず手が出ていたのに，一生懸命手を出さないように我慢しています。別のレールを探してきて，「はい」と弟に差し出しました。「これであそんでね，あっくんのおもちゃだからこわさないでね」と弟に言っています。それを見た父親は，思わずあつしくんを抱きしめ「えらかったね，我慢したね」と思いきりほめました。

　あつしくんにみられるように，3歳以降には言語発達や社会性の発達もあいまって，情動を抑制し，自分の情動や行動をコントロールする力もついてくる子どもが多いのです。あつしくんの事例では言葉でコントロールする様子がみられます。

　このように，情動調整は，養育者に代表される他者から自分の情動を鎮めてもらうような経験をたくさん重ねながら，それをモデルとして自分自身のものとしていきます。そして一人でできる時にはいくつかの方法を試して自分で落ち着けるようになるプロセスを身につけていくのです。実際には3歳で完成するわけではなく，その後も，「生涯にわたりさまざまな経験や他者とのやりとりの中で熟達させていく」といわれています。

3．脳の構造からみる情動調整

　さて，次に情動調整を脳の仕組みからみていきましょう。大河原美以は，『子どもの「いや」に困ったとき読む本』(2016) の中で幼児期の「いや」が起こる仕組みと情動調整のプロセスを脳の構造から説明しています。脳の構造から「**イヤイヤ期**」と情動調整のプロセスをみることは，幼い子どもたちがこの時期に大変な仕事（**発達課題**）に取り組んでいるのだということを私たちに教えてくれます。そのことが，子どもたちへの愛しさ，尊敬の念をさらに強めてくれることと思います。さあ，脳の構造からみていきましょう。

　脳は3つの層でできています（図6-2）。まず下にあるのが主に身体をつかさどる「脳幹部」です。その上の奥の方にあるのが，情動と記憶をつかさどる「大脳辺縁系」，そしてその周りには人間だけに高度に発達した考える脳である「大脳新皮質」（単に大脳あるいは皮質と呼ぶこともある）があります。この皮質の前の方，ちょうどおでこの内側に「前頭

▷8　**発達課題**
詳しくは第14章を参照。

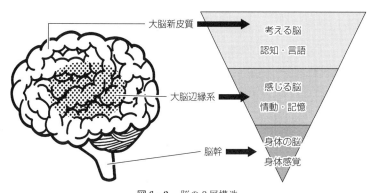

図6-2　脳の3層構造

出典：大河原 (2015) をもとに筆者作成。(イラスト：林茉奈)

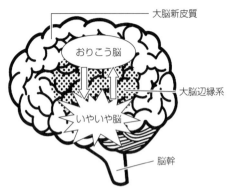

図6-3　いやいや脳とおりこう脳
出典：大河原（2016）をもとに筆者作成。（イラスト：林茉奈）

前野」と呼ばれる行動を実行する指令や計画を立てるなどの機能を担う
領域があります。

　大河原は次のように説明しています。

　　辺縁系と脳幹部は，命を守るために機能している本能的な賢さを持つ
　脳みそです。実は『いや』の元になっている『いやな気持ち』（つま
　り不快情動――筆者加筆）はここから出てきています。……この部分を
　〈いやいや脳〉と呼びたいと思います。……ことばによってママ・パ
　パの言うことを理解して，言うことをきこうという脳みそは皮質の前
　頭前野の部分にあたります。この部分を〈おりこう脳〉と呼ぶことに
　しましょう。（大河原，2016，15頁）（図6-3）

　そして，「人間の脳は，生まれたときは命と身体を守るための本能的
な」賢さをもっている〈いやいや脳〉しか機能しておらず〈おりこう
脳〉は「成長発達にともなって機能する」のだといいます。つまり「イ
ヤイヤ期」にあたる情動調整の発達過程は，まさに，この〈いやいや
脳〉の鎮め方と〈おりこう脳〉で制御する方法を学んでいる途中だとい
うことです。2つの脳が葛藤しながら，次第に〈おりこう脳〉が〈いや
いや脳〉を抑制する力をつけていくプロセスなのだといえます。
　2歳児はまだまだ〈おりこう脳〉の言葉の力，欲求をいっとき抑える
力，先を考える力などが発達途上なので，〈いやいや脳〉から出てくる
不快な情動（例：おやつを我慢させられると怒りがわく）を抑えられません。
かんしゃくを起こしてしまうと，他者の力を借りて情動調整します。け
れど，5歳児にもなると，今は我慢しても後で食べられると自分に言葉
で言い聞かせたり，約束だから守らなきゃとルールを守ったりする意識
が育って欲求を抑える〈おりこう脳〉がしっかり働くようになっている

ので，情動を自分で落ち着けて待つことができるようになるのです。^{▶9}

▶9　この点については，第6章の最後に掲載しているマシュマロテストのコラムも参照。

3　幼児期における情動調整発達の支援
——子どもと養育者が「イヤイヤ期」を越えていくために

1．情動調整発達で心配な2つのタイプ

　情動調整の発達がうまく進まず我慢する力の育ちが難しくなる場合があります。心配になる2つのタイプについて，事例から考えていきましょう。

> **【事例6-5】ささいなきっかけで感情が爆発するはやてくん**
> 　年長きりん組のはやてくんは，些細なことですぐに感情を爆発させてしまいます。たとえば，給食のおかわりをしようとして残りがないとわかるとそばにいる子を蹴る，サッカーで相手に得点を許したキーパーを叩くなど，暴力が絶えません。そんなはやてくんの両親は，家でははやてくんが暴れても，叩いて叱れば言うことをきく，と言います。

> **【事例6-6】いつもニコニコ「よい子」すぎるよしこちゃん**
> 　よしこちゃんはとてもよい子です。使っていたおもちゃを友だちにとられても何も言いません，ニコニコして譲ってしまいます。とても大切にしていた折紙の作品を友だちに破られてもニコニコして「いいよ」と言います。そんなよしこちゃんの母親は，よしこちゃんが小さい時から少しでもぐずると機嫌が悪くなるし，また日頃から，いい子でいなさいと厳しく言い聞かせているといいます。

　さて，はやてくん，よしこちゃんは，どちらも情動調整の点からは，心配になる子どもたちです。なぜでしょうか。5歳になれば多くの子どもは〈いやいや脳〉と〈おりこう脳〉の行き来ができるようになり，〈おりこう脳〉の我慢の力が育ってくる頃ですが，はやてくんの様子からは，〈おりこう脳〉の制御が弱いことがわかります。〈いやいや脳〉からあふれる情動は，両親からの暴力によって抑え込まれ，つまり恐怖でコントロールされているために，保育園では〈いやいや脳〉のままの行動がお友だちに向かってあふれ出しています。よしこちゃんは一見「よい子」です。でも，おもちゃを取られても，大切な自分の作品を壊されても「ニコニコしている」という反応は，不自然です。怒りがわいたり，ムカムカしたりする情動が〈いやいや脳〉からわきおこるのが自然な反応です。よしこちゃんは，そんなふうに感じてはいけないと育てられてきたために，〈おりこう脳〉と〈いやいや脳〉の間に壁ができてしまい，

いやな気持ちを感じないように反応するようになり，養育者の前ではよい子になってしまっています。ですが，いやな気持ちはどこかであふれてきます。それが，意地悪や自己中心的な行動など，養育者の見ていないところでの困った行動になることが多いのです。

　はやてくん，よしこちゃんは，いずれも養育者の前では養育者に認められるようにふるまうのです。なぜなら子どもは養育者に愛されたいから，どうしたら養育者が認めてくれるかを学び，そのようにふるまうことを学習し，脳もそのように環境に適応していくからです。また，大河原は次のようにも言っています。「多くの日本人は，たとえ2歳であっても，不快になったときに不快を表出することはよくないことだと考えている。そして，それを親が制御する声かけを行うことになる。その結果，子どもは，不快感情は表出してはいけないのだと学ぶことになるが，自分の体にあふれてくる不快をどう表現すればよいのかは学ぶことができず，ただただ抑え込むことを学ぶのである」（大河原，2015，26頁）と。これには日本人の価値観や，文化的背景というものが色濃く影響しています。しかし，子どもの健康な発達の観点から考えるなら，子どもがかんしゃくをおこしたり，不快な感情をあふれさせたりすることは，なんら異常なことではなく，この時期には自然なことであり，幼児期においてとても大切であることが理解できたことと思います。

▷10　これについては，第11章で虐待やマルトリートメントに関連して詳しく説明する。

2．しつけのプロセス

　この時期に避けて通れないものに「しつけ」があります。しつけは，

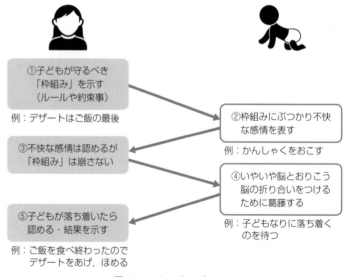

図6-4　しつけのプロセス

出典：大河原（2016）をもとに筆者作成。

子どもの心身の健康な発達を支える大切なものだといえます。では，どのようにしつけていけばよいのでしょうか。「しつけのプロセス」（図6-4）をみていきましょう。

　子どもが自分の欲求を制御できるようになるためにここで大切なことは，発達に合わせたルールや約束事という枠組みの壁にぶつかって，イヤだという情動を，養育者が否定せずに受け止めてあげる（〈いやいや脳〉を安心で落ち着かせる）ことです。かつ「けれど約束は守る」という〈おりこう脳〉が育つように，養育者が一貫して関わることです。そして，子どもが泣きながらでも約束やルールを守った時には，よいことがおこることを示します。そして，我慢しながらも約束を守れたことをほめ，よい結果を一緒に喜ぶようにするのです。

3．養育者を支える

　ここまでみてきたように，幼児期の子どもたちは情動調整というとても大きな発達課題を乗り越える努力をしていました。そしてそれを支えるのが，養育者を中心とする大人の存在です。子どもの情動調整に対してより直接的な影響を及ぼすのが，養育者の共感性や子どもの情動状態にあわせること[11]（蒲谷，2013）だともいわれます。養育者の安定した情動を頼りに自分の情動を調整している子どもたちのためにも，養育者自身が情動調整できるようにしていくことが求められます。

　しかし，この時期の子育てはとても難しいものです。ですので，養育者にとって，身近な場所で，日々の取り組みと努力を認め，見守ってもらえることが必要です。保育者はそれができる存在です。日々の困りごとへの「どうしたらいい？」を共に悩み考える。そして，イヤイヤ期には必ず終わりがあり，近い将来，自分で考え行動できるようになったわが子の成長をきっと感じることができると励ましながら，養育者に寄り添った支援ができることを求められています。

▷11　養育者は，自分の情動を子どもの情動状態にあわせながら，声，表情，姿勢，動作などを通して子どもの情動を調整する。声のトーンを上げたり下げたりすることなどから，スターン（1985/1989）はこれを「情動調律」と表現している。

◆考えてみよう！

(1) 保護者Dさんから次のような相談を受けました。あなたが担任保育者なら，どのように考え，どのように対応していくでしょうか。自分の考えを書き出した後，グループで話し合ってみましょう。

　　Dさん：2歳の息子のことです。保育園からの帰り道，自動販売機でジュースを買ったために，毎日そこで買って買ってと大騒ぎするようになり，結局買い続けています。だめだとわかっているのですが，どうしたらいいでしょうか。

(2)　友だちとペアになり，次のやり取りでしつけのプロセスに沿って，Ｃちゃん（２歳６か月）への行動や言葉かけを考え，ロールプレイしてみましょう。

保 育 者：Ｃちゃん，ごはんの時は座って食べようね。

Ｃちゃん：いや。（走っていこうとする）

保 育 者：Ｃちゃん，遊びたいのはわかるよ。でも，ご飯は座って食べるんだよ。

Ｃちゃん：いや，いや。（走り出す）

保 育 者：＿＿＿＿＿＿＿＿＿＿＿＿＿＿＿＿＿＿＿＿

引用・参考文献

・Emde, R. N. & Sorce, J. F.（1980）"The rewards of infancy: Emotional Availability and maternal referencing," J. D. Call, E. Galenson, & R. L. Tyson (eds.) *Frontiers of Infant Psychiatry*, Vol. 2, pp. 17-30（R. N. エ ム デ ィ・J. F. ソース／生田憲正訳（1988）『乳幼児らの報酬——情緒応答性と母親参照機能』小此木啓吾監訳「乳幼児精神医学」岩崎学術出版，25～47頁）.

・大河原美以（2015）『子どもの感情コントロールと心理臨床』日本評論社。

・大河原美以（2016）『子どもの「いや」に困ったとき読む本』大和書房。

・岡本夏木・清水御代明・村井潤一監修（1995）『発達心理学辞典』ミネルヴァ書房。

・金丸智美（2017）「乳幼児期における情動調整の発達」『淑徳大学研究紀要（総合福祉学部・コミュニティ政策学部）』51，51～66頁。

・蒲谷槇介（2013）「前言語期乳児のネガティブ情動表出に対する母親の調理的応答——母親の内的作業モデルおよび乳児の器質との関連」『発達心理学研究』第24巻，507～517頁。

・Gross, J. J.（2014）"Emotion regulation: conceptual and empirical foundations," J. J. Gross (ed.) *Handbook of Emotion Regulation* (2nd ed.), The Guilford Press, pp. 3-20.

・Stern, D. N.（1985）*The Interpersonal World of Infant: A View from Psychoanalysis and Developmental Psychology*, Basic Books（D. N. スターン／小此木啓吾・丸田俊彦監訳／神庭靖子・神庭重信訳（1989）『乳児の対人世界　理論編』「主観的自己感：2情動調律」岩崎学術出版社，162～187頁）.

・Sroufe, L. A.（1996）*Emotional Development: The Organization of Emotional Life in the Early Years*, Cambridge University Press.

・ディズニー・ピクサー（2015）『インサイドヘッド』DVD。

・Thompson, R. A.（1994）"Emotion regulation: A theme in search of definition," *Monographs of the Society for Research in Child Development*, 59 (2-3), pp. 25-52.

・Bridges, K. M. B.（1932）"Emotional development in early infancy, " *Child Development*, 3(4), pp. 324-341.

・Lewis, M.（2008）"The emergence of human emotion," M. Lewis, J. M. Havilland-Jones, & L. R. Barrett（eds.）*Handbook of Emotions*（3rd ed.）, New York: Guilford Press, pp. 304-319.

・Lewis, M., & Brooks-Gunn, J.（1979）"Toward a theory of social cognition: The development of self," *New Directions for Child and Adolescent Development*, 4, pp. 1-20.

▷本章イラスト：林茉奈。

コラム マシュマロでわかる子どもの未来？

マシュマロテストという言葉を聞いたことがあるでしょうか。近年注目されるようになってきた非認知スキルのひとつである「実行機能」(目的を達成する力)を評価する有名な実験です。幼少期にマシュマロテストを達成できた子どもは，青年期の学力や対人スキルが高く社会的成功を収める傾向にあると言われたことから (Mischel et al., 1988)，このテストが注目を集めました。

マシュマロテストの実験方法をみてみましょう。

①子どもの前に，マシュマロを 1 個置く。

②マシュマロを食べずに15分待つことができたら，もう 1 個もらえると説明される。

③子どもは，ひとり部屋に残される。その間，マシュマロは子どもの目の前に置いたままで，手を伸ばせばすぐに食べられるようになっている。

ちょっといじわるな実験ですね。より多くの報酬を得るために15分待つことができる子どもは，目標を達成する力，つまり実行機能が高いといえます。

では，子どもは何歳になるとマシュマロテストをクリアできるようになるのでしょうか。2 歳未満ではほとんど待てずに食べてしまいますが，年齢を重ねるとともに待てる時間が延び，5 〜 6 歳頃には半数以上の子どもが15分待てるようになります。YouTube などに実験の動画がアップされていますので，ぜひ一度見てみてください。マシュマロを前に必死に我慢する子どもたちの姿はいじらしくもかわいいもので，目を背けて我慢する子，つ

いつい触ったり匂いをかいだりしてしまう子，少しつまんで食べてしまう子……など，個性豊かな反応がみられます。

現在では，子どもの将来における成功にはさまざまな要因が関係するため，マシュマロテストの結果だけで将来を予測することはほとんどできないだろうという結論に至っています (森口, 2019)。たとえば，マシュマロテストでは「待つ力」はもちろん大事ですが，後でもう 1 個もらえるという約束をどの程度信頼するか，つまり子どもにとって実験者が信頼に足る存在かという点も重要になります。さまざまな議論を呼んだマシュマロテストですが，子どもの頃の実行機能の程度と，将来の社会的適応（失業率や健康状態）との間に明確な関係があることはその後の研究でも実証されており，実行機能をはじめとする非認知スキルに光を当てたという点で，発達研究や子育て，教育に対して与えた影響は大きいといえるでしょう。

引用・参考文献

・Mischel, W., Shoda, Y., & Peake, P. K. (1988) "The nature of adolescent competencies predicted by preschool delay of gratification," *Journal of Personality and Psychology*, 54(4), pp. 687-696.

・森口佑介 (2019)『自分をコントロールする力——非認知スキルの心理学』講談社現代新書。

（大谷多加志）

第7章
社会性の発達

　ここでは，人と人との関わりの発達について理解を深めていきます。第1節では社会性の発達の土台となる，乳児と大人との関わりが深まる過程をみていきます。続く第2節では，幼児期に発達する，他者の心を理解する力である「心の理論」について学びます。第3節では，子ども同士の「いざこざ」を取り上げ，幼児の社会性の発達について理解を深め，そこに保育者がどのように関わることができるのかを考えていきましょう。

1　赤ちゃんにとっての社会

1．社会は「かわいい」から始まる？

　まず，図7-1の人の形をした2つの絵を見比べてみてください。どちらがかわいいと感じますか。

　かわいいという感情は主観的なものなので，人によって違いはあるでしょうが，多くの人が左側のずんぐりむっくりな体型の方をかわいいと感じるのではないでしょうか。この2つの絵を見比べてみると，どちらも人の形をしてはいますが，左側の方は頭が大きく，手足も太く短いです。では，図7-2の2つの絵ではどちらがかわいいと感じますか。

　この2つの絵は，どちらも丸の中に目と口のようなものが描かれており顔のように見えます。この2つを比べた場合も，左側の方がかわいいと感じたのではないでしょうか。この2つの絵からはまったく異なる印象を受けますが，実は目以外はまったく同じで，違うのは目の位置と形だけです。左側の絵では目が大きく黒目がちで，目の位置も顔の中心より少し下にあります。一方，右側の絵では目は小さく，大きな丸の中の

図7-1　2種類の人の形
出典：筆者作成。

図7-2　2種類の顔のようなもの
出典：筆者作成。

上の方にあります。

　2組の絵のそれぞれで，かわいいと感じられるこのような特徴は，人間や動物の赤ちゃんにみられるものですが，この特徴を**ローレンツ**[1]は「ベビースキーマ」と名付けました。ベビースキーマの具体的な特徴は，顔の中央よりやや下に大きな目がある，短くて太い手足，身体に対して大きな頭，全体に丸みのある顔や体型などです。

　このような特徴をもつ赤ちゃんを見ると，私たちはかわいいと感じます。すると，私たちは赤ちゃんに対して，積極的にお世話をしたり，話しかけたりするようになります。つまり，ベビースキーマをもつ赤ちゃんに対して，周囲の大人はつい関わりたくなってしまうのです。赤ちゃん側からみると，他者との関係性を築いていく力を生まれながらに備えているということもできるでしょう。

　さて，ここで，この章のタイトルにある「社会」「社会性」とは何かということについて，少しだけ考えてみましょう。『大辞林（第四版）』の「社会」の項目を見ると，「生活空間を共有したり，相互に結びついたり，影響を与えあったりしている人々のまとまり。また，その人々の相互関係」などと説明されています（松村編，2019，1251頁）。同様に「社会性」についても見てみると，「集団をつくり他人とかかわって生活しようとする，人間の本能的性質・傾向」とあります。

　人が初めて「生活空間を共有」したり「集団をつくり」生活する相手は誰でしょうか。ひとつの答えとして，赤ちゃんの身の回りのお世話をしてくれる身近な大人をあげることができそうです。具体的には，母親や父親といった養育者であり，とくに乳児保育の場合などでは保育者もそのような存在になりえます。

　以上のように，人間の赤ちゃんは大人から「かわいい」と感じてもらう力をもっています。そして，大人との関わりを重ねることで，「社会性」を育んでいく第一歩を踏み出すのです[2]。

2．大人を見る

　まずは，大人側から社会性の発達を眺めてみましたが，じつは乳児の側も大人に対してさまざまなやり方で関わりをもとうとしています。

　じつは，人間は乳児の頃から，人の顔（のようなもの）をよく見る傾向があることが実験からわかっています。ファンツ（Fantz, 1961, 1963）による**選好注視法**[3]を用いた実験では，図7-3のような文字や顔，的のようなものが描かれた図形を乳児に見せたところ，顔の模様が描かれた図形を一番よく見ていました。なお，この実験では，生後数日の乳児で

▷1　ローレンツ（Lorenz, K. Z., 1903〜1989）
オーストリアの動物行動学者。ハイイロガンのヒナを用いた刷り込み（imprinting）に関する研究も有名。

▷2　乳児期の身近な他者との関わりは，「アタッチメント」の面からも大切である。アタッチメントについての詳細は，第5章を参照。

▷3　**選好注視法**
言葉を話すことができるようになる前の乳児の好みについて研究するためにファンツが開発した方法。複数の図形を同時または順番に提示し，どの図形をよく見るかで乳児の好みを明らかにしようとした。必ずしも「よく見ている＝好み」とはいえないが，少なくとも図形を乳児なりに見分けて異なる態度（見る時間が違う）を取っているといえる。なお，ファンツ（Fantz, 1961）の実験では，図7-3のように顔，文字，的，白丸のパターンに加えて，赤と蛍光イエロー単色のパターンも見せて，乳児の反応を調べている。

図7-3　選好注視法の図形の例
出典：Fantz（1961）を参考に筆者作成。

すら，顔の模様の方をよく見ているという結果が得られており，初めて
知った時，筆者はとても驚きました。

　また，生まれたばかりの新生児が，ほほ笑んでくれることがあります。
人に対して笑いかけているように見えるのですが，実はそうではありま
せん。これは「**新生児微笑**（自発的微笑）」と呼ばれるもので，うとうと
している時や，眠っている時に生じることが多いです（図7-4）。一方，
生後2か月頃になると，乳児は人に対してほほ笑みを向けるようになり
ます。このほほ笑みを新生児微笑に対して，「**社会的微笑**」といいます。
この時期の社会的微笑は，特定の誰かに対して向けられたものではなく，
誰に対しても向けられます。これが生後6か月頃になると，養育者に代
表される身近な他者だけを選んで社会的微笑を向けるようになってきま
す。

　この生後6か月頃は特定の他者との間に**アタッチメント**という特別な
絆が形成される時期でもあります。養育者に代表される特定の大人との
関係が深まるこの時期以降，普段関わらない人が近づいたり，初めて出
会った人が抱っこしようとしたりすると，泣いて嫌がるようになってき
ます。いわゆる「人見知り」のはじまりですが，これは養育者のような
よく知っている人と，初めて出会った人を見分けている証拠だといえま
す。また，人と関わることを嫌がっているところだけを見ると非社会的
な行動にも思えますが，「この人は自分にとって安全なのか」を見分け
ようとしているという意味では，他者と関わる上での大切な力が育って
きたととらえることができます。さらに，ハイハイなどで自ら移動でき
るようになると，養育者が見えなくなったり，離れようとした時に泣き
ながら後をついていく，「後追い」をするようにもなります。養育者が
安心できる存在になっているからこそ，目の前からいなくなると不安に
なるのです。

　もうひとつ，この時期の乳児の特徴的な行動に「**社会的参照**（social
referencing）」があります。社会的参照とは，初めて出合うもの，よく
わからないものに出合って困った時などに，養育者の表情や行動といっ
た反応を見て判断することです。このように乳児は自分が直接何かに関
わることを通してだけでなく，社会的参照，すなわちまわりの大人を参

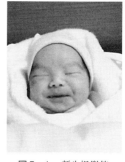

図7-4　新生児微笑
　　　　（生後2日）
出典：筆者撮影。

考にしながら，未知のものについての理解を深めていくことができるのです。社会的参照は早くて生後9か月頃からみられるようです。

3．他者と共有する

　では，社会的参照ができるためには，どのような力が必要なのでしょうか。実は，社会的参照ができる背景には，**トマセロ**[4] (1999/2006) が「**9か月革命**」[5]と呼んだ，乳児の発達上での大きな転換点があります。

　まず，9か月革命以前の乳児が他者や物に関わる時の関係は，「**二項関係**」と呼ばれます。この時期の乳児は，他者と関わっている時は相手だけを見ていて，近くの玩具には注意を向けませんし，玩具を見ているときは玩具だけを見ていて，近くに人がいたとしても関わろうとしません（図7-5，図7-6）。乳児（自己）と何か（他者・物）の2つだけの関係という意味で二項関係というのです。

　一方，9か月革命以降の乳児は，何かを見ている時に，そのものだけでなく，他者も同じものを見ていると理解することができます。たとえば，図7-7のように自分が見ている玩具を，他者も見ているということがわかるようになるのです。このような関係を，乳児（自己）と他者と何か（人・物）との3つの関係ということで「**三項関係**」[6]といい，自分と他者が同じ対象に注意を向けていると理解していることは「**共同注意**[7] (joint attention)」という言葉で表されます。

　この共同注意，すなわちお互いに相手と自分が同じものを見ているとわかることが，9か月「革命」といわれるほどの大きな発達的変化です。

▷4　トマセロ（Tomasello, M., 1950～）
アメリカの認知心理学者。日本語に翻訳された複数の著書がある。

▷5　9か月革命
生後9か月から12か月にかけて，それまではしなかった行動が数多くみられるようになる。9か月頃から起こる，大きな変化として「革命」という表現を用いている。

▷6　二項関係，三項関係
第9章も参照。

▷7　共同注意
第10章も参照。

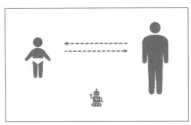

図7-5　二項関係（自己―他者）

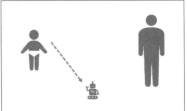

図7-6　二項関係（自己―モノ）

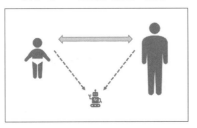

図7-7　三項関係（自己―他者―モノ）

出典：図7-5～図7-7，いずれも筆者作成。

たとえば，指さしができるようになるのも，自分が指さした先にある物を相手も見ているという理解が必要です。前項でみた社会的参照も，自分が判断に困っているものを身近な大人も見ているということがわかっていることが前提となります。また，大人の見ている視線の先を子ども自身も見る「視線追従」もできるようになります。

　このように生後1年の間には，乳児は大人と関わることを通して，他者を見る力を育んでいきます。そして，やり取りを重ねていく中で，他者と認識を共有するという高度なやり取りができるように発達していくのです。

2　他者を理解する

1．意図の理解と教示行為

　生後1年間の他者との関わりを経て，その後，子どもの対人・社会面の発達はどのように進んでいくのでしょうか。まずは「模倣」の発達という観点から考えてみましょう。

　乳幼児が行う模倣には，新生児模倣などの「原初模倣」，自分の行った行為を再現する「自己模倣」，他者の行為をそのまま真似る「形態模倣」，そして他者の意図を理解して真似をする「意図模倣」があります（大藪，2005）。このうち，「形態模倣」と「意図模倣」の違いを説明するために，メルツォフが1歳半の子どもを対象に行った実験を紹介します（Meltzoff, 1995）。この実験では，子どもを2つのグループに分け，一方には「意図した行動が達成される場面」，もう一方には「意図した行動が達成されない場面」を見せます。たとえばダンベル（図7-8）と呼ばれる道具を用いた実験場面では，実験者がキューブを引っ張り，ダンベルの先端のキューブを取り外そうとします。一方のグループには無事先

▷8　メルツォフ（Meltzoff, A. N., 1950～）
アメリカの心理学者。新生児の目の前で大人が舌を出してみせると，新生児も同じように舌を出す「新生児模倣」の研究（Meltzoff & Moore, 1977）が有名であり，子どもの模倣や学習について数多くの研究を行っている。

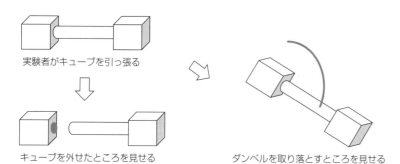

実験者がキューブを引っ張る

キューブを外せたところを見せる　　　ダンベルを取り落とすところを見せる

図7-8　メルツォフのダンベル（木製）を用いた実験
出典：Meltzoff（1995）より筆者作成。

端が取り外せたところを見せるのですが，もう一方のグループには実験者が手を滑らせてダンベルを落としてしまい，数回繰り返しても取り外せないところを見せます。その後，子どもたちにダンベルが手わたされます。さて，それぞれのグループの子どもはどのような反応を見せたと思いますか。答えは，両グループとも，子どもはダンベルの先端を取り外そうとしました。興味深いのは，ダンベルが取り外せなかった場面を見た子どもの反応です。もし子どもが形態模倣，つまり見たままの行動を模倣しようとしたのなら，子どもはダンベルを手に取ってダンベルを取り落とすところを再現するはずです。しかし，子どもは見たままの形態ではなく，「取り外そうとする」という実験者の意図を理解し，それを模倣しようとしました。このような水準の模倣を「意図模倣」と呼びます。

このように他者の行為からその意図を見出せるようになったことに続いて，その後，1歳後半の子どもは「人に教える」ことも可能になります。赤木（2004）は，実験者が簡単な型はめパズルをうまくできない様子を子どもに見せ，それに対する子どもの反応を観察しました。その結果，1歳後期の子どもたちは，実験者に視線を送ったり，何らかの発声を行ったりした上で，正しくはめられる位置を指さしたり，代わりに正しくはめて見せたりしました。[9]

このように，他者に何かを教えようとする行為のことを「教示行為」と呼びますが，教示行為は次項で説明する「心の理論」の獲得とも関連していると考えられています（Strauss et al., 2002）。

2．心の理論

近年，社会性の発達を考える上でとても注目されるようになった「心の理論」ですが，これほどまでに関心が高まったのはバロン＝コーエンによる自閉症と**心の理論**[10]（Theory of Mind）との関連に関する研究がきっかけでした（Baron-Cohen et al., 1985）。心の理論とはつまり，他者にも自分と同じように心があると理解し，その心の状態や視点を理解する力のことをさします。自閉スペクトラム症の障害特性のひとつに，「対人コミュニケーションの障害」がありますが，バロン＝コーエンは自閉スペクトラム症の人は他者の心が理解できないために，コミュニケーション上の問題を抱えることになると考えたのです。この研究において心の理論の獲得について評価するために使われたのが，有名な**サリーとアンの課題**[11]です（図7-9）。

具体的な手順を説明します。子どもには今から説明する一連の流れを

▷9 実験者に視線を送ったり，何らかの発声を行ったりするという行為をともなわなければ，子どもは単に型はめをして遊んでいるだけの可能性もある。しかし，この実験では，子どもは実験者に対するアイコンタクトや，「あ，あ」と注意をひくような発声，場合によっては「ここ」と明確に位置を示す発声を行っていた。

▷10 **心の理論**
初めて「Theory of Mind」という言葉を用いたのはPremack & Woodruff (1978) で，「チンパンジーは心の理論をもっているか？」という研究であった。

▷11 このような心の理論について評価する課題を「誤信念課題」という。誤信念とは，現実とは異なる信念（ぬいぐるみは箱の中にあるが，サリーはカゴの中にあると思っている）をもっていることをさす。

①サリーがビー玉をカゴに入れ，
サリーはその場を去る

②アンがやってきてビー玉を
カゴから取り出し，

③ビー玉を箱に入れ，
アンはその場を去る

④サリーが戻ってくる

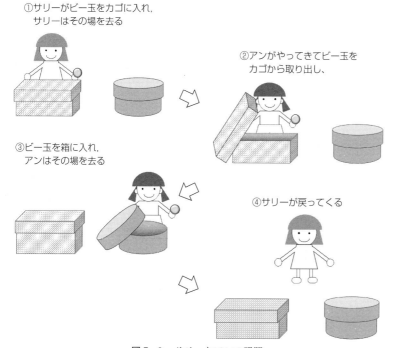

図7-9　サリーとアンの課題
出典：Baron-Cohen et al.（1985）を参考に筆者作成。

人形劇や映像で見てもらいます。まずサリーが遊んでいたビー玉をカゴの中に入れます。そしてその場を立ち去ります。次に，やってきたアンがカゴからビー玉を取り出し，遊んだ後に丸い箱の中に入れます。最後に，再びサリーが戻ってくるのですが，この時に「サリーはどちらを探すと思いますか？」と子どもに尋ねます。さて，子どもはどう答えると思いますか。この時重要なのは，サリーの視点に立てるかどうか，つまり，サリーは「ビー玉はカゴの中にあるはず」という信念をもっていることを理解できているかどうかということです。

　まだ心の理論を獲得していない子どもの場合，「丸い箱を探す」と答えます。理由を尋ねると「だってビー玉は丸い箱に入ってるから」と言ったりします。この回答から，子どもは"自分が知っていること"に基づいて，自分の視点で考えていることがわかります。3歳頃の子どもでは半数以上の子どもが「丸い箱を探す」と答えますが，5〜6歳になると大半の子どもが「カゴを探す」と答えるようになっていきます。つまり，「心の理論」はおおよそ5〜6歳頃に獲得されると考えられています。

　ちなみに**バロン=コーエン**[12]は，この研究の1年後に，バラバラに配列された絵カードをストーリーの順に並べ替えるという「絵並べ課題」

▷12　**バロン=コーエン**
(Baron-Cohen, S., 1958
〜)
イギリスの発達心理学者であり，自閉症や心の理論に関する研究が有名である。自閉症の障害特性のひとつである対人社会面の困難さについて「心の理論」の概念から説明した「自閉症児は心の理論をもっているのか？」（Does the autistic child have a "theory of mind"?）という研究は，のちの自閉症研究，発達研究に大きな影響を与えた。

図7-10　バロン＝コーエンの絵並べ課題の図版

出典：Baron-Cohen et al.（1986）より。

（図7-10）を用いて自閉症の子どもの認知特性を調べる研究を行っています。ここで面白いのは，ストーリーの内容によって課題の成否が左右されたという点です。自閉症の子どもは「坂道を石が転がっていく」というような物理現象に関する絵並べ課題は容易にこなせました。一方で，登場人物の意図や認識を踏まえる必要がある課題は非常に困難でした。筆者も，バロン＝コーエンの用いたものとは少し内容は違いましたが，絵並べ課題を用いて実験を行ったことがあります。その時も，登場人物の心理面の理解が必要な課題は5〜6歳にならないと達成できないという結果が示されました（大谷ほか，2017）。

　子ども同士のけんかやトラブルなどで，養育者や保育者が「そんなことをしたら○君は悲しいでしょ？」と諭す場面を見かけます。しかし，自分が当事者であるけんかやトラブルを，相手の立場からも理解するというのは，子どもにとってそれほど容易なことではありません。いざこざの中から子どもが学ぶことは多くありますが，その時々で大人はどのような関わりや言葉かけを行うことが望ましいのか，よく吟味していくことが必要です。

３　保育の中ではぐくむ社会性──いざこざ場面を題材に

１．保育園・幼稚園という社会

保育所や幼稚園に通うまでの乳幼児期の間は家庭での生活が中心であ

るため，日常的に関わる相手は，養育者やきょうだいなど身近な人に限られます。一方，保育所や幼稚園に通い始めると，同じくらいの年齢の子どもがたくさんいる集団の中での生活が始まります。そのため，保育所や幼稚園こそ，本当の意味で子どもたちが「社会」を経験する場であるといえます。

　家庭の中での生活では，養育者はある程度子ども側の気持ちをくみ取り，子どもに合わせた対応を取ってくれます。また，お互いに慣れた相手なので，性格がわかっていたり，やり取りのパターンが決まっていたりもします。一方，保育所や幼稚園に通い始めると，子ども同士の新しい関係を作っていくことになります。子ども同士のやり取りでは，大人相手と比べて自分の気持ちをなかなかわかってもらえません。そのため，必然的に自分の思い通りにならない場面も増えてきます。自分の思い通りにならないことを含めて，多様な他者とのやり取りを重ねていくこと自体が，初めての集団生活を送る子どもたちにとっては貴重な発達の場になるのです。

2．いざこざ場面における対応の発達的変化

　保育科の学生に実習で難しかったことを尋ねた時の答えとしてもっとも多いもののひとつに，子ども同士のけんか・揉め事といった**いざこざ場面**での対応があります。いざこざの場面では子どもたちが叫んだり，手が出てしまったり，逆に泣いてしまう子もいるため，たしかになかなか難しい場面です。しかし，じつは子どもにとって発達のチャンスでもあるのです。いざこざの発達的な意義について学んでいきましょう。

　いざこざ場面について，心理学の立場からは対人葛藤という側面から研究されています。対人葛藤とは，簡単にいうと，自分がやりたいことがあるのに他の人のせいで思い通りにできない時の気持ちのことです。思い通りにならないからこそ相手とぶつかり，言い合いになったり，つい手が出てしまったりするわけです。

　いざこざ場面での子どもたちの振る舞いは，発達にともない変わっていきます。山本（1995）は，遊びの中で使っていたものを友だちに取られる場面を描いた紙芝居を子どもたちに見せた上で，描かれた場面での対応を尋ねました（山本，1995）。すると，年少児の場合は叩く，押す，奪われないように抵抗する，取り返すといった行動での対応を選ぶことが多かったのに対し，年中児になると，返して欲しいと伝える，自分が使っていたと主張するなど，言葉を使って説得や抗議を行うと答える子どもが増えていました。そして，年長児では，言葉での説得や抗議に加

えて，相手の意見を聞いてみたり，一緒に使う，交互に使うなどの協調的な対応を選ぶ子どもも増えることがわかりました。この研究はあくまで紙芝居を使った実験ではありますが，身体的・行動的な対応から言葉でのやり取りが段階的に上手になってくるという流れは，実際の子どもたちの姿とも重なります。一般的にも，3歳児くらいで子ども同士の関わりが増え始めるものの，最初はなかなかうまくいきませんが，4〜5歳になると言葉を使ってうまく対応できるようになってくるといわれています。

3．『保育所保育指針解説』からみた「いざこざ」

「保育所保育指針」の中には「いざこざ」という言葉は一度も使われていません。ただ，『保育所保育指針解説』▷13（厚生労働省，2018）では「いざこざ」という言葉が10か所ほど使われています。その多くは5領域の「人間関係」のところに出てきており，くり返し「自分と相手の思い」について書かれています。

『保育所保育指針解説』の内容を，もう少し詳しくみてみましょう。1歳以上3歳未満児に関する部分では，まだ「自分と他者の気持ちの区別はできにくい」が関わりは増えて，いざこざが多くなるものの，まずは「子どもの思いを十分に受け止め，相手の思いもあることに気付くようにする」ことが大切だと述べられています。続いて，3歳以上児に関しては，自分の思いを伝えたり，相手の思いに気づいたりはできるようになってきますが，まだ言葉でうまく表現できずにいざこざに発展することがあるとされています。そのため保育者は「それぞれの子どもの主張や気持ちを十分に受け止め，互いの思いが伝わるようにしたり，納得して気持ちの立て直しができるようにしたりするために，援助をすることが必要になる」と書かれています。そして，「幼児期の終わりまでに育ってほしい姿：エ　道徳性・規範意識の芽生え」にあるように，「卒園を迎える年度の後半には，いざこざなどうまくいかないことを乗り越える体験を重ねることを通して人間関係が深まり，友達や周囲の人の気持ちに触れて，相手の気持ちに共感したり，相手の視点から自分の行動を振り返ったりして，考えながら行動する姿が見られるようになる」と述べられています。このように，幼児期全体を通していざこざを経験する中で，自分と相手の思いや気持ちを考えられるようになり，行動も変化していくのです。

もうひとつ，いざこざ場面に付き物の「謝る」ことについてもみておきましょう。『保育所保育指針解説』の中で「謝」という字が使われて

いるのはほとんど「感謝」という熟語であり，「謝る」の意味で使われていたのは1回だけです。具体的には「自分の行動を振り返って相手に謝ったり，気持ちを切り替えたりするなどの姿が見られる」と書いてあります。ここでは，あくまで子ども同士のやり取りの中でみられる「姿」として謝ることが取り上げられています。この点については，次項でもう一歩踏み込んで考えていきます。

4．いざこざ場面での対応と目標

いざこざ場面での保育者の対応は「単にいざこざを解決しようとするのではなく，幼児の発達や生活経験に応じ，幼児個人の成長を踏まえた願いやねらいをもちながらかかわっている」（水津・松本，2015）とされています。とくに重要なのが，『保育所保育指針解説』にもあるように，自分と相手の思いや気持ちを理解した上で，双方の間で折り合いをつけられるような援助です。そのためには，最初からお互いに謝らせて「仲直り」したことにするのではなく，まずはそれぞれの子どもの言い分を受け止めることから始めてみましょう。その上で，子ども自身が自らの行動（例：叩いた，おもちゃを奪った）を振り返り，どのような行動をすればよいのかを一緒に考えたり，ときには教え示していくことが大切です。

水津・松本は，いざこざ場面において，子どもの気持ちを和ませる保育者の介入について研究しています（水津・松本，2015）。紹介されている事例では，叩いてしまった子どもと話をする中で，保育者も「こうなって，あ，こうなって，あ，こうなって」と流れとリズムのある言葉を使いながら，叩いてしまった場面を真似て見せることで，興奮していた子どもの気持ちが和み，自分の叩いてしまった行動を認めるきっかけになっていました。また，言葉のリズムを用いたユーモアある介入は，責めているわけではないという保育者の意図を伝える効果もあるようでした。また，水津・松本は，いざこざ場面では保育者は必ずしも謝ることを促すことを目的としていないと指摘しています。相手の気持ちや自分がしてしまったことを理解できた結果として，謝るという行動につながることはもちろんありますが，謝ること自体が目的になってしまわないよう，気をつける必要があります。

もうひとつ気をつけておきたいのは，保護者への説明です。保護者の立場に立つと，自分の子どもが嫌なことをされたというのはうれしいものではありません。しかし，いざこざは大切な成長の場でもあるため，単純にいざこざがおきないようにすればよいわけでもありません。そこ

で，保育者は，このいざこざの意義を保護者に説明し，理解を得ることが大切になってきます。発達のプロセスの中でいざこざが増えてくる年齢を担当する際には，新しいクラスが始まった時期に，クラス便りや懇談会などの機会を活用し，いざこざの意味や大切さを伝えておきましょう。

　忙しい保育の中では，日々のいざこざにじっくりと関わることが難しい時もあるでしょう。しかし，いざこざを通して自分も相手も大切にできる社会性を身につけるためには，大人の援助が不可欠です。一つひとつの出来事の発達的な意味を理解し，ていねいな関わりを心掛けましょう。

◆考えてみよう！

(1)　乳児期（0歳）における他者との関わりが，どのように発達していくのかをまとめてみましょう。

(2)　保育者の立場になって，保護者にいざこざの大切さを伝えるお便りを書いてみましょう。

引用・参考文献

・赤木和重（2004）「1歳児は教えることができるか——他者の問題解決困難場面における積極的教示行為の生起」『発達心理学研究』第15巻，366～375頁。

・遠藤利彦・小沢哲史（2001）「乳幼児期における社会的参照の発達的意味およびその発達プロセスに関する理論的検討」『心理学研究』第71巻，498～514頁。

・大谷多加志・清水里美・大久保純一郎・郷間英世・清水寛之（2017）「発達評価における絵並べ課題の有用性」『発達心理学研究』第28巻，35～42頁。

・大藪泰（2005）「赤ちゃんの模倣行動の発達——形態から意図の模倣へ」『バイオメカニズム学会誌』第29巻，3～8頁。

・厚生労働省（2018）『保育所保育指針解説』（https://www.mhlw.go.jp/file/06-Seisakujouhou-11900000-Koyoukintoujidoukateikyoku/0000202211.pdf 2022年9月9日アクセス）。

・Strauss, S., Ziv, M., & Stein, A.（2002）"Teaching as a natural cognition and its relations to preschoolers' developing theory of mind." *Cognitive Development*, 17, 1473-1487.

・水津幸恵・松本博雄（2015）「幼児間のいざこざにおける保育者の介入行動——気持ちを和ませる介入行動に着目して」『保育学研究』第53巻，273～283頁。

・Topal, J., Gergely, G., Miklosi, A., Erdohegyi, A., & Csibra, G.（2008）"Infants' perseverative search errors are induced by pragmatic misinterpretation,"

　　Science, 321, pp. 1831-1834.

・Tomasello, M.（1999）*The Cultural Origins of Human Cognition*, Harvard University Press（マイケル・トマセロ／大堀壽夫・中澤恒子・西村義樹・本多啓訳（2006）『心とことばの起源を探る』勁草書房）.

・Baron-Cohen, S., Leslie, A. M., & Frith, U.（1985）"Does the autistic child have a theory of mind?" *Cognition*, 21(1), pp. 37-46.

・Baron-Cohen, S., Leslie, A. M., & Frith, U.（1986）"Mechanical, Behavioural and Intentional understanding of picture stories in autistic children," *British Journal of Developmental Psychology*, 4, pp. 113-125.

・Fantz, R. L.（1961）"The origin of form perception," *Scientific American*, 204, pp. 66-72.

・Fantz, R. L.（1963）"Pattern vision in newborn infants," *Science*, 140, pp. 296-297.

・松村明編（2019）『大辞林（第四版）』三省堂。

・Meltzoff, N. A.（1995）"Understanding the intentions of others: Re-Enactment of intended acts by 18-month-old children," *Developmental Psychology*, 31(5), pp. 838-850.

・山本愛子（1995）「幼児の自己調整能力に関する発達的研究——幼児の対人葛藤場面における自己主張解決方略について」『教育心理学研究』第43巻第1号，42〜51頁。

私たちは日常生活の中で，さまざまな事柄を記憶したり，その情報をもとに推測や判断を行ったりしています。このような心的機能を認知と呼びます。この章では，子どもは認知の力をどのように発達させていくのかを，もっとも著名な発達心理学者であるピアジェの発達理論を中心に説明していきます。

1 認知発達とは何か

1．感覚・知覚・認知

　どこかからボールが飛んできたとします。自分に当たりそうだと判断すれば回避行動をとろうとするでしょうし，当たることはなさそうだと判断すれば「どこから飛んできたのかな」「近くに公園でもあるのかな」と想像したり，推測したりするでしょう。この時，一瞬だけ視界に入ったボールの動き（速度や角度）から自分に当たるかどうかを予測することができますし，ボールの種類によって当たった時のリスク（衝撃の程度や痛み）について予測することもできるでしょう。

　このような，感覚（ボールを視野にとらえる），知覚（ボールの速度や角度から進路を予測），記憶や知識（ボールの種類を認識），判断（避けるか，キャッチするか）などの一連の処理プロセスのことを**認知**といいます。

　次に，この認知処理の過程について，感覚・知覚・認知の順に説明していきます。図8-1は，感覚・知覚・認知の流れを図示したものです。

　私たちは，目や耳などから入ってくる刺激を受け取って，外界の状況を把握しています。代表的な感覚として，視覚・聴覚・嗅覚・味覚・触覚という，いわゆる五感があげられます。これらの感覚を受け取る受容器のことを**感覚器**と呼び，目は視覚に対応する感覚器，耳は聴覚に対応する感覚器ということになります。

　さて，私たちは感覚器を通して外界の状況を把握しているのですが，外界のありのままを完璧にとらえられているかといえば，必ずしもそうではないのです。たとえば，赤外線や紫外線は実際に「光線」として目

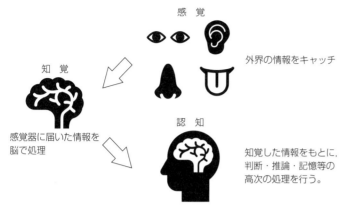

感　覚

外界の情報をキャッチ

知　覚

感覚器に届いた情報を
脳で処理

認　知

知覚した情報をもとに，
判断・推論・記憶等の
高次の処理を行う。

図 8-1　感覚―知覚―認知のプロセス
出典：筆者作成。

の前を飛び交っているのですが，私たちの眼には見えません。私たちの
感覚器には，その刺激を受け取れる範囲（これを**刺激閾**といいます）が決
まっているからです。しかしながら，私たちには見えなくても赤外線自
体は存在しています。そのため，赤外線カメラや赤外線スコープなどの
機器を使えば，私たちにも見えるようになるわけです。

2．知覚と錯覚

　では刺激閾の範囲内であれば，外界の情報をありのまま正確にキャッ
チできているかといえば，これもまた，そうではないのです。図 8-2
はミュラーリヤーの錯視図という，とても有名な錯視図です。上下の図
の，横線の長さはまったく同じなのですが，両端についている矢印状の
部分が，内向きになっているか外向きになっているかによって，横線の
長さが違うように見えます。
　私たちは三次元空間で暮らしていますが，目の奥にある網膜に映るの
は二次元の画像です。私たちはこの網膜に映った二次元の画像をもとに，
工夫して奥行きを感じ取っているのです。このような知覚の働きを**奥行
き知覚**といいます。ミュラーリヤー錯視は，この奥行き知覚を利用した
錯視なのです。少し話がそれましたが，このように実際に感覚がとらえ

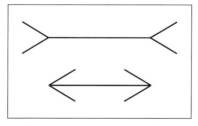

図 8-2　ミュラーリヤーの錯視図

▷1　**刺激閾**
たとえば聴覚であれば，人
間の可聴閾は周波数20Hz
から 2 万 Hz とされている。
そのため，コウモリが発し
ている 3 万 Hz から12万
Hz の超音波は人の耳では
とらえることができない。

▷2　**奥行き知覚**
奥行き知覚は，両眼視差や
陰影（手前ほど明るく，奥
になるほど暗く見える）な
どと関わっており，多様な
視覚情報が統合されて生じ
ている。

た情報（二次元）をより適切な形（三次元）に加工処理するのが**知覚**の働きなのです。

　そして，感覚器でキャッチし，知覚の処理が施された情報をもとに，「記憶」「推論」「計算」「思考」「学習」など，より高次の水準で情報を認識・処理することを**認知**といいます。では，この認知のあり方は成長の過程でどのように発達していくのでしょうか。

2　ピアジェの発達理論に学ぶ

1．シェマと同化

　ピアジェはもっとも著名な発達心理学者のひとりであり，認知発達について系統的な発達理論を構築しました。ピアジェの発達理論の特徴は，思考の発達について4つの発達段階によって理論化したことにあります。ここでは，ピアジェの発達理論における重要な概念である「シェマ」と「同化と調節」について説明し，その後，ピアジェが理論化した4つの発達段階について説明していこうと思います。

　まず，「同化」とは，自分がもっている行動様式を目の前の環境に当てはめることをさします。この説明ではわかりづらいと思いますので，具体的な例をあげます。生まれたばかりの赤ちゃんの口元やほっぺたのあたりを指でツンツンとつつくと，赤ちゃんは指の方に顔を向けようとしたり，口元に当たった指を吸おうとしたりします。生まれたばかりの赤ちゃんには**吸てつ反射**という反射が備わっていて，口元に何かが当たると反射的にそちらに口を向け，先端を口に含んで吸おうとします。これはお母さんのおっぱいを飲むために備わっている反射です。この時，子どもがすでにもっている認識の枠組み（この場合は吸てつ反射）のことを**シェマ**といい，このシェマを環境に対して適用する（口元に触れたものを口に含む）ことを**同化**といいます。そして，赤ちゃんは吸てつ反射という「シェマ」をさまざまな環境に対して「同化」します。この「同化」によって，たとえば，お母さんがおっぱいをあげるのではなく，ミルクを作って哺乳瓶で飲ませようとした時にも吸てつ反射がおこり，赤ちゃんはミルクを飲むことができるわけです。

2．同化と調節

　次に同化と対にあたる調節について説明します。先ほど例にあげた授乳の場面でいえば，赤ちゃんは自らのもっている吸てつ反射というシェ

> ▷3　吸てつ反射
> 吸てつ反射のように，生後数か月の期間に限定的にみられる反射のことを「原始反射」という。他に，手の平に物が触れると握り込もうとする「把握反射」や，大きな音などに驚くと腕を伸ばして抱きつくような動作をする「モロー反射」などがある。第4章（表4-3）参照。

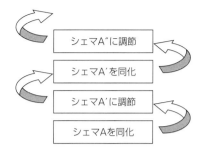

図8-3　らせん状に繰り返される同化と調節
出典：筆者作成。

マを用いて，おっぱいを飲んだり，差し出された指を吸ったりするわけですが，「同化」を繰り返すうちに赤ちゃんの行動も変化してきます。たとえば，おっぱいを飲むのがだんだん上手になり，一度で吸い出すことができる量も増加していきます。これは「吸てつ反射」というシェマを適用しておっぱいを飲みながら，その中で赤ちゃん自身が少しずつ飲み方を変化させ，改善していることを意味しています。このように，自身のもつシェマを環境に適用しながら，つまり「同化」を行いながら，その結果を受けて自らのシェマを変化させていくことを「**調節**」と呼びます。図8-3に示した通り，同化と調節は対をなすプロセスです。赤ちゃんは同化と調節を繰り返しながら，自らの認識（シェマ）をより効果的で適応的なものに変化させていっているわけです。

　一方で，子どもの成長は，すでにもっている能力を少しずつ改善する，といった程度のものにとどまりません。子どもは成長とともにその認識を質的なレベルで変化させていきます。

　生まれたばかりの赤ちゃんは，自分のもっているシェマを自分の体を通して使うことしかできません。たとえば，何かを口に含んだり，何かに手を伸ばしたりする，などです。しかし，言葉を獲得すると，今度は目の前にないものを頭の中で扱うことが可能になります。これが「思考」につながります。またこの時，目の前にないものを頭の中でイメージする（これを**表象**といいます）ことも重要です。大人になると，実際に具体物を操作しなくても，頭の中で言葉や表象を操作することによって自分自身がもっている認識（シェマ）を特定の状況に当てはめたり（同化），変更・修正（調節）することが可能になります。

　たとえば，皆さんに「今から最短時間でニューヨークに行く方法を考えてください」という課題が出されたとしたら，どうしますか。実際にニューヨークに行ったことがある人もない人もいると思いますが，行ったことがない人でも，"ニューヨークに最短で行くなら飛行機"とその

▷4　**表象**
英語で「Representation」といい，「Re-Presentation」，つまり再び現前させるという意味で，この場合は目の前にないものの姿を心の働きによって頭の中で描いたことが表象にあたる。第13章で説明する「象徴遊び」と言葉や意味が近く混同しやすいが，象徴は「何かを別の何かで表す」こと，表象は「目の前にないものを思い浮かべる」ことと考えると整理しやすい。

方法を割り出すと思います。そして「最短で空港に到着する経路は？」「飛行機の座席は取れるか？」などさまざまな要素を考慮しながら，そのプランを最適なものに仕上げていくことができるはずです。

　このように目の前にないものや経験したことがない事象についても思考したり操作したりすることが可能になることが，論理的思考の発達のひとつの到達点といえるでしょう。まだ見ぬ新しい技術を開発する科学研究には，こうしたレベルの論理的思考が不可欠なわけです。

3．ピアジェの発達理論における発達段階

　ピアジェの発達理論▷5において，認知発達の過程は，感覚運動期，前操作期，具体的操作期，形式的操作期という4つの発達段階に分けられています。ここではまず各発達段階の意味や特徴について簡単に整理します。

　まず「感覚運動期」です。年齢としては，0歳から2歳頃が感覚運動期にあたるとされています。これは文字通り，子どもが自分の体や感覚を使って周囲の環境を理解し，徐々に思考や論理の芽生えと呼べるようなものを発見していく段階です。

　次に「前操作期」です。年齢としては2歳から7歳頃が前操作期にあたるとされています。ここでいう**操作**とは，心的表象や言葉を用いた論理的な思考が可能であることをさし，「前操作期」はその名の通り，まだ論理的な思考ができる前の見習いの時期ということになります。前操作期の間に，目の前にないものを思い浮かべる「表象」の力や，思考に用いる「言葉」を獲得していきますので，論理的思考への準備が整ってくる時期であるといえます。

　次が「具体的操作期」です。年齢としては7歳から11歳頃をさし，目の前にないものについても論理的な思考が可能になる時期です。ただし，目の前にないといっても，"その事柄について過去に見たり触れたりした経験があること"が思考の支えとなっており，まったく未知のものについて論理的に思考することは困難です。たとえば，小学校の時に「つるかめ算」を習ったかと思います。「鶴と亀が50匹います。鶴と亀の足を合わせると122本です。亀は何匹いるでしょうか」という算数の問題です。これは本質的には連立方程式で解く問題で，連立方程式では「$x + y = 50$，$2x + 4y = 122$であるときのyの値を求めよ」という問いになるでしょう。ただ，小学生がこの連立方程式を解くのはかなり困難です。"x"や"y"とは何なのか，具体的にイメージできないと，その後の操作が進められないからです。"$2x$"とは鶴の足のこと，"$4y$"とは亀の足の

▷5　ピアジェの発達理論
第13章にもピアジェの発達理論に基づく遊びの発達について記述があるので，参照しておくとよい。

こと，というふうに具体化することによってこの年齢の子どもでも扱える問題にしているわけです。

　そして，見たり触れたりすることもできない事象を扱うような，抽象性の高い操作まで可能になるのが最後の段階である「形式的操作期」です。

　第3節，第4節では，このピアジェの発達理論をベースに，乳幼児期から順に子どもの成長をたどり，それぞれの時期の発達的特徴について説明していきます。

3　乳幼児期の認知発達

1．感覚運動期の特徴

　生まれたばかりの赤ちゃんを見たことがあるでしょうか。生まれてから生後1か月までの赤ちゃんを**新生児**[6]といいます。新生児はベビーベッドに寝かされると，手足や頭を動かしたりはするものの，それ以上の大きな動きはできません。手足も，まだ重力に逆らう方向には動かせないので，体の横で曲げたり伸ばしたりをするくらいです。また，目もまだそれほどはっきりとは見えていませんので，大人が赤ちゃんの正面から話しかけてみても，起きているような寝ているようなちょっとボウっとした目つきで，しっかりと目が合うという感覚もないでしょう。

　そんな新生児期を過ぎ，生後1〜2か月になると赤ちゃんは図8-4のように自分の手を口に含んだりします。感覚運動期とは，子どもが自分の感覚を使って外界を理解していく時期であると述べましたが，子どもが最初に理解していく対象は"自分自身の体"です。つまり，手を口に含むという行動は，この時期にもっとも鋭敏な口元の感覚を使って，

▷6　生後1か月以降の赤ちゃんのことは乳児と呼ぶ。乳児期は生後2か月から1歳半ないしは2歳頃までとされており，それ以降は「幼児期」である。幼児期は就学までであり，就学後は「学童期」と呼ばれる。

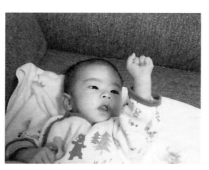

図8-4　生後2か月＋3日　口に拳を入れる　　図8-5　生後2か月＋16日　ハンドリガード
　出典：筆者撮影。　　　　　　　　　　　　　　　出典：筆者撮影。

自分自身の手を探索し，理解しようとしているということなのです。またその少し後には，自分で手を動かしながらその動きをしきりに目で追って観察する，という行動がみられます（図8-5）。これは「ハンドリガード」と呼ばれる行動で，自分が手を動かすと視野の中に見えているもの（自分の手）が動く，という関連性に気づき，それを確かめているところなのです。この確認作業を通して，見えている自分の手とその動かし方の関係を把握することで，次に生後4か月頃から，見えている対象物に向けて自分の手を伸ばす行動（リーチング）が生じてくるわけです。

2．循環反応

　物に手を伸ばすことができるようになると，探索の対象は自分の体から周囲の環境へと移っていきます。この時期の乳児は興味をもったものには手を伸ばし，手に取るとそれを口に運ぶ，という形で物の探索が活発になっていきます（図8-6）。

　そして，身近な物に対する関心が高まることから，手の届かないところに置いてある物にも何とか手を伸ばして触ろうとします。それが寝返りであったり，ずり這いであったりといった運動機能を育てていくことにもつながっていきます。

　また，同じような操作を何度も繰り返す行動がみられます。たとえば，生後3〜4か月頃であれば，自分の手を口に含んだかと思えば，今度は口から離して手を眺めて，そしてまた口に含んで……という感じで同じ行動が繰り返されます。これを**循環反応**といい，とくに自分の体を対象にして生じる循環反応を第一次循環反応といいます。その後，物を対象として生じる第二次循環反応を経て，1歳前後からは机の上に物を置いてそれを落として，次は少し置き方や置く物を変えてまた落としてみて

▷7　循環反応
何度も繰り返される＝循環することが特徴である。一方で，同じような行動を繰り返しながらもその中で「同化」と「調節」が何度も行われており，同化と調節を反復的に行いながら，外界や自分の体を理解している姿であるとされる。

図8-6　生後3か月＋10日　手にしたおもちゃを口に運ぶ
出典：筆者撮影。

……と自分の行動を少しずつ変化させながらそれが結果にどのような影響を与えるのかを試すような行動が生じてきます。これを第三次循環反応といいます。もちろんまだ感覚的なレベルですが，このようなプロセスを経て，世界の因果や法則（たとえば，物は何であれ机から落ちる）を理解し，自分の行動が結果に影響を与えることを理解していくのです。

3．手段と目的の分化

次に，乳児期の対物操作において生じる大きな質的な変化が，**手段─目的関係の理解**です。この言葉ではわかりづらいと思いますので，少し例をあげます。

生後半年過ぎの乳児が，テレビ台の上にあるリモコンに興味を示しています。まだつかまり立ちはできないので，膝立ち状態で棚の上に手を伸ばしますが，リモコンには手が届きません。まだ「手段─目的関係」の理解が成立していない乳児の場合，必死にリモコンに手を伸ばしますが，届かなければやがて諦めてしまいます。この時，仮に「リモコンが置かれた敷物を引っ張って，リモコンを手元に引き寄せる」という行動がとれた場合，リモコンを取るという「目的」を達成するために，敷物を引っ張るという行動を「手段」として用いたことになります。この行動は，目的をもった「意図」が子どもの中に発生したことを意味しています（岡本，1991）。この「手段─目的関係」の理解は，認知発達に限らず，言語の獲得など，1歳前後のさまざまな発達的変化と関連する重要なものであると考えられています。たとえば「言葉」も，何らかの意図（何かを取ってほしい，何かを伝えたい）をもち，それを実現する手段として「言語」を使うという点において，手段─目的関係の理解を前提としているからです。

4．表象の獲得

そして，次は**表象**の獲得について説明します。これも言葉の獲得と関連するとされています。表象とは，簡単にいえば「目の前にないものをイメージする力」のことです。たとえば，私たちは"りんご"をいう言葉を聞けば，頭の中でりんごの色や形を思い浮かべることができます。これが表象の力です。言葉のもつ大きな特徴のひとつが，目の前にないものを表現できることです。たとえば，「マンマ」という言葉を発することで，目の前にはない"食べ物"を表現し，大人に"ごはんが食べたい"という意味を伝えることができるわけです。つまり，表象は言葉の獲得の前提条件となるのです。

また，生後8か月から10か月頃に獲得される認知的な能力に**対象の永続性**と呼ばれるものがあります。生後半年頃の乳児は，遊んでいたおもちゃに布をかけて隠されてしまうと，あたかもおもちゃが消えてしまったかのように，アレ？　という表情でキョロキョロし，時には最初からおもちゃなどなかったかのように探す素振りさえ見せないこともあります。「対象の永続性」を獲得すると，おもちゃを隠されてもその布を取り除いておもちゃを見つけることができるのですが，この時，子どもの頭の中では，布の下にあるおもちゃの像がイメージとして浮かんでいるのではないかと思います。

5．前操作期──経験的理解の広がり

　乳児期の発達過程を経て，2歳以降は，論理的思考を扱えるようになる前段階である「前操作期」に入っていきます。「前操作期」の発達的特徴は何と言っても言葉の獲得とその広がりです。1歳台では，まだ身近な物の名称や，簡単な動詞を使うくらいでしたが，2歳以降は，色や大小，数の理解など「概念」に関する理解が進んでいきます。たとえば「数」であれば，1の次は2，2の次は3……という順序性がありますが，子どもはそのような規則や決まりについても理解することができるようになっています。さらに，言葉を自分に向けて使う，つまり思考や行動制御のために使えるようになることも，前操作期における大きな変化です。保育所や幼稚園で，子どもが遊びながら「ここにこうして……アレ？　違うな……。こっちかな……？」など独り言を言いながら遊ぶ姿を見たことがあるかもしれません。これは**外言**といって，言葉を用いて思考しているのですが，まだ頭の中だけでは扱い切れず，声に出しながら考えている姿なのです。これに対して大人は**内言**といって，思考のための言葉を頭の中だけで使えるようになっています。

　一方でこの時期の「思考」はあくまでも経験的な理解にとどまり，論理的理解の水準には至っていません。このことを示す代表的な例としてピアジェの**保存**に関する実験を紹介します。図8-7の①の図を見てください。まったく同じ形状のA・B2つのコップがあり，水も同じ量が入っています。この時，幼児はAとBに入っている水の量が同じであることをもちろん理解できます。ここで，実験者はBのコップに入っていた水を，底面積が大きく高さは低い別のコップB′に，子どもの目の前で移し替えます。そして，子どもに「（コップAとコップB′の）どちらのコップの水が多いですか？」と尋ねるのです。さて，子どもはどう答えるでしょうか。

▷8　**内言・外言**
内言を獲得した後でも，難しい課題に取り組むなど，負荷が高い場面では「外言」が生じる場合もある。これは大人も同様である。

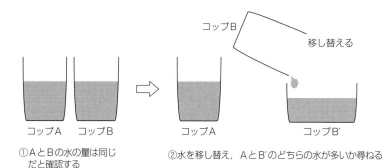

①AとBの水の量は同じ
だと確認する

②水を移し替え，AとB′のどちらの水が多いか尋ねる

図 8-7　ピアジェの量の保存課題

出典：Piaget & Inhelder（1941）をもとに筆者作成。

　幼児の答えは「Aの方が多い」です。大人からすると「なんで？」と思ってしまう答えですね。もちろん，物の量や数は，何かを加えたり取り除いたりしない限りは変わりません。ピアジェはこのことを**保存**と呼びました。幼児は，「水面が高い方が水の量は多い」という経験に基づいた理解の仕方をしています。これは"底面積が同じ"という前提を満たしている場合は正しい判断につながります。しかしながら，量の保存の課題のように，底面積が変化するような状況ではたちまち判断を誤ってしまいます。つまり，前操作期の思考は経験的なレベルにとどまり，「保存」のような本質的な論理的理解の段階には至っていないのです。

6．自己中心性と脱中心化

　最後に，ピアジェが提唱した重要な概念のひとつである**脱中心化**について説明します。脱中心化は，第4節で説明する具体的操作期において生じるとされていますが，この概念について説明するためには，まず前段階である幼児期の**自己中心性**についての説明が必要になります。

　自己中心性とは，日常的にいわれる「自己中心的な行動」（他人の迷惑になると知りつつ自分の都合を優先する）とは少し意味が違って，「まだ自分と他者の区別が明確ではなく，他者の視点を理解できない状態」のことをさします。たとえば，こんな場面を見たことはないでしょうか。幼児がかくれんぼで頭だけを隠しているとか，子どもが保育園での出来事について"当然お母さんも知っている"という前提で話をしている，という場面です。前者は，頭を隠したことで自分からは相手が見えなくなったわけですが，まだ"相手からどう見えるのか"を理解できていないため生じる行動であるといえます。また後者は"自分が知っていることはお母さんも知っている"と考えており，自分と他者を明確に区別で

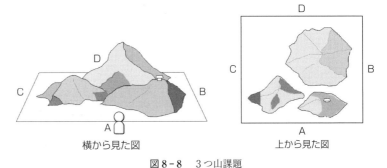

図8-8　3つ山課題

出典：Piaget & Inhelder（1948）をもとに筆者作成。

きていない状態であるといえます。つまり，まだ"自分から見える世界がすべて"であり，このような自分を中心に物事をとらえる幼児の特性を，自己中心性と呼んでいるのです。

　この自己中心性について評価するためにピアジェが用いたのが「3つ山課題」と呼ばれる課題です（Piaget & Inhelder, 1948）。図8-8を見てください。3つの山があり，A，B，C，Dのいずれかに人形を置きます。そして「その人形からは3つの山がどのように見えるか」を尋ねるのです。

　幼児期の自己中心性の段階にある子どもは，たとえば自分がAの方向から3つの山を見ていた時には，人形をA，B，C，Dのどこに移動させても，自分がいるAから見える図を選択しました。これが9～10歳頃になると，人形の位置に応じて適切な絵を選択することが可能になりました。また，6～8歳頃の子どもは，それぞれの位置からの見え方を正確に理解することはできなかったのですが，人形がA以外の地点にある時には"少なくともAから見るのとは違う見え方になるはずだ"と理解してAから見た図とは異なる図を選ぶことが明らかとなりました。つまり「自分の視点と，他者（人形）の視点は異なる」と理解していたわけです。**脱中心化**とはこのように，自己中心性を脱して，他者の視点や心的状態を理解できるようになることをさしているのです。

4　学童期以降の認知発達

　ここからは，学童期の認知発達について説明します。つまり就学前の保育の分野では直接関わることがない年代に関する内容になります。ただ，幼児期を経て，子どもたちがその後どのように育っていくか，その道筋について理解しておくことはとても重要です。第4節では学童期以降の認知発達の経過について，具体的操作期，形式的操作期の順に説明

します。

1．具体的操作期の特徴

具体的操作期は 7 歳から11歳頃とされており，おおよそ小学校 1 年生から小学校高学年，つまり思春期に差しかかるくらいまでの時期にあたります。

この時期は論理的思考が飛躍的に発達します。一見雑多に見える情報の中から一定の規則性を見いだしたり，物事を特定の基準によって順序立てる**系列化**の操作が可能になり（Piaget & Szeminska, 1941/1962），前操作期には困難であった「保存」の課題も容易に理解できるようになります。自分自身の具体的経験をもとに，論理的な理解を導き出すことができる段階に至っているといえます。

一方で，見たこともないものや抽象性の高い事柄に関して論理的に思考することはまだ困難です。つまり，論理的思考が具体的な事物や体験に裏づけられて成立しているのです。学校教育の現場で，**10歳の壁**という言葉が使われることがあります。これは，小学校 4，5 年生から学習内容の抽象性が急激に高まり，学習につまずく子どもが生じることをさしています。この「10歳の壁」については，108頁のコラムで紹介していますので，参考にしてみてください。

2．形式的操作期の特徴

そして最後が11歳以降の「形式的操作期」です。この時期になると直接観察できない抽象的な事項についても，その法則性を見いだしたり前もって結果を予測したりすることが可能になります。

先述の「量の保存」は具体的操作期の段階で理解できますが，それは，液体をいろいろな容器に移し替えるという具体的経験を通して，「液体を足したり引いたりしない限り量は変わらない」と確かめることができるからです。

しかし，同じ「保存」の概念であっても，「エネルギー保存の法則」や「質量保存の法則」になると，さらに抽象性が増します。たとえば図 8 - 9 のように荷車が坂道を滑り降りる過程について考えてみましょう。

この過程をエネルギーの保存という観点からみると，最初に荷車がもっていた「位置エネルギー」は坂道で推進力（運動エネルギー）に変わり，その後運動エネルギーが地面との摩擦で熱エネルギーに変換され，最後は運動エネルギーが尽きた荷車が停車するというプロセスで説明することができます。この時，エネルギーはさまざまな形に変換されてい

▷ 9　**系列化**
ピアジェの用いた系列化課題では，長さが違う10本の棒を短いものから長いものの順に並べ替える（長さの系列化），重さの違う重りを順に並べ替える（重さの系列化）など，さまざまな材料が用いられており，系列化の基準（長さなのか，重さなのか）や，並べ替える数（5 個なのか10個なのか）によって難易度が異なることが明らかにされた。

▷10　**10歳の壁**
これについては，本章の後のコラムを参照。さらに詳細を学びたい場合は，渡辺弥生（2011）『子どもの「10歳の壁」とは何か？──乗り越えるための発達心理学』光文社新書，を参照するとよい。

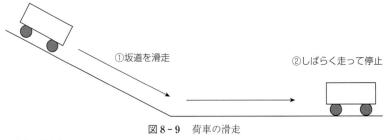

①坂道を滑走　　　　　　　　　　②しばらく走って停止

図 8-9　荷車の滑走

出典：筆者作成。

ますが，エネルギーは「保存」されているため，全体のエネルギー量は変わっていません。このような目に見えないエネルギーの変化の過程を含んだ「保存」の理解になると，具体的操作期の段階ではまだ困難です。

　形式的操作期には11歳から成人まですべて含まれていますが，11歳頃の子どもが理解できる抽象性の水準と，成人が理解できる抽象性の水準は大きく異なりますし，さらに個人差も大きいです。しかしながら，形式的操作期に到達し，まだ見たことも経験したこともない事象について，想像し，思考することができるようになるからこそ，私たちは行ったこともない遥か遠くに浮かぶ星について研究することができたり，誰も見たことのない宇宙の誕生について考えることができるのです。つまり「時間や空間を超えた」操作まで可能になるのが，この形式的操作期なのです。

◆考えてみよう！

(1)　ピアジェの発達理論の感覚運動期にみられる子どもの行動や遊びをいくつか具体的にあげてみましょう。

(2)　幼児期の自己中心性という特性から，保育場面でおこりそうな子どもの行動を予想し，それに対する保育者の対応について考えてみましょう。

引用・参考文献

・岡本夏木（1991）『児童心理』岩波書店。

・Piaget, J., & Inhelder, B. (1941) *Le développement des quantités chez l'enfant*, Delachaux & Niestlé（J. ピアジェ・B. インヘルダー／滝沢武久・銀林浩訳（1965）『量の発達心理学』国土社）.

・Piaget, J., & Inhelder, B./Translated by Langdon, F. J., & Lunzer, J. L. (1956) *The Child's Conception of Space*, London, Routledge and Kagan Paul（Piaget, J. & Inhelder, B. (1948) *La représentation de l'espace chez l'enfant*, Paris, Presses Universitares de France）.

・Piaget, J., & Szeminska, A. (1941) *La genèse du nombre chez l'enfant Neu-*

chatel, Delachaux & Niestlé（J. ピアジェ・A. シェミンスカ／遠山啓・銀林浩・滝沢武久訳（1962）『数の発達心理学』国士社）.

・渡辺弥生（2011）『子どもの「10歳の壁」とは何か？――乗り越えるための発達心理学』光文社新書。

コラム　分数の割り算と「10歳の壁」

　もう覚えていないかもしれませんが，小学校の途中から，学習内容がグッと難しくなったな，と感じませんでしたか？　じつは，小学校高学年に差しかかる頃から学習内容の抽象度が上がり，学習につまずく子どもが増えることが知られています。これを「10歳の壁」といいます（渡辺, 2011）。10歳というと，第8章で説明したピアジェの認知発達の段階でいえばちょうど，具体的操作期（7〜11歳頃）から次の形式的操作期に移行しようとしている時期にあたります。このコラムでは，小学校高学年で学習する「分数の割り算」を例として取り上げ，「分数の割り算」が7〜11歳の具体的操作期の子どもにとってどのような点で難しいのかを説明します。

　1/2，1/3などの簡単な分数については，小学校2年生頃から学習し始めますが，1/3であれば「ケーキを3等分した中のひとつ分」というふうに具体化して考えることが可能です。つまり具体的操作期の子どもでも対応できます。一方で，「4÷2/3」という分数の割り算は，どうでしょうか。「4を2/3等分する」と考えてしまうと，具体的にどうすることなのかイメージできません。学校では機械的に"分子と分母を入れ替えて

分数のかけ算にして解く"と教えられたりしますが，じつは分数の割り算を少しだけ具体化する考え方があります。それが「包含除」です。割り算では「6÷3」のことを「6を3等分にする」と考えますが，これは等分除の考え方になります。つまり，「3で割る」ことを「3等分にする」と考えているわけですね。もう一つの考え方が，先に述べた「包含除」です。包含除では「6の中に3という塊がいくつあるか」と考えます。等分除で考えても，包含除で考えても答えは同じ（6÷3であれば答えは2）なのですが，分数の割り算を考える時には，包含除の方が理解しやすくなります。先ほどの「4÷2/3」であれば，「4の中に2/3という塊はいくつあるか」というふうに考えるわけです。これならば，下の図のようにケーキなどに置き換えて具体的に考えることも可能ですし，具体的操作期の子どもにもわかりやすくなるかもしれません。

　このように「10歳の壁」といわれる時期の学習内容は，ちょうど具体的操作期と形式的操作期の中間的な要素を含んでおり，具体的な事柄に置き換えて考えることができるかどうかが，子どもの理解を左右することになります。

（大谷多加志）

図　4の中には2/3という塊が6個ある

第9章
言語の発達

　私たちは普段の生活の中で，「言葉」を使っていますが，生まれた直後には言葉を話すことができなかったはずです。ここでは，私たちが生まれてから言葉を使いこなせるようになるまでの発達の過程について学びます。まず言葉の機能について確認し，次に言葉が生まれてくる過程について学びます。続いて言葉の発達を促す大人の「マザリーズ」について扱い，さいごに，子どもの言葉の発達に保育者はどのように関わるのか理解を深めていきます。

1　言葉はどんな時に使っているのか

　これから言葉の発達について学んでいきますが，まず初めに私たちは普段どんな時に言葉を使っているのか，言葉の機能について考えてみましょう。下の四角の中に，思いつくものをいくつか書き込んでから読み進めてください。

> 言葉を使うのはどんな時？

1．言葉で「伝える」

　言葉の機能としてまず思い浮かぶのは，他者に何かを「伝える」ということです。私たちが言葉を使う多くの場面では，「おはよう」「良い天気だね」「大丈夫？」など，誰かに向けて言葉を発しています。また，会話の中で使っている言葉だけでなく，今あなたが読んでいるこの本も文字で表現された言葉で書かれており，保育の心理学の内容を読んでいるあなたに伝えています。このように，言葉には誰かに自分の考えや思いを「伝える」という機能があります。この「伝える」機能があることで，他者とコミュニケーションを取ることができます。

　言葉の「伝える」という機能を思い浮かべた人はきっと多いことでしょうが，言葉は他者に何かを伝える時にだけ使うのではありません。じつは，自分自身の中で使っている言葉もあります。

2．言葉で「考える」

　言葉の2つ目の機能は，考えること，つまり「思考」です。私たちが頭の中で考え事をしている時も，じつは言葉を使って考えています。今，この文章を読みながら「え，そうだっけ？」「たしかに」と頭の中で言ったのではないでしょうか。それが言葉で考えているということです。

　言葉を使って「考える」ことが表に現れている状態として，独り言があります。たとえば，子どもが何かを夢中で作っている時に，「こうやってー，こうやってー……」と独り言を口にしている姿をよく見かけます。発達の初期には，まだ頭の中だけで考えることが難しく，考えていることが言葉としても外に出てしまっているのです。そして，幼児期を通して，発達とともに徐々に口に出さなくても頭の中だけで考えることができるようになっていきます。このような自分の内側で考えるために使う言葉を「**内言**」，反対に他者とのコミュニケーションなど外に向かって発する言葉を「**外言**」といいます。

> ▷1　内言・外言
> 第8章を参照。

　子どもだけでなく，頭の中で考えられるようになった大人でも，複雑なことや難しいことは，独り言を言いながら考えることがあります。子どもが外言から内言へと発達することと併せて考えると，頭の中だけで考えることは，口に出しながら考えるよりも高度で難しいことなのでしょう。逆に悩んでいることや迷っていることについて，人に話す，つまり外言として発することによって考えが整理されるということもあります。伝えることと考えることの関連は興味深いですね。

　少し脇道にそれましたが，言葉は「伝える」ためだけのものではなく，「考える」時にも使うものです。言葉が発達するというのは，考える力が育つことにもつながっているといえます。

3．言葉で「コントロールする」

　さらにもうひとつ，言葉の大切な機能として，行動や気持ちを「コントロールする」ことをあげることができます。たとえば，幼児期にもなると，遊んでいる時に大人が「お片付けしようね」と声をかけると，子どもは声かけを合図に遊ぶのをやめて，言われた通りにお片付けをし始めます。また，食事が目の前に置かれるやいなや食べそうになった時には，大人から「いただきます，をしてからね」と言われると，はっと気づいて止まることができます。

　このように，言葉を理解するようになると，大人（もしくは他児）から言われた言葉によって，子どもは行動をコントロールできるようにな

ります。ただ，いつまでも大人からの言葉かけによって行動をコントロールするのではなく，繰り返し同じ言葉を伝えていくと，子ども自身でもコントロールできるようになります。たとえば，最初は保育者から「トイレに行こうね」と声をかけられて行動していたのが，いつの間にか「トイレ行ってきまーす！」と自分で言葉にして行動することができるようになっていくのです。

　また，言葉は気持ちのコントロールにも役に立ちます。嫌なことがあった時に「大丈夫だよ」と繰り返し伝えてあげると，「だいじょうぶ，だいじょうぶ」と自分に向かって言い，気持ちを落ち着けることができるようになったりします。

　このように言葉には「伝える」「考える」「コントロールする」という機能があります。つまり，言葉の発達を理解し，育ちを支えるということは，子どもが「伝える」「考える」「コントロールする」力を育んでいくことなのです。

2 言葉が生まれるまで

1．泣く赤ちゃん

　生まれたばかりの赤ちゃんはまだ言葉を話すことはできません。それどころか，生後1年が経った頃でも，話せるのはいくつかの単語だけです。このように生後1年までの乳児は，ほとんど言葉を話すことができません。しかし，たとえ言葉を話すことはできなくとも，乳児はすでに色々な形で，周囲の大人へメッセージを「伝える」ことをしてくれているのです。前節でみたように，「伝える」というのは言葉の重要な機能です。乳児からのメッセージを大人が受け止めることで「伝える」やり取りとなり，やがて乳児が言葉を発する時が訪れます。そこで，まずは言葉が生まれてくるまでの間に，乳児が伝えようとするやり取りを学んでいきましょう。

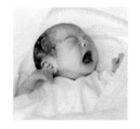

　生まれたばかりの赤ちゃんのお世話を想像してみましょう。赤ちゃんはすやすやと寝ていることも多いですが，起きている間はよく泣きます。赤ちゃんが泣いた時，あなたはどうしますか？　まずは近づいて抱っこしてあやしながら「おなかがすいたのかな，それともおむつかな」と泣いている理由を考え始めることでしょう。そして，理由が思いついたら，それに合わせてお世話をするはずです。

　赤ちゃんがただ泣いただけなのに，私たちはどうしてこのような行動

をとるのでしょうか。それは，赤ちゃんが泣くのは，何らかのお世話を求めていると受け止めているからです。乳児は「おなかがすいた」「眠たい」「びっくりした」というように，わかりやすく言葉にして教えてはくれませんが，その代わりに泣くことで，自分が求めていることを伝えようとしてくれます。そして，大人は赤ちゃんが伝えようとしていることを読み取り，応えていきます。このやり取りは，乳児が口から何らかの音を発し（泣く），そこにメッセージがあるという意味において，言葉が生じてくる土台となります。

2．赤ちゃんの音声

　言葉を話せるようになるためには，口や喉をうまく使って，言葉の「音」を作る必要があります。乳児の間に，泣く以外にもさまざまな音を口から発していきます。

　赤ちゃんが生まれて初めて発する「声」は，多くの場合，お母さんのお腹の中から出てきた時の泣き声です。この泣き声を「産声」といいます。そして，生後2か月頃になると，「アー」「クー」と喉の奥からやわらかくて高い音を出すようになります。これを「クーイング ▷2」といいます。クーイングは泣き声と違って，機嫌が良い時に発せられることが多いようです。クーイングに対し，大人も同じような声の調子で相づちを打っていると，あたかも会話のやり取りのように，クーイングを返してくれることがあります。

　生後6か月になる頃には，喃語 ▷3と呼ばれる声も出すようになります。最初は「アーアー」というような音から「バ，バ，バ，」「マ，マ，マ」のような音に発達していきます。

3．指さし

　言葉が話せるようになる以前の「伝える」手段として，身振りがあります。身振りの中でもとくに重要なのは，「指さし（pointing）」です。

　指さしにも発達段階があります。まず，生後半年過ぎまでの乳児であれば，大人が指さしをしても，ただ指さしをしている指自体を見つめるだけですが，生後9か月頃には，指さされた先の方を見ることができるようになってきます。そして，1歳頃には，自分でも指さしができるようになってきます。最初は自分が気になったものに対して指さしを行いますが，続いて，欲しいものを指さす要求の指さしもみられるようになります。1歳半頃には，「わんわんはどれ？」と質問されると犬を指さすなど，言葉でのやり取りに対する応答として指さしで応えられるよう

になっていきます。ちなみに，**1歳半健診**で発達状態を確認するための基準のひとつとして，指さしに注目することが多いようです。

なお，指さしは，指をさすという動作で別の何か（たとえば「わんわんがいるよ」「あのおもちゃがほしい」）を伝えようとしている点で，言葉の発達につながってくるものだと考えられます。また，指さしができるようになるには，**三項関係**の成立が必要です。

4．言葉の理解

言葉の発達というと，言葉を「話す」ことをイメージするでしょうが，じつは「話す」ことだけでなく，言われた言葉を「理解」しているかどうかという視点も大切です。言葉が発達する過程においては，自分で言葉を話す前に言葉を理解できるようになります。たとえば，自分の名前が言えるようになる以前に，自分の名前を呼ばれて振り向くことができるようになるはずです。なお，まだ言葉を話すことができない乳児が言葉を理解しているかどうかは，このように，乳児が言われたことに対して行動で応えてくれるかどうかを見ることで判断することができます。

ちなみに，乳児期の大人による言葉かけは，言葉単体で行われるというよりも，「身振り」をともなうことが多いです。乳児との間での言葉を使ったやり取りとして「ちょうだい」や「バイバイ」がありますが，どちらも大人が言葉と同時に手を出したり，振ったりといった身振りをするはずです。乳児が言葉を理解したり，伝えたりする際には，身振りも重要な役割を果たしているのです。

3　大人が乳幼児に話しかける言葉

1．あなたはどういうふうに話しかけますか

幼児期以降の言語発達について学ぶ前に，乳幼児と関わる際の大人側の言葉について考えてみたいと思います。図9-1のような場面を参考に，まずは少しだけ想像してみましょう。あなたは今，まだ言葉を話すことができない赤ちゃんを抱っこしています。抱っこしている赤ちゃんに「かわいい」「すき」という気持ちを言葉で伝えてみてください。実際に声に出してみてもよいかもしれません。もうひとつやってみましょう。今度は離乳食を食べさせている場面です。口に入れてあげるとにっこりほほえんでくれたので「おいしいね」と伝えてみましょう。

では，質問です。想像の中で行った赤ちゃんの言葉かけは，大人同士

▷4　1歳半健診
保健所や保健センターで行われる乳幼児健康診査のうち，1歳6か月～2歳頃までに行われる。正式名称は「1歳6カ月児健康診査」。

▷5　三項関係
第7章第1節第3項を参照。

図9-1　父子の遊び（2か月）
出典：筆者撮影。

の会話で使う言葉や言い方と同じでしたか。おそらく，ほとんどの人は大人との会話とは違う言葉遣いや言い方をしたと思います。たとえば，「かわいいねー。ちゅきちゅきー」「おいちいでちゅね」のような言葉を使った人もいるでしょう。また，普段の大人同士の会話と比べると高い声で，強弱をつけた話し方をしたのではないでしょうか。

2．マザリーズ

▷6　マザリーズ
マザリーズには「マザー（母）」という言葉が入っていますが，母親だけしかできないわけではない。母ではない人，もちろん男性であってもこのような言葉を使う。対乳児発話（infant-directed speech）といわれることもある。

　皆さんに想像してもらったような，大人が乳幼児に話しかける際に用いる話し方は「**マザリーズ**▷6」と呼ばれます。マザリーズの主な特徴は「高い声で，抑揚たっぷりに，ゆっくりはっきり話す」ことです。他にも，文末が高い音になる，文末を延ばすといった特徴もあります。ちなみに，マザリーズのこのような特徴は，一部を除いて，世界のさまざまな言語に共通のようです。

　また使う言葉にも違いがあり，先ほどの例のように「おいしい」を「おいちい」，「好き」を「ちゅきちゅき」というように，一部の音を変化させたり，繰り返したりします。さらに，幼児語といわれるような，独特の語彙もあります。寝ることを「ねんね」，片付けを「ないない」などのように言ったり，**オノマトペ**▷7を使って犬を「ワンワン」，車を「ブーブー」と呼んだりします。他にも「おさかな」のように"お"を付けたり，「ありさん」のように"さん・くん・ちゃん"を付けることもあります。このような特徴は，保育所や幼稚園で歌う歌や絵本の中にも見つけることができます。

▷7　オノマトペ
物事の状態を表す擬態語（ニコニコ，すべすべなど），音を言葉で表した擬音語（ドカン，ガシャンなど），人や動物の発する声を表した擬声語（ワンワン，ブーブー）などがある。日本語には多くのオノマトペがあり，形容詞としてだけでなく，時には名詞や動詞としても使われる。

3．マザリーズの効果

　以上のように，大人が子ども，とくに低年齢の乳幼児に話しかける時，マザリーズと呼ばれる独特の話し方をします。では，なぜ，マザリーズを用いるのでしょうか。ここでは，2つの面から考えてみたいと思います。

　ひとつ目は心理的な効果です。マザリーズを用いた話し方は，大人同士の会話と比べて，柔らかい優しい印象を受けます。子どもたちにとっても，マザリーズは安心感をもたらす話し方だといわれています。また，マザリーズの特徴は乳幼児の注目をひくともいわれています（小椋，2012，203頁）。さらに，マザリーズは，乳幼児に対してだけでなくペットに対しても用いられることから，友好的・情緒的なコミュニケーションに役立つと考えられます（小椋，2012）。養育者や保育者が乳児と情緒的な関係を結ぶために，マザリーズは一役買っているといえるでしょう。

　2つ目は，乳幼児の言語発達を促すという効果です。マザリーズの特徴は「高い声で，抑揚たっぷりに，ゆっくりはっきり話す」ことでしたが，逆に「低い声で，抑揚なく，早口でぼそぼそ話す」と，とても聞き取りにくくなります。つまり，マザリーズの特徴は乳幼児にとって言葉を聴き取りやすくし，乳児自身が言葉を聞き分けて発することを支えています。またオノマトペを活用した「わんわん」のような言葉は，ものには特定の音がある（例：犬という生き物に「わんわん」という名前がある）という言葉のルールを理解しやすくしていると考えられます。

　このようにマザリーズは乳幼児と関わる際に大切なものであり，基本的には，私たちが乳幼児に話しかける際に，自然とそう話してしまう特徴を示しています。しかし，子どもと関わることに慣れていない場合や，緊張している場面では，自分が自然と使うことができるのか，心配な人もいるかもしれません。マザリーズは，乳幼児と関わる際には大切なものですので，まずは実習などの機会に実際に園で働いている保育者の言葉をよく観察したり，意識的に話し方を調整してみることから始めてみましょう。繰り返すことで，きっと上手になりますよ。

4　言葉の発達

1．単語を話す

　第2節でみたように，乳児は言葉を話せるようになる前から，いろいろな音を口から発したり，ある時点からは指さしなどの身振りも使いながら，他者に何かを伝えようとしてくれます。乳児と関わる大人も，マザリーズという特徴的な言葉を用いて，乳児が言葉を育むための関わりを行うこともあります。

　子どもが意味のある言葉（有意味語）を発するのはおおむね1歳頃だといわれています。子どもが初めて話すこの言葉は，「初語」と呼ばれます。初語を獲得する時期について，乳幼児の発達を調べるために用いられている新版K式発達検査2020の中にある「語彙3語」という課題をみてみましょう。この課題は，文字通り3つの単語を言えるかどうかを調べるものです。この検査のデータによると，早い子どもでは1歳前から，遅くとも2歳頃までにはほぼすべての子どもがこの課題をできるようになります。このことから，初語が出るのはおおむね1歳頃からであり，2歳を過ぎても言葉が出ない場合は，標準的な発達と比べると少しゆっくりしているといえます。2歳を過ぎても言葉が出ないというの

▷8　初語
一般的には，初めて話した言葉を初語とみなすことが多いが，研究の中では，乳幼児が本当に意味がわかってその言葉を発しているのか判断が難しい部分もあるため，単語が3つ言えることを，初語の獲得とみなす。

▷9　新版K式発達検査2020
発達の状態を調べる検査のひとつであり，2020年に最新版が発行された。保健センターでの個別相談や療育手帳の判定などで用いられる。検査では積木やクイズのような質問などを行うため，子どもにとっては遊んでいる感覚で取り組むことができる。

▷10　50% 通過月齢
表9-1で示す50%通過月
齢とは，半数（50%）以上
の子どもがその言葉を言え
るようになる月齢をさす。

表9-1　発達初期の主な表出語彙

◁10 50% 通過月齢	語　彙
15か月	マンマ・あーあっ（よくないこと） （イナイナイ）バー・ワンワン（犬）
16か月	バイバイ
17か月	ブーブー（車）・ニャンニャン（猫） アイタ（痛い）・ネンネ・はい
18か月	クック（靴）

出典：小椋・綿巻（2008）をもとに筆者作成。

が，言葉の発達を見極めていく上でのひとつの基準となりそうです。

　ところで，あなたが初めて話した言葉（初語）は何かわかりますか。
筆者の初語は「まんま」だったそうです。実際に初語としてよく話され
る言葉にはどのようなものがあるかをみてみましょう。乳幼児の語彙発
達について調べた小椋・綿巻（2008）によると，1歳半までに半数以上
の子どもが言えるようになった言葉は，マンマ，あーあっ，バー，ワン
ワン，バイバイ，ブーブー，ニャンニャン，アイタ，ネンネ，はい，
クックの11語だそうです（表9-1）。これらの語を見ると，マンマやワ
ンワンのような幼児語と（イナイナイ）バーやバイバイのようなやり取
りの言葉が初期の語彙として現れやすいと考えられます。

　1歳半頃になると，急激に話せる語彙が増える**ボキャブラリー・ス
パート（語彙爆発）**が起こります。まさに爆発的な語彙の増加を示すボ
キャブラリー・スパートのエピソードを，岡本（1982）が笑い話として
紹介しています。

　このエピソードの登場人物は，2年後までにドイツ語を習得したい父
親と1歳になる長男です。この父親はドイツ語を身につけるための方法
として，わが子が日本語を話せるようになるのに合わせて，同じ意味の
ドイツ語を一緒に覚えていこうと決めました。最初の頃は，長男が「マ
マ」と「マンマ」だけしか話せない期間が数か月続き，父親にとっては
簡単すぎるくらいでした。しかし，ある時期から子どもは急激にいろい
ろな言葉を話せるようになり，父親も一緒に対応するドイツ語の単語を
覚えようとしますが，まったく追いつかなくなってしまいました。そう，
ボキャブラリー・スパートがおこったのです。ちなみに，最終的に3歳
になった長男が上手に日本語で会話できるようになったのと比べると，
父親のドイツ語は断然拙いものだったそうです。

　なお，言葉を話せるというのは認知発達における表象の獲得が関係し
ています。**表象**については，第8章で詳しく説明しました。

▷11　ボキャブラリー・ス
パート（語彙爆発）
1歳半頃に急激に語彙（ボ
キャブラリー）が増えるこ
と。それ以前は1週間に新
しい語が3語程度獲得され
ていたのに対し，ボキャブ
ラリー・スパートが生じる
と，1日に8〜10語獲得さ
れる（小山，2006）。
小山正（2006）「1語発話
期後半にみられるボキャブ
ラリー・スパートをめぐっ
て」『コミュニケーション
障害学』第23巻 第2号，
113〜117頁。

▷12　表象
第8章▷4参照。

2．文章で話す

　初語は単語ですが，この時期の言葉は「一語文」と表現されます。一語（つまり単語）なのに，なぜ“文”なのでしょうか。幼児が「わんわん」と言った場合を例に考えてみましょう。幼児が「わんわん」と言う時，言葉通り「犬」とだけ言いたいわけではありません。たとえば，「犬がいるよ！」という意味で言っているかもしれませんし，「犬のぬいぐるみで遊びたいからちょうだい」ということを言いたいのかもしれません。つまり，子どもが発している言葉だけを見ると「わんわん」という一語だけですが，一つの文として使われているのです。そのため，一語文を話す段階の幼児とのやり取りでは，一語だけで発せられる言葉に対して，大人がその意味をくみ取ることが求められます。大人が適切にくみ取り応答することができれば，きっと子どもも言葉が伝わることのうれしさや，やり取りの楽しさを感じることができるでしょう。

　つづいて，「ママ，わんわん」のように単語を2つ組み合わせた二語文が現れます。二語文の特徴は，2つの言葉を「組み合わせる」ことで文を作っていることが特徴です。一語文では単語にいろいろな意味を込めて話していましたが，二語文になると，単語を組み合わせることで，より意図を明確に伝えることができるようになります。具体的にみると，「ママ，わんわん」のように誰かに呼びかけた上で別の人や物の名前を言ったり，「パパ，バイバイ」のように誰かの動きに関する発言もみられるようになります。そして，2歳頃には「パパ，アッチ，イッタ」のように3つの単語を並べた三語文を話すことができるようになります。

3．幼児期から学童期への言葉の発達

　乳幼児期から学童期にかけての言葉の発達について，岡本の「子どもはおとなになるまでに，ことばを二度獲得する」(岡本，1985) という指摘から理解を深めていきたいと思います。

　岡本 (1985) は，最初に獲得されるものを「一次的ことば」，後から獲得されるものを「二次的ことば」と呼んでいます。この2つの「ことば」の特徴は表9-2の通りです。

　一次的ことばは，乳幼児期を通して獲得される言葉で，話し言葉を通して育まれていきます。主に養育者や保育者のような親しい人との間で，1対1の会話を通して用いられます。

　幼児が話す一次的ことばは，言葉足らずなことも多くありますが，それでもコミュニケーションがとれるのは，受け手である大人が言いたい

▷13　岡本は「言葉」ではなく「ことば」とひらがなで表記している。そのため，本書でもこの文献を引用している箇所は，岡本に倣い「ことば」と表記する。

表9-2　一次的ことばと二次的ことばの比較

コミュニケーションの形態	一次的ことば	二次的ことば
状　況	具体的現実場面	現実を離れた場面
成立の文脈	ことば＋状況文脈	ことばの文脈
対　象	少数の親しい人	不特定の人
展　開	会話形式の相互交渉	一方向的自己設計
媒　体	話しことば	話しことば 書きことば

出典：岡本（1985）をもとに筆者作成。

ことをくみ取ってあげるからです。一語文が文として成立するのも，受け取る大人が状況や文脈を考慮して，意味をくみ取っているからです。

　また，幼児は文脈や状況を共有している前提で話すことが多いです。だから，文脈や状況を共有していない相手との会話では，うまくいかなくなることがあります。筆者自身の経験として，夏休み明けの幼稚園を訪問した際に，子どもから「花火きれいやったな？」と言われて驚いたことがあります。なぜなら，私はこの子と一緒に花火を見ていないのです。それなのに，あたかも筆者も同様に花火を見ていたような言い方になっています。このように，状況を共有していない相手に一から説明することは，一次的ことばの段階では難しい場合があります。

　一方，二次的ことばは，小学校に入ってから獲得が求められる言葉であり，話し言葉だけでなく，書き言葉，すなわち文字で伝える場合にも用いられます。二次的ことばの特徴は，現実の場面を離れたところで使われ，しかも普段関わりのない人に一方向的に伝えても，きちんと伝わることが求められる，というものです。

　たとえば，夏休みの思い出として，家族旅行の作文を書いたA君が，クラスで発表する場面を想像してみましょう。A君の家族旅行は，クラスメイトにとっては，経験したことでも目の前で起こっていることでもありません（経験・状況の共有なし）。そのため，A君が作文を発表する際には，言葉による説明だけでクラスメイトが家族旅行の出来事を想像できるようにする必要があります。しかも，一度作文を読み始めると，途中で質問されることはないでしょうから，一方向的な説明で伝わることも求められるといえます。また，作文は書き言葉が使われているため，普段の会話ではあまり使わない「です・ます」や「しかし」といった語彙を使っているという点も，一次的ことばとは違います。

　一次的ことばと二次的ことばは，さまざまな点で異なっており，「ことばを二度獲得する」という意味がよくわかります。

4．言葉を育むために

　最後に，「一次的ことば」と「二次的ことば」という考え方から，保育者が子どもたちの言語発達をどのように促すことができるかを考えてみましょう。

　まず，一次的ことばは，親しい人とのやり取りを通じて使われていました。そして，一次的ことばはやり取りを通して育まれていきます。子どもは，信頼する大好きな相手にこそ，たくさん話したくなるものです。毎日のように関わる保育者という立場を生かして，子どもたちと言葉でのやり取りをたくさん重ねることが大切です。やり取りの中では，大人が適切に言葉を補っていくことも有効です。たとえば，「わんわん」と子どもが言った時に「わんわんがいるね」と返したり，「まんま」と要求してきた時に「まんまが食べたいのね」と文章にして伝え返します。日々のこのようなやり取りが言葉を育む機会になっていくのです。

　また，岡本（1985）は，言葉への意識を高めるために，いろいろな関係性の他者と話すことの重要性にも言及しています。保育者，母親や父親，年長の友だち，弟や妹などすべて身近な親しい人ではありますが，一人の子どもにとってそれぞれ関係性は異なります。そのため，言葉の使い方も微妙に異なり，結果としていろいろな言葉の使い方を身につけることにつながるのです。そのためには，たとえばいろいろな保育者が関わるようにしてみたり，異年齢との交流の機会を作ったりする工夫ができそうです。

　一方，二次的ことばの獲得は，小学生以降が中心ではありますが，就学までに二次的ことばにまったく触れていないと，戸惑いも大きいことでしょう。そこで，遊びの中で二次的ことばに慣れておくとよいでしょう。筆者としては，二次的ことばに慣れるためのツールとして「絵本」が有効に機能すると考えています。とくに，ストーリーがあるような長めのお話の文章は，普段の会話で使う言葉とは違います。絵本は声に出して読むことが多いですが，書かれている文章は書き言葉，すなわち二次的ことばです。つまり，保育者や子ども自身が絵本をたくさん読むことで，二次的ことばに馴染むことができるのです。

　以上のような保育者の関わりが，保育の中で「普通」にみられるものです。「普通」の関わりを，発達に大切なポイントだと理解した上で，丁寧に保育を行っていくことが，子どもたちの言葉の発達を促し，「伝える」「考える」「コントロールする」力を育てることにつながるのです。

◆考えてみよう！

(1)　自分自身の初語や小さい頃によく話していた言葉について，生後何か月頃に，どんな言葉を話していたか調べてみましょう。そして，周囲の人と共有し，個人差を確認しましょう。

(2)　自分が思っていることを，誰かに一語文（名詞），二語文にして伝え，相手の理解の違いを感じてみましょう。

〔例〕

	一語文	二語文
お腹がすいた	まんま	まんま，たべる
眠い	ねんね	ねんね，する

引用・参考文献

・岡本夏木（1982）『子どもとことば』岩波書店。
・岡本夏木（1985）『ことばと発達』岩波書店。
・小椋たみ子（2012）「赤ちゃんのことば」小西行郎・遠藤利彦編『赤ちゃん学を学ぶ人のために』世界思想社，192～211頁。
・小椋たみ子（2019）「日本人母親の語彙特徴と子どもの言語発達」『発達心理学研究』第30巻，153～165頁。
・小椋たみ子・綿巻徹（2008）「日本の子どもの語彙発達の規準研究——日本語マッカーサー乳幼児語彙発達質問紙から」『京都国際社会福祉センター紀要　発達・療育研究』第24巻，3～42頁。
・小山正（2018）『言語発達』ナカニシヤ出版。
・新版Ｋ式発達検査研究会編（2020）『新版Ｋ式発達検査2020解説書（理論と解釈)』京都国際社会福祉センター。

第10章
発達障害と発達

ここでは発達障害についての正しい知識を身につけていきます。第1節では，代表的な発達障害について，事例とともに学んでいきます。第2節では，保育者も出会うことが多い「気になる子ども」と早期発見・早期支援について学びます。その中で，発達障害についての学びが，気になる子どもの理解にも必要であることを説明します。第3節では，発達障害児の発達について，これまでの章で学んできた発達の各側面から考えてみましょう。

1　乳幼児期にみられる発達障害

　本節では，乳幼児期にみられる発達障害の代表的なものを取り上げ，基礎的な知識を学びます。また，保育現場における発達面の問題がみられる乳幼児への支援の基本について学びます。[1]

　アメリカ精神医学会が作成した，「精神疾患の診断と統計のためのマニュアル第5版（DSM-5）」は，全世界で活用されています。DSM-5は乳幼児期の精神疾患の理解と治療にも大きな影響力をもっています。本項では，DSM-5による「神経発達障害」の診断基準を基本として，乳幼児期にみられる発達障害についてみていきましょう。

1．知的障害

　DSM-5によれば，知的障害（Intellectual Disabilities）とは，実際の年齢に比べて「推理，問題解決，計画，抽象的思考，判断，学校の学習・経験からの学習といった知的機能の障害」であり，医師による診察と，「標準化」[2]された「知能検査」[3]によって確認されます。また，知能検査の結果（目安として「知能指数（IQ）」[4]が65〜75）のみで知的障害を判断するのではなく，社会生活を送る力（会話，コミュニケーションなど）や日常生活の機能（着衣，清潔など）をどの程度有しているかによって，症状の重症度が軽度，中度，重度，最重度，に分けられています。知的障害の乳幼児は，言語発達や運動発達，身辺自立の発達や社会性の発達等の遅れが複数の領域にまたがっているため，困難さに応じたサポートをていねいに行っていく必要があります。事例をもとに知的障害児が抱える困り感[5]を考えてみましょう。

▷1　登場する事例はすべて，筆者の経験をもとに再構成した架空の事例である。

▷2　標準化
知能検査や性格検査等の心理検査が，測定したい内容を正確に測定できているかを吟味する一連の手続きのことをさす。「標準化された」心理検査は多くの検査結果をもとに作成されており，実施のマニュアルや採点の基準等が必ず示されている。

▷3　知能検査
検査者と対象者が1対1で行う「個別式知能検査」と，多くの対象者に対して一斉に行う「集団式知能検査」がある。幼児対象の「個別式知能検査」の例としては，「田中ビネー5」「WIPPSI-Ⅲ」「WISC-V」などがある。

▷4　知能指数（IQ）
標準化された個別式知能検査の結果によって算出される。知能検査の種類によって測定の方法は異なるが，同じ月齢の子どもの知能指数は平均値が100になるように設定されている。

▷5　困り感
子ども本人が感じているであろう種々の生きづらさのことをさす。

> 【事例10-1】 いつも泣いているアキラ君
>
> 　アキラ君は保育園の4歳児クラスに通っています。言葉の発達がゆっくりで，まだ「ママ」「イヤ」など一語文しか言えません。歩くのもまだぎこちなく，給食はスプーンをにぎって使っています。お友だちと遊ぶのは好きですが，最近はやり出した鬼ごっこは，ルールがわからず，タッチされてもにこにこして逃げていきます。保育中は制作や歌の時間になると，部屋の隅に隠れて泣くことが多く，担任のユキ先生は心配しています。お友だちからいじわるなことを言われても言い返せず，泣きながらユキ先生のところに来ることが増えています。
>
> 　お母さんは「うちの子は一人っ子だから恥ずかしがり屋なんです」と言って，あまり心配していない様子です。

　アキラ君は言語発達，運動発達，社会性の発達などが遅れており，全般的な知的発達に遅れがみられます。通常は3歳児健診などの乳幼児健診で発見され，フォロー（経過を見守り支援の対象と）されることもあります。しかしアキラ君のお母さんのように，保護者は自分の子どもしか見ていないので，あまり困ったり心配したりすることがないことも多く，その後の相談につながりにくい場合もあります。知的発達の遅れがみられる幼児は，年齢が上がるほど困難さが大きくなる傾向にありますので，早めの支援を行っていくことが必要となります。

2．自閉スペクトラム症

　自閉スペクトラム症（Autism Spectrum Disorder，以下 ASD とする）は，発達障害のひとつであり，DSM-5 においては，①「社会的コミュニケーションおよび対人的相互反応による持続的欠陥」，②「行動，興味，または活動の限定された反復的な様式」の2点から判断されます。これら2種類の症状について，支援の必要性に応じて3段階に区分し，重症度を判定しています。

　まず，①「社会的コミュニケーションおよび対人的相互反応による持続的欠陥」についてみていきましょう。本多（2017）によれば，ASD 児は「臨機応変な対人関係が苦手」であり，他者と喜びや悲しみなどの感情を分かち合うことが苦手です。また，やり取りをともなうコミュニケーションが苦手なため，会話や遊びが続きにくい特徴があります。幼児期には言葉によるコミュニケーションが苦手であり，相手の言った言葉をそのまま繰り返す「**オウム返し**」がみられることもあります。また，表情や視線を手がかりに相手の感情を推測したりすることも苦手です。

　次に，②「行動，興味，または活動の限定された反復的な様式」につ

> ▷6　**オウム返し**
> エコラリアともいう。

いてみていきましょう。本多（2017）によると，ASD児は強弱はありますが，「こだわりの強さ[7]」を示すといいます。特定の対象にとても強いこだわりを示す反面，それ以外のことにはほとんど興味を示しません。その他，視覚や聴覚などの**感覚の過敏さ**（たとえば大きな声や音が苦手）**や鈍感さ**（たとえば，けがをしても痛みを感じにくいなど）がみられることもあります。こだわりが自分の思うようにいかなかった時におこるものが，「パニック」です。恐怖や不安に圧倒されて，泣いたり，叫んだり，自分をたたいたりかんだりする行動（自傷行動）がみられます。ここでASD児の保育現場における困り感について，事例をもとに考えてみましょう。

【事例10-2】恐竜はかせのヒカル君

　3歳から保育園に途中入園してきたヒカル君は，ASDの診断を受けています。知能は高く，とくに教えたわけでもないのに，4歳でひらがなや小学校2年生までの漢字を読んだり書いたりできます。恐竜が大好きで，自由遊びの時間はずっと保育室で恐竜の絵を描いていますが，絵は細部に至るまでリアルに表現されており，クラスのみんなからは「恐竜はかせ」と呼ばれています。恐竜のことになるとお友だちにたくさんお話ししますが，お友だちがつまらなさそうでもお構いなしに一方的に話します。活動の切り替えがわからず，自由遊び後の朝の集まりの時間になると，耳をふさいで泣き叫んでいます。担任のユミ先生は，ヒカル君がパニックになった時，自分で気持ちを落ち着ける場所を作ってみることにしました[8]。保育室の隅にパーテーションとカーテンで仕切られたスペースを作り，「恐竜のすみか」と書いた札を下げてみました。するとヒカル君はパニックになった時，自分から「恐竜のすみか」に行き，しばらくすると落ち着いてみんなの所に戻り，活動に取り組めるようになりました。

　ASDの子どもたちの中には，知的障害をともない，社会的コミュニケーションの障害が顕著な子もいれば，ヒカル君のように，ある程度他者とやりとりが可能で，それなりに集団生活になじめている（ように見える）子どももいます。しかし，ASDの子どもたちにとって，保育園での集団生活は，不安と恐怖の連続です。他の子どもたちとの関係，柔軟な予定変更，音，光，においなど，入園当初は混乱し，パニックを示す場面が多くなります。保育者は**ASD児のものの見え方，感じ方[9]**を想像し，なるべく不安が少なくなるような**環境調整[10]**を行うなど，慎重に配慮する必要があります。また，ASDの子どもは一見ひとりが好きで，気ままに遊んでいるように見えることがあります。しかし心の中では，他の子どもと遊ぶ方法がわからず，困っているのかもしれません。みなさんは，ASDについてぜひ積極的に学習し，彼らの豊かな内面をどの

▷7　こだわりの強さ
こだわりを示す対象は，「身体を使った常同行動」（たとえば，ジャンプして手をたたく）や，「（決まった）スケジュールや段取り」（たとえば，保育園に登園したら，トイレに行ってから外遊びをするといったように一日のスケジュールをあらかじめ決めておくなど）などがある。特定の知識（バスや電車の時刻や路線図を暗記する）へのこだわりもみられる。また，物（ミニカーなど）を一列に並べることを好むASD児もみられる。

▷8　保育実践においては，子どもの特性に応じた配慮が必要になる。ヒカル君の場合は，クールダウンできる場所が必要となる。環境調整については，▷10を参照。

▷9　ASD児のものの見え方・感じ方
ASDの人の感じ方を知るには，東田（2007）の著作が参考になる。東田は重度のコミュニケーション障害を抱えるASDの当事者であるが，豊かな感性と表現力で，ASD児の感覚，感じ方，不安や希望などについて綴っている。一読を薦めたい。

▷10　環境調整
発達障害の子どもの生きづらさを軽減するために人的環境，物的環境を調整することをさす。たとえば，「保育室の外が見えないように保育中はカーテンをひく」や，「聴覚過敏があるASD児がパニックにならないよう，運動会の競争の合図をピストルでなく保育者の『よーいドン』にする」などがあげられる。

ように保育現場で伸ばしていけるかについて，考えてみてください。

3．注意欠如 / 多動症

注意欠如 / 多動症（Attention Deficit / Hyperactivity Disorder，以下 AD/HD とする）も ASD と同様に代表的な発達障害です。症状は主に①「不注意」，②「多動 / 衝動性」に分けられます。まず①「不注意」について具体的例をあげると，「うっかりミスが多い」「聞きもらし，聞き違いが多い」「周りが気になってすぐに注意がそれる」「活動の切り替えに時間がかかる」「いつもボーッとしているように見える」「身だしなみを気にしない」「忘れ物やなくしものが多い」などがあります。

次に，②「多動 / 衝動性」についてみていきましょう。「じっとしておれず，すぐに立ち歩く」「座っていても，手や足が動いている」「おしゃべりがとまらない」「つねに他の子にちょっかいをかける」「順番を待てず，トラブルになる」「かっとなるとすぐに手が出る」などがあげられます。「不注意」のみが診断基準を満たしているタイプを「不注意優勢型」，「多動 / 衝動性」のみが診断基準を満たしているタイプを「多動性－衝動性優勢型」，どちらも診断基準を満たしているタイプを「混合発現型」といいます。症状の強さや社会生活の困難さによって，軽度，中等度，重度に分けられています。ここで AD/HD 児の保育現場における困り感について事例をもとに考えてみましょう。

【事例10 - 3】じっとできないチハル君

チハル君は，保育園 5 歳児クラスに在籍しています。4 歳の時に AD/HD（混合発現型）と診断されました。保育中も自分が気になることがあれば，すぐに保育室から飛び出していこうとします。好きな折紙の制作の時は，すごく集中して活動に取り組むことができます。お友だちとのトラブルは毎日のようにあり，「順番ぬかしをする」「オニにタッチされても交代しない」「謝ってと言われたらかっとなって手が出る」等，常に何かがおこるので，担任のサキ先生はいつもはらはらしています。サキ先生はチハル君と接していて最近気づいたことがあります。チハル君は，「～しなさい！」（たとえば「イスに座りなさい！」）と言うと必ず反発するのですが，サキ先生が，「～できる人いるかな？」（たとえば「おイスに誰がかっこよく座れるかな？」）と言うと，その行動をしようと頑張ってくれるのです。サキ先生は卒園まで，チハル君のできるようになったこと，頑張ろうとしている努力を認め，怒るのではなく，たくさんほめてあげたいと思っています。

事例のチハル君のように，AD/HD 児はその特性ゆえに対人トラブルをおこすことが多く，どうしても怒られることが増えてしまいます。み

なさんは，**AD/HD 児の特性**[11]を正しく理解し，サキ先生のようにほめて伸ばす保育を行うようにしていってください。

４．その他の神経発達障害

その他の神経発達障害として，①限局性学習症と，運動障害のひとつである②発達性協調運動障害を取り上げます。

①限局性学習症

限局性学習症[12]（Specific Learning Disorder，以下 SLD とする）とは，読み，書き，計算能力のうち特定の能力が，発達年齢から考えられる習得度と比べて著しく低い状態をさします。DSM-5 では，「読みの障害」（with impairment of readings），「書き表現の障害」（with impairment in written expression），「算数の障害」（with impairment in mathematics）の３つに分類されます。とくに読みに困難がみられる SLD を，発達性読み書き障害（Developmental Dyslexia：DD）と呼びます。限局性学習症の困り感が顕在化するのは，読み書きを中心とした小学生以上になります。稲垣・米田（2017）によると，発達性読み書き障害の子どもは，幼児期において，会話ができるにもかかわらず，文字への関心が薄く，本を読もうとしないことや，しりとり遊びなどにうまく参加できないなどの特徴がみられます。保育者はこうした特徴をしっかりと把握し，就学後どのような困り感が学習面でみられる可能性があるかについて，保護者と話し合っておくことが早期の支援につながります。

②発達性協調運動障害

協調運動とは，視覚や触覚，**固有覚**[13]，筋肉の動きなどを調整してコントロールし，連動させようとする動きをさします。中井ら（2022）によると，協調運動には，走る，ジャンプするなどの「粗大運動」，筆圧を一定にしてマスからはみ出さないよう字を書くなどの「微細運動」，なわとびを跳ぶなどの「目と手の協応」，姿勢を保つ「姿勢制御・姿勢保持」があります。こうした協調運動が，年齢不相応に困難を示す状態が，発達性協調運動障害（Developmental Coordination Disorder，以下 DCD とする）です。つまり，「極端な不器用さ」を主症状にもつ子どもたちをDSM-5 では DCD と定義しています。DCD は他の発達障害との併存が多くみられ，中井ら（2022）によると，ASD 児の80％，AD/HD 児の30〜50％に DCD が併存しているといわれています。協調運動は小学校以降の学習と密接な関連があるため，DCD の子どもは学習に困り感を感

▷11　AD/HD 児の特性
AD/HD の子どもの困り感を，母親の立場から描いた漫画に，『漫画家ママのうちの子は ADHD』（かなしろ，2009）がある。幼児期の AD/HD 児の感じているさまざまな気持ち，母親の戸惑いや苦労がユーモラスに描かれている。

▷12　限局性学習症
学習障害（LD）は，とくに学習が始まる就学以降に症状が顕在化しやすい。

▷13　固有覚
「身体の部位の位置や動き，関節の曲がり具合，筋肉の緊張や力加減などを察知する感覚」をさす（中井ほか，2022）。

▷14　DCD の子どもの学習の困り感
たとえば書くことは「鉛筆をにぎる」「適切な筆圧で書く」「マスに入るように文字のサイズを調整する」といった複雑な運動である。そのため DCD 児は書くことに困難を感じやすく，結果として学習の困り感が増す。

▷15　DCD の研究と治療
中井ほか（2022）は，DCD の子どもの困り感をどのようにサポートしていくことが有効なのかを行動別にまとめ，豊富なイラストとていねいな解説で理解を深めている。DCD の子どもへの支援のヒントが多く得られるであろう。

▷16　通常の学級に在籍する特別な教育的支援を必要とする児童生徒に関する調査結果について（2022）
2022年12月13日に発表された最新の調査結果では「8.8％」となっており、10年前と比べ2.3％上昇している。なお、小学1年生に限れば「12.0％」となっており、保育現場の現状にはこちらの数字が近いと考えられる。

じやすいことがわかっています。[14]中井ほか（2022）によれば日本における DCD の認知度は低く，十分にその障害特性が認識されていないという現状があります。今後 **DCD の研究と治療**[15]に関するさらなる知見が積み重ねられていくことと思いますが，みなさんは，DCD という，「不器用さ」が困り感の根っこにある子どもたちがいて，サポートを必要としていることを意識しておいてください。

　本節では主な発達障害の特徴を学びました。事例を読んで，みなさんはどんな感想をもったでしょうか。「大変そうだな」と思った人もいるかもしれません。でも彼らは彼らなりに一生懸命，集団の中で頑張っています。<u>「困った子」ではなく，「困っている子」として発達障害の子どもをとらえ，適切な環境面の配慮や関わりが工夫できるように</u>なっていってください。

② 気になる子どもと早期発見・早期支援

1．気になる子どもとは

　保育現場において「**気になる子ども**」という言葉を使うことがたびたびあります。筆者の知る限り，「気になる子ども」の明確な定義はありませんが，おおよそ「○○障害のような医学的診断がなされているわけではないけれど，保育者からみて気になる行動があったり，保育上の難しさを感じる子ども」をさします。保育者からみて気になるという基準で判断されるので，心理的な理由で気になる行動が現れている子どもも含んでいますが，多くの場合は発達の遅れや発達障害の傾向が感じられる子どもに対してこの言葉が使われています。

2．気になる子どもはどれぐらいいるのか

　ところで，保育者は「気になる子ども」とどのくらいの割合で出会うのでしょうか。

　気になる子どもの割合として，よく見かける数字のひとつが「6.5％」です。この数字は，文部科学省が全国の公立小・中学校の通常学級に在籍する子どもを対象に実施した調査結果（文部科学省，2012）に基づいています。この調査において，担任教員から見て知的な遅れはないものの，LD や ASD，AD/HD といった発達障害の傾向を感じている子どもの割合が「6.5％」[16]というわけです。6.5％だと30人のクラスであれば2人ほ

ど気になる子どもがいる計算になります。なお，この調査は通常学級に在籍する子どもを対象としており，特別支援学級・学校の子どもは含まれていません。

　一方，保育所や幼稚園に通う気になる子どもの中には，上記の6.5%に含まれていない，発達の遅れがある子も少なからずいます。そのため，保育現場での気になる子どもの割合は6.5%よりも高いと考えられます。実際，現場の保育者にこの「6.5%」という数字を伝えると，「少ない！もっといる」と言われます。30人のクラスであれば，3～4人以上の気になる子どもがいるという状況も稀ではありません。

　次に，ASDが診断される年齢についてもみてみましょう。倉澤らの調査によると，ASDと診断される年齢で一番多いのは「3歳台」ですが，ASDと診断される平均年齢をみると7.3±4.3歳となっています（倉澤ほか，2019）。つまり，ASDと診断される年齢は，3～11歳ぐらいの間で大きくばらついているということです。3歳台が一番多いのは，3歳児健診が適切に機能し，その中でASD傾向がある子どもも早期に発見されていることが一因でしょう。しかし，診断の平均年齢を読み解くと，3歳児健診よりもあと，場合によっては保育所や幼稚園に通っている間には診断されず，小学校以降に診断される子どももいることがわかります。また，岩坂らの調査では，行動面・多動面の問題については，4歳児よりも5歳児の方が多く生じるということも指摘されています（岩坂ほか，2010）。

　これらの研究結果から考えておきたいのは，保育所や幼稚園の入園時点では発達の問題が明らかになっていなくとも，園生活を送る中で発達上のつまずきが見えてくることが少なくないということです。そして，日々関わる保育者が「気になる」ことが，発達のつまずきに気づく，大事なセンサーとして機能するのです。

3．発達障害について知っておく意義
──グレーゾーンという表現から

　気になる子どもと似たような意味で「グレーゾーン」という言葉が用いられることもあります。保育や発達支援の現場では単に「グレー」ということの方が多いかもしれません。グレーは，白とも黒ともはっきりしない色ですが，発達に関して「グレー」という場合は，診断がつくかどうかはっきりしないという意味で用いられます。細かくみると，発達の遅れ（知的障害）があるかどうかの境界域（いわゆる境界知能）という意味で用いられることもあれば，ASDやAD/HDといった診断名がつ

▷17　ASDの診断
場合によっては，中高生や成人して以降に診断されるケースもまれではない。

▷18　3歳児健診
正式には「3歳児健康診査」といい，母子保健法に定められている。内容は心身の発達状況の確認や視力・聴力検査，歯科検診などであり，さまざまな側面から障害や病気がないかを調べる。無料で受けることができる。

図10−1　4つの円，どこまでがグレー？

くかどうか，なんともいえない状態のことを「グレー」と表現する場合もあります。いずれにせよ，判断に迷う中間的な状態を意味しています。

　さて，少しここで色について考えてみましょう。図10−1にある4つの円のうち，「グレー」はどれでしょうか？

　じつは，図の中のどの円も真っ黒でも真っ白でもありません。ということは，白と黒が混ざっているからすべての円がグレー……とはなりませんよね。一番左側はほとんど黒に見えますし，一番右側は，確かに真っ白ではありませんが，白と言っても間違いとも言い切れない感じがします。左から2番目の円は黒に近いグレー，3番目の円は白に近いグレーです。すべて白と黒が混ざった色なのに，どうして「これは黒に近く，これは白に近いグレー」という風に判断できたのでしょうか。それは，あなたが黒と白がどんな色かを知っているからです。

　同様のことは発達の「グレー」にも当てはまります。つまり，発達の「黒と白」を知っているからこそ，グレーの程度が判断できるようになります。この場合の黒と白，つまり両極端の状態というのは，「発達障害」の子どもの姿と，発達障害ではない「**定型発達**」の子どもの姿だと筆者は考えています。定型発達については，ここまでの章で学んできたようなさまざまな側面の発達に関する知識に加えて，たくさんの子どもたちと関わる中で体感的にわかるようになります。多くの子どもたちをみている保育者だからこそ「この子は他の3歳児とは何か違うぞ」と判断できるわけです。保育者というプロの目からみた「気になる」といえます。もちろん，他の子とは「違う」＝「問題・障害」というわけではありませんが，保育者として「気になる」理由を考えることは，その子の育ちをきっと支えるはずです。

　この「気になる」理由を考える時に大切になるのが，もう一方の極である「発達障害」の子どもの姿です。しかし，とくに学生や保育者になって間もない時には，発達障害と診断された子どもたちと関わる経験はそう多くはないはずです。ですので，まずは発達障害に関する知識，とくにそれぞれの障害の発達特性や診断基準を知っておくことから始めましょう。発達障害について学ぶことは，多くの「グレーゾーン」の子どもたちの理解の助けにもなるのです。

▷19　定型発達
第4章〜第9章で学んだような一般的な発達の道筋をたどる発達の仕方。対になる用語として，発達障害などによって独特の発達の仕方をする場合を「非定型発達」と呼ぶことがある。

4．早期発見・早期支援の場としての保育現場

この節の最後に，発達障害やその傾向が感じられる子どもに対する「早期発見・早期支援」について考えておきましょう。「早期発見・早期支援」とは，発達の遅れやつまずきを早い段階で"発見"し，幼少期からその子に合った関わり（支援）を行うことです。

なぜ，早期発見・早期支援が大切なのかというと，早い段階からその子に合った支援を行うことは，発達を豊かにするからです。次の第3節で詳しく紹介しますが，たとえば ASD の場合，自分から人に関わることが極端に少ないことがありますが，保育者がうまく関わっていくことができれば，他者とやり取りする楽しさを経験することができます。

また，早期発見・早期支援は，心理面からみても効果が大きいです。日々の保育者の何気ない関わりが，子どもの発達特性に合ったものであれば，子どもは理解者である保育者との間で，大人（他者）を信頼する力を育むことができます。信頼できる大人との間ではたくさんの成功体験を積むこともできます。逆に，筆者が臨床心理士としてお会いしてきた幅広い年代の**クライエント**[20]の中には，発達障害の傾向に気づいてもらえなかったことで，結果的にたくさん傷ついてきた人が多くいました。中には，発達障害の傾向を適切に理解されないまま，叱責されたり，過度な努力を求められたりした結果，うつ病や適応障害などの「**二次障害**[21]」になっていたケースもあります。早期発見・早期支援は，子どもたちの心理・発達の双方を支えるのです。

そして，保育所や幼稚園だからこそできる，早期発見・早期支援もあります。1歳半や3歳での健診の中で発達上のつまずきが発見されなかった場合，その次に気づいてあげられる場所は保育所や幼稚園です。保育者は多くの子どもと関わった経験と発達の知識をもっているため，「気になる子ども」を早期発見・早期支援することができます。子どもの発達に関して，早期発見・早期支援をすることができるポテンシャルを，保育現場はもっているのです。

3　発達障害と発達

1．発達障害であっても発達する

この章の最後に，発達障害児の「発達」について考えてみましょう。その際に，まず大切にしてほしいのが「発達障害は発達しない障害では

▷20　**クライエント**
心理士がカウンセリング（心理療法）を行う場合，カウンセリングを受ける人のことをいう。

▷21　**二次障害**
もともとの発達障害（一次障害）をベースに，周囲の無理解などから，心理的な傷つきを重ねて生じた，二次的な問題のこと。精神疾患や不登校など。

ない」，つまり，「発達障害があっても発達する」ということです。発達障害やその傾向がある「気になる子ども」の場合，次節以降にあるように，いろいろな苦手さをもっています。しかし，苦手なことも，少しずつ変化し，できるようになったりと，発達していくのです。一方で，苦手は苦手のままで変化しにくい部分もあります。私たちも，苦手なことの練習を毎日強制されたらいやになりますよね。発達には期待しつつ，苦手なことも受け止めるというバランス感覚をもちたいところです。

2．つまずきの背景を考える──言葉の遅れを例に

　次に，「言葉の遅れ」を例に，表に見える気になる行動は同じでも，その背景はひとつではないということをみておきたいと思います。

　子どもの発達に関して，保護者からの相談でもっとも多いもののひとつが「言葉の遅れ」についてです。とくに，2歳頃になっても有意味語が出ないと，保護者としても子どもの発達が気になり始めることが多いようです。第9章でみてきた通り，2歳までには多くの子どもが有意味語を話せるようになるので，たしかに「2歳」を言語発達のひとつの基準とできそうです。

　さて，言葉の遅れがみられる時，どのように見立てることができるでしょうか。実は，言葉の発達が遅れる理由はひとつではありません。ここでは3つの可能性について考えてみましょう。ひとつ目は，全体的に知的発達がゆっくりであるために，言葉の発達も遅れている可能性です。第1節で学んだ診断基準でいうと「知的障害」に該当します。この場合は，最初から言葉の訓練をするよりも，全体的な発達を促していくような関わりが大切です。

　2つ目は，全体的な遅れではなく，ASDの傾向から言葉の遅れにつながっている可能性です。ASDの特徴として，社会的コミュニケーションの難しさがありました。他者への興味が薄く，やり取りも少ないと，やり取りの道具である言葉の発達も遅れがちです。この場合，あまり目が合わない，自分から人と関わることが少ないなどの特徴がみられるかもしれません。他にも，こだわりや感覚過敏といった特性の有無を観察してみることも大切です。一方，全体的な発達に遅れがないASDであれば，言葉を使わずに目で見てわかるような積木や型はめ，折紙などについては年齢相応にできることもあります。

　そして，もうひとつ覚えておいてほしいのが，じつは聴覚障害がある可能性です。言語発達においては，大人から話しかけられることで発達が促されていきます。そのため，大人の言葉が十分に耳に届いていない

と，子どもは言葉をうまく発達させることができません。このような
ケースでは，聴覚障害に合わせた対応が不可欠ですし，場合によっては
手術を行うことで聴こえるようになり，急激に言語発達が進むこともあ
ります[22]。できるだけ早く気づき，その子にあった関わりをしたいもので
す。言葉の遅れの原因を，すべて知的発達の遅れや ASD だと決めつけ
てしまうと，このような問題に気づくのが遅れてしまうので，聴覚障害
の可能性も忘れずに心に留めておいてください。

　ちなみに，なかなか言葉を話し始めない場合，言葉が生じてくる前の
段階である指さし[23]はしているのか，話しかけられた言葉は理解できてい
るのか，という点を見極めることも大切です。もし，そのような様子が
みられれば，その子の中にやり取りや言葉の力が育ってきていることが
わかり，その後の言葉の発達にも期待ができます。

　このように「言葉の遅れ」ひとつを取り上げても，その背景はさまざ
まです。言葉以外のさまざまな発達の側面について検討することで，こ
の背景の違いに気づく目を養うことができるでしょう。

3．発達の各側面からみた発達障害

　さいごに，発達障害児を理解する上で，これまでの章で学んできた発
達の各側面（身体・運動，アタッチメント，感情・自我，社会性，認知，言語，
遊び）に関する知識が役に立つということを，ASD を例にみていきま
しょう。なお，ASD は第1節でみたように，明確な診断基準をもつひ
とつの診断名ですが，その状態像は人によって大きく異なります。その
ため，これから紹介する例が，ASD のすべての子どもに当てはまるわ
けではないことを知っておいてください。

　まず，ASD の診断基準のひとつに「社会的コミュニケーションおよ
び対人的相互反応による持続的欠陥」がありました。ASD の子どもの
発達過程においては，人の顔を見たり，共同注意[24]をしたり，表情を理解
したりといった，言葉以前の他者とのやり取りの発達が遅れがちです。
また，サリーとアンの課題[25]がわかるようになる時期も遅れるといわれて
います。前項でみたように，やり取りに開かれていないと言葉の発達も
遅れます。また遊びでも，他者との交流がない一人遊びを飽きずに続け
たり，遊び方も，何かを作ったりなりきったりするというよりは，感覚
遊びを飽きずに繰り返していることも少なくありません。そのため，保
育者が ASD 児と関わる際には，その子に合わせて言葉をかけたり，遊
びが広がるように働きかけたりといった積極的な関わりがとくに大切で
す。また，人と関わる力が弱いと，アタッチメントを形成する上でも不

▷22　筆者自身も，多動が
目立ち言語発達が遅れてい
る子で，聴こえの問題が発
覚し，治療を受けることに
より，多動と言語発達が改
善したケースを経験したこ
とがある。

▷23　指さし
詳しくは，第9章第2節第
3項を参照。

▷24　共同注意
第7章第1節第3項を参照。

▷25　サリーとアンの課題
詳細は，第7章第2節第2
項を参照。

利になります。保護者としても，子どもからの反応が乏しいと，親子間のやり取りも少なくなりがちです。そのような意味でも，子どもだけでなく，保護者も支えていくことが重要です。

　なお，知的な遅れがなければ，言葉は一般的なタイミングには遅れながらも発達していき，幼児期にかけて会話自体はできるようになります。それでも，比喩表現や曖昧な表現が苦手で文字通りにしか理解できなかったり，難しい言葉や好きなことの知識は詳しい一方，日常の何気ない言葉の意味を理解できていなかったり，語彙に偏りがあるなど，人と関わる力という点では弱さがみられるところにも特性が感じられます。

　認知的な特性としては，「視覚優位」ということがよく指摘されます。これは言葉で言われること（聴覚）よりも，目で見る（視覚）方がわかりやすいということです。そのため，ASD児への援助では，言葉での指示だけでなく，目で見てわかるような絵カードや写真を使うなど，「視覚支援」を行うことが基本となります。加えて，記憶力が極端によい子も多くいます。このことは長所ではありますが，嫌な記憶がいつまでも忘れられないという大変さにもつながることは，理解しておいてください。

　このように，発達のさまざまな側面について学んでいると，発達障害児の発達のアンバランスさについてもさまざまな側面から検討することができ，その子の発達を促していくことにも役に立つのです。

◆考えてみよう！◆

(1)　これまであなたが出会った気になる子について，まず，それぞれの発達障害の特徴と重なるものがあるかを考えてみましょう。その上で，各章で学んだ発達の諸側面から，その子の得意なことや苦手なことを整理してみましょう。

(2)　下表の左欄は，保育者が使うと，AD/HDの幼児には伝わりにくく反発されやすい言葉の代表的なものです。これらをAD/HDの子どもにも伝わりやすい言葉に言いかえてみましょう。

伝わりにくい言葉	伝わりやすい言葉
例）座りなさい！	イスにおしりとせなかぴったんこできるかな？
① 静かにしなさい！	
② 早くしなさい！	
③ 走らないで！	

▷26　一方で，素直で，ほとんど全然泣かないため，「赤ちゃんの頃は育てやすかった」というケースも少なくないが，いずれにせよ，子ども側からの発信の弱さが背景にある。

▷27　たとえば，「まっすぐ帰りましょう」の「まっすぐ」は「寄り道せずに」という意味だが，言葉通り直線で帰らなければいけないと理解する。事例10-2「恐竜はかせ」のヒカル君の例を参照。

▷28　**視覚支援の例**
一日のスケジュール：一日の活動の流れが目で見てわかるように，文字と絵で示している。次の活動を説明する際には，カードを1枚だけ取り出して見せることもできる。

トイレのスリッパ：どこでスリッパに履き替え，どこに戻せばよいのか床に絵で示すことで見て判断できるようになっている。なお，どちらの例も，ASD児に限らず，すべての子どもにとって理解の助けとなる。

引用・参考文献

・American Psychiatric Association（2013）*Desk Reference to the Diagonistic Criteria from DSM-5*, Arlinton, VA, American Psychiatric Publishing（日本精神神経学会　日本語版用語監修／高橋三郎・大野裕監訳（2014）『DSM-5 精神疾患の分類と診断の手引』医学書院）.

・稲垣真澄・米田れい子（2017）「総論：医療の立場から」『児童青年精神医学とその近接領域』第58巻，第 2 号，205〜216頁。

・岩坂英巳・松浦直己・八木英治・前田由美子・根津智子（2010）「教師版SDQ を用いた 4‒5 歳児の特別な支援のニーズ調査——地域と連携した特別支援教育早期支援の取り組みの出発点として」『教育実践総合センター研究紀要』第19号，113〜117頁。

・かなしろにゃんこ（2009）『漫画家ママのうちの子は ADHD』講談社。

・倉澤茂樹・立山清美・岩永竜一郎・大歳太郎・中谷譲・横井賀津志（2019）「日本における自閉症スペクトラム障害の診断年齢」『保健医療学雑誌』第10巻，34〜41頁。

・滝川一廣（2017）『子どものための精神医学』医学書院。

・中井昭夫編著（2022）『イラストでわかる DCD の子のサポートガイド——不器用さがある子の「できた」が増える134のヒントと45の知識』合同出版。

・東田直樹（2007）『自閉症の僕が跳びはねる理由』エスコアール。

・本多秀夫（2017）『自閉スペクトラム症の理解と支援』星和書店。

・宮川充司（2014）「アメリカ精神医学会の診断基準 DSM-5——神経発達障害と知的障害，自閉症スペクトラム障害」『椙山女学園大学教育学部紀要』第 7 号，65〜78頁。

・森則夫・杉山登志郎・岩田泰秀編（2014）『臨床家のための DSM-5 虎の巻』日本評論社。

・文部科学省（2012）「通常の学級に在籍する発達障害の可能性のある特別な教育的支援を必要とする児童生徒に関する調査結果について」（https://www.mext.go.jp/a_menu/shotou/tokubetu/material/__icsFiles/afieldfile/2012/12/10/1328729_01.pdf　2022年 7 月23日アクセス）。

コラム 乳幼児と記憶

心理学ではさまざまな心の機能について扱いますが、「記憶」もそのひとつです。日常生活の中で「記憶」というと、何かを覚えることや暗記することをさしますが、心理学では「覚える（記銘）→残す（保持）→思い出す（想起）」という3段階で考えます。

また、一口に記憶といっても、いくつかの種類に分けることもできます。時間の長さで分けると、覚えている時間が短い順に「感覚記憶」「短期記憶」「長期記憶」の3つです。感覚記憶は、何気なく視界に入ったものや聞こえてきた音に対する記憶で、意識しなければ数秒で思い出せなくなります。短期記憶とは、その場で覚えて忘れる数十秒程度の記憶です。長期記憶は、半永久的に覚えており、容量限界もない（覚えすぎてこれ以上覚えられなくなることがない）といわれています。ただし、半永久的に覚えているといっても、きっかけがなければ思い出せないことも多いです。長期記憶をさらに分けると、知識などの「意味記憶」（例：りんごは赤い）、思い出のような「エピソード記憶」（例：昨日の朝、りんごを食べた）などがあります。これらの記憶の内容は言葉で説明することができますが、泳ぎ方や自転車の乗り方のように、必ずしも言葉では説明できないけれども身体が覚えているという「手続き記憶」もあります。

記憶の有名な実験としては「系列位置効果」に関するものがあります。「チム」「ニヘ」「アモ」など無意味語を順番に提示され、どの言葉を覚えているのかを調べる実験です。実験の結果、提示された言葉のうち、はじめ

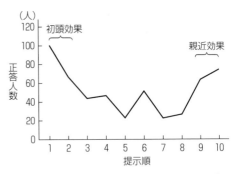

図　系列位置効果の実験結果の一例（N＝137）
出典：筆者作成。

と終わりにある言葉を覚えている場合が多いことがわかっています（図）。はじめの方をよく覚えていることを「初頭効果」、終わりの方をよく覚えていることを親近効果といいます。覚え方もいくつかあり、繰り返し口に出したり書いたりして覚えることを「維持リハーサル」、語呂合わせのように意味づけたり、何かと関連づけたり（例：アモ→イタリア語の"アモーレ"に似ている）して覚えることを「精緻化リハーサル」といいます。これらのことから、子どもに話をする際には、大事なことは最初と最後に伝える、復唱してもらう、語呂合わせで教える、などの工夫ができそうですね。

もうひとつ、子どもの記憶について気をつけたいのは、耳で聞いた言葉を覚えること（聴覚記憶）が得意な子もいれば、目で見て覚えること（視覚記憶）が得意な子もいるということです。その子の記憶の特性を意識して、伝え方を工夫してみてください。

（原口喜充）

第11章
虐待から考える発達

　子ども虐待が増え続けるのはどうしてなのでしょうか。本章では，子どもの虐待について発達との関連をテーマに学んでいきます。第１節では，虐待とマルトリートメントについて，第２節では，虐待やマルトリートメントが子どもの発達に与える影響について，第３節では，虐待予防や虐待からの回復など，子どもにとって安全・安心な環境をつくり，子どもが幸せな生活を送るために保育者が取り組むべきことについて考えていきましょう。

1　子ども虐待とは

１．保育の場で出会う子どもたち

　保育の場には，さまざまな家庭環境の子どもたちがやってきます。まず３人の子どもたちの事例をみていきましょう。

> 【事例11-1】笑わない１歳児のともちゃん
> 　ともちゃんは１歳になる直前に保育園に入園しました。母親は重度のうつ病を患っており，児童相談所からは，入園前までは，ほとんど家にこもりっぱなしで過ごしていたと聞いています。入園当初のともちゃんは，まだお座りもハイハイもできませんでした。そして先生たちがもっとも心配したのは，ともちゃんが笑わないことでした。子どもらしい表情がなく，ぼんやりとどこかを見ており，視線が合いません。先生たちに抱っこされあやされても，無表情です。まわりのおもちゃへ興味も示さないので，先生たちは，ともちゃんは自閉症なのではと心配をつのらせました。しかし，通園して３か月が過ぎるころには，視線が合うようになり，笑顔を見せるようになってきました。

　第５章でみたように，１歳になるまでの発達においては，**アタッチメントの形成**がもっとも重要な課題です。この事例では，まさにその時期に，母親が赤ちゃんのさまざまな欲求に応じることができていないため，ともちゃんのアタッチメントの形成が不安定であることが考えられそうです。十分な世話を受けられていないことは，「**ネグレクト**」という虐待のひとつです。ともちゃんは，ネグレクトの状態にあったことで，運動発達の遅れや，目が合わない，無表情などのコミュニケーションや社

▷1　アタッチメントに関しては第５章を参照のこと。

会性の発達にとても心配な様子がみられていたのです。しかし適切な働きかけのある環境に身をおくことで，ともちゃんの発達は進み始めたのです。

> **【事例11-2】突然暴力をふるう年中組のなおちゃん**
>
> 　なおちゃんは，この春から年中組です。まわりの子どもたちが成長し落ち着いて園生活を送る中，なおちゃんの気分の波の不安定さや，たびたびの衝動的な行動がとても目立つようになってきました。昨日は，年少組のお友だちが持っていたおもちゃを突然取り上げ，その子が泣くと，叩いたり蹴ったり，激しく暴力をふるいました。先生たちは，なおちゃんを厳しく叱るのですが，そうなると急に目つきが変わり「ぶっ殺してやる，死んでやる」と叫んで暴れ続け，対応が大変になることが最近増えています。
>
> 　じつは，なおちゃんの両親は数か月前に離婚したところで，**DV**（家庭内暴力）があり，母親は父親から長らく暴力を受けていたということです。

▷2　DV
DVとはドメスティック・バイオレンス（Domestic Violence）の略であり，配偶者やパートナーからの暴力をさす。

　なおちゃんの気分の波の不安定さや衝動的な行動は，第6章でみた，情動調整の発達がうまく進んでいないことと関係があると思われます。情動調整はアタッチメントを基盤に発達すると学びました。おそらく，なおちゃんが赤ちゃんの頃から，母親は父親（夫）からDVを受けていたのではないかと予想されます。夫婦間のDV場面をなおちゃんは頻繁に見たり，あるいは，もしかするとなおちゃん自身も暴力を受けていたかもしれません。DVを見せることは**心理的虐待**です。やっと最近離婚が成立し，母親は暴力を受けることはなくなり，これで安全になったと思いました。けれども，子どもの行動を見ると，これまでの環境の中で受けてしまったマイナスの影響は，たとえ今安全な環境に身をおいたからといって，すぐに消えるものではなく，根深く，長らく続くことになる可能性があるのです。

▷3　心理的虐待
子どもの前で激しい夫婦間の暴力を見せることを，「面前DV」といい，心理的虐待のひとつとして児童虐待防止法にも定められている。

> **【事例11-3】とてもよい子の5歳児ゆうきちゃん**
>
> 　ゆうきちゃんは4月生まれで，とてもしっかりした5歳児です。家庭は教育熱心で，ゆうきちゃんは幼稚園が終わった後，毎日習い事に行っています。そして，私立の小学校を受験するために塾にも行っています。最近クラスではお友だちの靴が隠されたり，制作の作品が壊されたりするなど，気になることが増えていました。いろいろと調べた結果，それをしているのはゆうきちゃんだということがわかってきました。どうしてそんなことをしたのか先生たちが聞いても，黙って何も言いません。お母さんにそのことを話すと，「信じられません」と怒り出し，先生たちの目の前でゆうきちゃんを激しく叱責し始めました。

　ともちゃん，なおちゃんの家庭と比べると，ゆうきちゃんの母親は子

どもに手をかけ，教育熱心で，まったく虐待には関係がないようにみえます。しかし，子どもは家庭の環境から大きなストレスを受けており，それがゆうきちゃんの問題行動になって現れていると考えられそうです。養育者は教育やしつけのためと思ってやっていることでも，子どもにとって有害で不適切な行為は「マルトリートメント」と呼ばれ，目には見えにくくても，子どもたちの心を傷つけ，マイナスの影響を与えてしまうのです。

2．虐待，マルトリートメントとは

虐待とは，「児童虐待防止法」によると次の４つと定義されています。[4]
①身体的虐待，②性的虐待，③ネグレクト，④心理的虐待

こうした重篤な虐待に至らなくても，子どもへの不適切な関わりも，子どもにダメージを与えることがわかってきました。それにともない「**マルトリートメント**」という概念が広がってきています。

マルトリートメントとは，1980年代以降，アメリカで広がるようになった虐待も含めた「大人の子どもに対する不適切な関わりを意味するより広い概念」です。日本語では「不適切な養育」と訳されています。小児神経科医の友田明美は，「この考え方では，加害の意図の有無に関係なく，子どもにとって有害かどうかだけで判断される。明らかに心身に問題が生じていなくても，つまり目立った外傷や精神疾患が無くても，行為自体が不適切であればマルトリートメントと考えられる」（友田，2017）といいます。

先ほどのなおちゃんの父親は，「言ってもわからないのなら身体で痛みを覚えるしかない，痛くないように手加減して叩いている」と言っていました。ですがこれもマルトリートメントです。けんかも人間関係の勉強だと言って子どもの前で夫婦の激しい口論を見せるのも，マルトリートメントです。また，ゆうきちゃんの母親は子どものためにと，時には深夜まで，正解できるまで勉強させていました。これもマルトリートメントです。いずれも，子どもにとって有害であるということなのです。

頼りとする大人から，叱責され，否定され，父親（母親）の悪口を聞かされ，親の期待に応えなければダメだと言われ続けたら，子どもたちはどうなるでしょう。子どもは自分の力ではそこから逃れられず，苦痛を取り除けないのです。すると，自分はダメな子なのだと思ったり，何をしても無駄だと思い意欲が出なくなっていくかもしれません。落ち着きがなくなっていくかもしれません。もっともっといい子になろうとし

▷4　**児童虐待防止法による虐待の定義**
正式名称「児童虐待の防止等に関する法律」（2000年公布）における児童虐待の定義は次の４つ。①身体的虐待：児童の身体に外傷が生じ，または生じるおそれのある暴行を加えること，②性的虐待：児童にわいせつな行為をすること，または児童をしてわいせつな行為をさせること，③ネグレクト：児童の心身の正常な発達を妨げるような著しい減食，または長時間の放置その他の保護者としての監護を著しく怠ること，④心理的虐待：児童に著しい心理的外傷を与える言動を行うこと。

て本音を隠してしまうかもしれません。そして，養育者の前ではいい子でも，園や学校でさまざまな問題行動が現れてくることになるのです。

3．虐待をめぐる近年の社会動向

①体罰禁止の法制化

　厚生労働省が発表した2020（令和2）年度の児童相談所の相談対応件数は20万5,044件となりました。法律の施行後も増加の一途です。児童虐待を止めるための世界の動きをみると，法律で体罰を禁止した国々は確実に虐待を減らしています[5]。現在63か国が子どもへの体罰を法的に禁止しており，日本もようやく2020年4月に世界で59番目の体罰全面禁止国になりました。1979年に世界で初めて体罰を禁止したスウェーデンは，法制化前の1960年代には，しつけに体罰を使う人が100％近くいましたが，2018年にはほんの数％となっています[6]。子どもへの体罰は不要という考え方の啓発活動も活発に行われてきました。体罰禁止の法制化と啓発活動を並行して行うことがもっとも虐待を減らすと指摘されています。法規制をせずに啓発活動だけでは虐待の大幅減少にはつながらないという報告がされています。日本でも法制化とともに，厚生労働省が2020（令和2）年度に「体罰等にたよらない子育てのために」というパンフレット[7]を作成し啓発活動に乗り出しました。

②日本の体罰容認意識は変わってきたのか

　セーブザチルドレン（2021）は，日本の体罰禁止の法制化前後に，大人2万人を対象とした体罰容認意識の全国調査をしました（図11-1）。体罰を容認する人の割合は，2017年から2021年にかけて約6割から約4割へ減少しました。意識が変わった人では，「虐待などのニュースを見たから」「体罰等が子どもに与える影響を知ったから」という回答が多かったので，啓発活動の効果があるのだと思われます。しかし，性別では男性の方が，年代では40代〜50代に容認する傾向が依然として高いこともわかりました。

　2022年6月22日「**こども基本法**[8]」が制定されました。また，**民法の「懲戒権」**[9]の規定も，ようやく削除が実現しました。

　日本の社会が，子どもの権利を尊重し，子どもの最善の利益を考える社会に変わっていくように，これから私たち保育を学ぶ者一人ひとりも自分に何ができるのかを考えていかなければならないと思います。

▷5　セーブザチルドレンホームページ「どうなる？子どもへの体罰禁止とこれからの社会」（https://www.savechildren.or.jp/lp/banningphp5/）を参照。

▷6　詳細は，セーブザチルドレン（2009）「子どもに対する暴力のない社会を目指して体罰を廃止したスウェーデン35年の歩み」（https://www.savechildren.or.jp/scjcms/dat/img/blog/1713/1412921460115.pdf）を参照。

▷7　・令和2年度「体罰等によらない子育てのために〜みんなで育児を支える社会に〜」ポスター・パンフレット・リーフレット（https://www.mhlw.go.jp/stf/seisakunitsuite/bunya/kodomo/taibatu.html）
・令和3年度「たたかれていい子どもなんて，いないんだよ。」啓発サイトおよびポスター・リーフレット・パンフレット（https://www.mhlw.go.jp/no-taibatsu/）
（いずれも，2022年8月4日アクセス）

▷8　**こども基本法**
子どもの権利条約の一般原則である，差別の禁止，子どもの最善の利益の優先，生命・生存・発達の権利，子どもの意見の尊重などの重要子どもの権利が明記された，子ども政策の包括的な基本法。

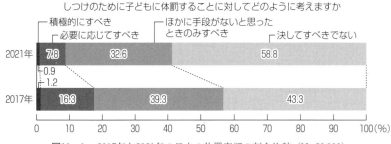

しつけのために子どもに体罰することに対してどのように考えますか

図11-1　2017年と2021年の日本の体罰容認の割合比較（N=20,000）

出典：セーブザチルドレン（2021）をもとに筆者作成。

2 虐待やマルトリートメントが与える子どもの発達への影響

1．虐待の後遺症はアタッチメントのゆがみと慢性のトラウマ

　杉山（2013）は「子ども虐待とは，端的に表せば，『アタッチメント（愛着）形成の障害と慢性の**トラウマ**』である」と明言しています。ここでいうアタッチメント形成の障害とは，「**アタッチメント（愛着）障害**」です。慢性のトラウマとは，「反復してトラウマにさらされるという複雑性トラウマ」のことであり，その「後遺症に相当する病態」が，「**解離性障害**」や「**複雑性PTSD**」です。少し難しいですが，これらは「子ども虐待の多彩な症状の中核をなすもの」であるので解説していきましょう。

①アタッチメント障害（愛着障害）

　発達の早期に極端なネグレクトが続き，まったく世話をされなかったり，養育者が次々と変わってしまい特定の大人との継続したアタッチメント形成の機会を奪われたような場合に，アタッチメント障害（愛着障害）に陥ります。アタッチメント障害は２種類あり，診断名については変遷がありますが，ここではわかりやすさを優先して，ひとつ目を「反応性アタッチメント障害」，もうひとつを「脱抑制型アタッチメント障害」とします。

▶反応性アタッチメント障害（反応性愛着障害）
　DSM-5の診断基準では，およそ次のようなことが書かれています。

▷9　民法の「懲戒権」
親の子どもに対する懲戒権は，基本的親子関係について定める民法で「（懲戒）第822条　親権を行う者は，第820条の規定による監護及び教育に必要な範囲内でその子を懲戒することができる」と規定されていた。これが体罰を容認することにつながってきたとして長らく議論されてきたが，2022年12月の法改正でこの条文は削除，新たに子の人格の尊重等に関する条文が加えられ「体罰その他の子の心身の健全な発達に有害な影響を及ぼす言動をしてはならない」と明記された。

▷10　トラウマ
肉体や心に受けたダメージによって引き起こされる心的外傷のこと。

> 1. 苦痛な時でも，めったに大人の養育者に対して安心を求めないし，安心した反応をしない。
> 2. 人との交流や感情表現が希薄，嬉しい，楽しいといった感情も希薄，大人の養育者との間で威嚇的交流がなくても，恐怖，悲しみ，いらだたしさなどのエピソードがみられる。◁11

▷11　ここでは『DSM-5 精神疾患の分類と診断の手引』（2014）137頁の診断基準Ａ，Ｂをわかりやすい言葉で言いかえてある。

　つまり，子どもが周囲への関心をまったく失ったかのように見える状態です。本来，不快を感じた時に養育者に安全と安心を求めて子どもはくっつくというアタッチメント行動をとりますが，そうした反応がまったくなくなり，感情の表出も見られなくなるのです。一見するとアタッチメントの問題ではなく，重度の自閉症の子どもの様子ととても似ています。本章の冒頭に登場した"ともちゃん"が，まさに，反応性アタッチメント障害の状態を示していたといえます。

▶脱抑制型アタッチメント障害（脱抑制型愛着障害）
　一方，脱抑制型の診断基準では，およそ次のようなことが２つ以上みられると書かれています。

> 1. 見慣れない大人に積極的に近づき交流することへのためらいがない。
> 2. 馴れ馴れしい身体接触や，言葉での交流があり年齢相応の社会規範を逸脱している。
> 3. 見慣れない大人にためらいもなく進んでついていこうとする。
> 4. 不慣れな状況でも，養育者を振り返って確認することがない。◁12

▷12　現在 DSM-5 では，この障害の診断名は「脱抑制型対人交流障害」となっている。ここでは『DSM-5 精神疾患の分類と診断の手引』（2014）138頁の脱抑制型対人交流障害の診断基準Ａをわかりやすい言葉で言いかえてある。

　こちらは，特定の愛着対象とのアタッチメント形成がなされない結果，だれかれかまわずくっつき，べたべたとなれなれしくする行動がみられるという状態です。そして，AD/HD と間違えるような多動，衝動性の高さ，集中の困難がみられることが多いのです。
　反応性アタッチメント障害とは一見正反対の反応です。しかしこの２つの障害には共通点があります。それは，安心・安全を求めて適切に行動ができない，つまり自分の身を自分で守ることができなくなるということです。そして人との関係性の中で発達を遂げる人間の子どもにとって，人生の出発時点で安定した人との関係がもてないということは，それ以降のさまざまな発達が阻害され，ゆがめられていくということです。

②解離性障害

　非常に激しい苦痛をともなう体験をした時，私たちの脳には，自分の身を守り生き延びるための安全装置が働くようになっています。それは耐え難い苦痛を，感じる，認識する，覚えているといった意識をいったん心身から切り離してしまう仕組みです。これを「解離」といいます。電気を使いすぎると，家のブレーカーが突然落ちてしまって真っ暗になった経験はありませんか。心にも耐えられる容量を超えるとブレーカーが落ちてしまう仕組みが備わっているのです。地震や火事から必死で逃れて一命をとりとめた人が，その時どうやって逃げたのかまったく覚えていない，ということは珍しくありません。記憶の一部が解離されるのです。日常的に暴力を受けている子どもが殴られても平気な顔をするのは，痛みの感覚を解離させればその時の苦痛を感じなくて済む，という脳の安全装置が働いて，そのようになってしまうのです。

　これは必死に逃げ延びる時には役に立つ仕組みなのですが，性的虐待のように日常的に耐えがたい怖い苦痛が続く環境に子どもが置かれ続けるとどうなるでしょう。子どもの記憶や感覚や意識はとぎれとぎれでつながらなくなり，バラバラになっていってしまいます。ひどい時には，自分の中にその時その時の状況に対応する部分的な自分ができてしまい，お互いが厚い壁にさえぎられて意思疎通できなくなってしまうため，自分が知らないところで何かをしている自分がいるという状態，いわゆる多重人格（**解離性同一性障害**▷13）になってしまうこともあります。

　また，解離した記憶は，突然よみがえってきます。これを「**フラッシュバック**▷14」といいます。冒頭に登場した"なおちゃん"が，小さい子とおもちゃの取り合いをして突然キレて，激しく暴れ，目つきが変わり，ぶっ殺してやると言っていた状態は，フラッシュバックです。過去に父親が母親に DV をしていた場面や自分が受けていた暴力場面のトラウマ記憶につながっていると思われます。

③複雑性 PTSD

　PTSD▷15 とは「心的外傷後ストレス障害」のことです。**複雑性 PTSD**▷16 というのは，1回限りの苦痛から生じたものではなく，激しい苦痛を継続的に繰り返し受け続けた時に生じ，症状が多岐にわたります。トラウマにさらされた後は，過覚醒で眠れなくなったり，フラッシュバックや悪夢を見るような記憶の侵入が頻繁にあったりします。トラウマ記憶を思い出させる場所や状況を回避しようとすることもみられます。それだけではなく，なおちゃんのように，気分の波が激しくなり，非常に不安定

▷13　**解離性同一性障害**
一般的に「多重人格」と呼ばれるが，DSM-5 での医学的な診断名は解離性同一性障害である。

▷14　**フラッシュバック**
過去のトラウマ記憶を思い出させるきっかけによって，突然記憶がよみがえってきて，あたかも今体験しているかのような再体験をする現象のこと。

▷15　**PTSD（心的外傷後ストレス障害）**
Post Traumatic Stress Disorder の略。死の危険に直面するなどつらい体験をした後，その記憶が自分の意志とは関係なく突然思い出されたり，悪夢に見たりすることが続く。

▷16　**複雑性 PTSD**
文中の下線部は，DSM-5 による診断基準である。

な状態が続いていきます。親に言われ続けたことを取り入れてしまうために，自分は悪い子だ，ダメなやつだとどうしても思えてしまい，年齢が上がると自分を傷つける行動（自傷行為や物質依存，関係依存など）に発展していくこともあります。こうした PTSD 症状は，トラウマとなっている出来事の渦中にいる時には出てきません。危険な状況下では，ただただ生き延びるのに必死になっているからです。なおちゃんのお母さんが離婚して暴力を受け続ける環境から逃れて安全になった後に，なおちゃんのキレる状態が激しくなったのは，まさに，安心して初めてこうした症状を出せるようになったということなのです。

2．子どもの脳に及ぼすダメージ

　虐待，マルトリートメントが子どもに及ぼすダメージを脳研究から科学的に立証し，マルトリートメントが子どもの脳を傷つけていることを脳画像で鮮明に示したのが友田明美です。ここからは，友田（2012）をもとにしながら，虐待，マルトリートメントが及ぼすダメージを脳から理解していきましょう。

　友田の研究からわかった子ども時代の虐待が脳に及ぼす影響を図示したのが図11 - 2 です。まず，子ども時代に長期間，継続的に過度な体罰（4～15歳の間に平均 8 年 6 か月）を受けた23名と，過度の体罰以外の条件を一致させた体罰を受けていない対照群22名の脳の比較を行ったところ，過度の体罰を受けた人たちの前頭前野の容量が減少していることがわかりました（下線筆者，以下同）。つまり過度の体罰という子ども時代のトラウマが感情や理性，物事の認知をつかさどる前頭前野の発達に影響を及ぼしていることがわかったのです。次に，子ども時代に親から暴言虐待を受けた21名と対照群19名の比較検討を行った結果，聴覚性言語中枢があるとされる左上側頭回の容積増加が認められました。「親から日常的に暴言や悪態を受けてきた被虐待児たちにおいては，聴覚野の発達に影響が及んでいる」ことが明らかになりました。また，子ども時代に性的虐待を受けた女子大学生23名と対照群14名の脳形態を比較検討したところ，後頭葉の視覚野の容積減少が認められました。さらに，11歳以前に性的虐待を受けた期間が長いほど視覚野の容積が小さくなるということもわかりました。同様に，子ども時代に両親の DV を目撃した群と対照群の比較を行ったところ，視覚野の容積の減少が大きかったのです。最後に，児童精神科病棟に入院するネグレクトを受けた子ども28名と対照群115名で比較検討したところ，右脳と左脳をつなぎ情報をやりとりするのに重要な役目を担う脳梁のサイズが小さいことがわかりました。

▷17　この研究ではアメリカの18～25歳の一般市民男女1455名の発達や脳の詳細な情報の中から，各虐待条件に合った男女を選び，虐待以外の条件を一致させた健常な対照群とを比較対照するという方法をとっている。

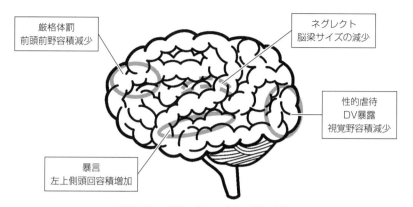

図11-2　虐待によって生じる脳の変化
出典：友田（2012）をもとに筆者作成。（イラスト：林茉奈）

　こうした虐待による脳の変化は，「危険に満ちた過酷な世界の中で生き残り」，「不利な環境に対応する」ための悲しい「適応」であるといえるのではないかと考えられています。

3．子ども虐待が生む「発達性トラウマ」

　ここまでみてきたように，子ども時代の虐待という長期にわたるトラウマは，脳の多くの場所に変化を生じさせながら，さまざまな発達をゆがめていきます。たとえば，情動調整がうまくできなくなり気分の障害を抱えたり，怒りや攻撃性がコントロールできなくなり暴力行為を止められなくなったり，多動衝動性の抑制が効かなくなったり，度重なるフラッシュバックに耐えられず物質依存に陥ったり，性的逸脱行動を繰り返したりなど，さまざまな非社会的・反社会的行動につながっていきます。このように子ども時代の虐待やネグレクトにより多様な症状が形成されていくことを，ヴァンデアコーク（van der Kolk, B.）は「**発達性トラウマ障害**」（図11-3）としてまとめました（van der Kolk, 2005）。被虐待児は，大人になっていくにつれてさまざまな精神疾患を発症し，社会生活においてますます不利な立場に追い込まれていくことになります。さらに，子ども時代の逆境体験が身体疾患のリスクも高め，寿命さえ縮めることも ACE 研究（ナカザワ，2018）により明らかになっています。

　だれもが健康で幸せな人生を送れるようにするためには，なによりも，子ども時代の虐待，マルトリートメントを止めなければなりません。

▷18　**発達性トラウマ障害**
子ども時代の虐待やネグレクトによって引き起こされる多岐にわたる症状の様相を診断し治療するための包括的で適切な診断名が存在しなかったため，ヴァンデアコークが提唱した診断名。情動調整，衝動の制御，注意と認知，解離，対人関係，自己価値などの発達の諸側面に関し，慢性的で深刻な問題が生じる。現在の診断基準では時を経るうちに多くの併存障害の診断を受けることになってしまうのである。

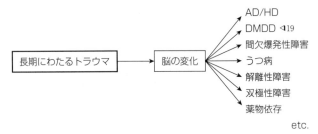

図11-3　ヴァンデアコークによる発達性トラウマ障害
出典：van der Kolk（2005），杉山（2019）をもとに筆者作成。

3　子どもたちを虐待やマルトリートメントから守るために

1.　世代間連鎖はなぜ生まれるのか

　虐待は世代を超えて連鎖するといわれますが，なぜそうなるのでしょうか。マルトリートメントや虐待を受けると，アタッチメントの障害と複雑性トラウマ症状が多様にみられるようになりました。そして，大人になるにつれてそれが多くの身体疾患，精神疾患に結びつくリスクが高まりました。その人が幸い結婚して子どもをもっても，養育者としての機能を果たすことができなければ，今度は自分が子どもにネグレクトや暴力を行うことになってしまいます。そうしてマルトリートメントを受けた子どもが大人になっていくと……連鎖が続いていくのです。図11-4を見ると連鎖の仕組みが見えてきます。

　養育者の養育がまったく機能不全に陥っている場合，子どもの健全アタッチメント形成のためには，安全な環境で育つことの保障として，社会的養護で育てることが不可欠となるでしょう。この視点から現在，社会的養護では里親養育が推進されています。

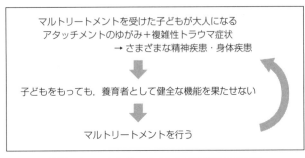

図11-4　マルトリートメントの連鎖のモデル図
出典：筆者作成。

　しかし，マルトリートメントを行ってしまう多くの養育者は家庭養育をしています。保育の現場で出会う家庭や保護者もほとんどこうした保護者です。保育者は，養育者がマルトリートメントに陥ることなく子育てに自信がもてるように支援していくことが求められます。

2．養育者を支援することの重要性

　子ども時代に虐待を受けた被害者が養育者になった時に，子どもに虐待をしてしまう割合は 3 分の 1 だといわれています。普段は問題ないがストレスが高まった時に虐待する養育者も 3 分の 1，残りの 3 分の 1 は虐待しないと報告されています（Oliver, 1993）。「虐待してしまう親」は，自分もかつて虐待を受け，逆境で育ちながらもなんとか生きぬいてきた"サバイバー"が多いのです。友田は「この"サバイバー"の方々に敬意を払い，そしてその方が"子どもだった過去"と"親になった現在"の状況や心の在りように思いを馳せながら接すること，すなわち養育者支援が重要である」と言います（友田，2017）。

　"子どもだった過去"への支援は，複雑性 PTSD や解離性障害，アタッチメントの障害などへのトラウマ治療を含む関わりが求められ，そこには，医療・心理・福祉・司法等々さまざまな専門家の力が必要となります。保育者が直接この治療に携わることは稀かもしれませんが，傷ついて泣いている子どもの頃の自分を心の中に抱えている人なのかもしれない，という視点をもつことは，**保育者の行う保護者支援**[20]に役立つことでしょう。一方，こうした人に出会う時，"親になった現在"に対して，保育者はより力を発揮して支援することができます。保護者が日々の暮らしの中で，子どもとのよりよい関係を築き，"親になった現在"の自分に「自信」をもてるように支援していくことです。自分が適切にしつけられず，適切な環境を整えてもらえなかった人たちにとっては，具体的な子どもとの関わり方やしつけの方法を新たに学ぶ機会が必要になります。

　子どもたちを尊重しながら**しつけをするプログラム**[21]は，世界中で多く開発されています。効果が検証されているプログラムとして，「前向き子育てプログラム：トリプル P」や，「PCIT（親子相互交流療法）」などがあります。また，アタッチメントの健全な形成に焦点をあてた心理教育プログラム「安心感の輪子育てプログラム（COS-P）」や，トラウマについて理解して関わるという視点から生まれた「CARE プログラム」などもあります。保育者が行う保護者支援のスキルを高めるためにも，ぜひこのようなプログラムを保育者自身が学ぶことを勧めたいと思いま

▷20　**保育者の行う保護者支援**
児童福祉法および保育所保育指針では，「保護者」「保護者支援」という言葉が用いられるため，保育者の行う養育者への支援は，「保護者支援」と表記する。

▷21　**しつけに関するプログラム**
「前向き子育てプログラム：トリプル P」はオーストラリアで開発された，親子のよりよい関係づくりと前向きな行動を前向きに支援することで問題を予防することに力点を置くプログラムで，世界25か国以上で実施されている。「PCIT」は，親子の遊び場面に直接介入して子育てスキルをコーチしていく個別支援プログラムとなっている。この 2 つは，子どもの行動改善や親の子育てスキルの向上や自信の向上などへの効果が検証されている。

す。保護者のためには，身近な場所で気軽に自分に合ったプログラムや子育て法を学ぶ機会が多く提供されることが，今後ますます求められていくことになるからです。

3．安心・安全な保育環境で子どもたちを育むために

　家庭と同様に，保育園で長い時間を過ごす子どもたちにとって，保育園が安全で安心できる場であること，自分が尊重される場であることは，何よりも重要なことです。保育の場が，子どもたちへマルトリートメントを行う場になるようなことは，決してあってはなりません。では，そのために，保育者が考えるべきことはどのようなことでしょうか。

　保育者と子どもの間に安定したアタッチメント関係を築き，保育者を安心の基地として展開する毎日の生活が欠かせないのです。安全で安定した生活環境の中で，子どもたちが発達に応じて十分に遊べるようにすることが何より求められます。一人ひとりの子どものよさに注目して，それをほめて伸ばしていく言葉かけも重要です。

　本章で学んだことをもとに，みなさんならどのようなことを意識して保育を行っていくか，子どもの年齢も考えながら具体的にどのようにするのかを，ぜひ自分の言葉で考えてみてください。

◆考えてみよう！

(1)　子育て支援プログラムとして紹介したプログラムについて，ホームページなどを利用して調べ，調べたことをお互いに発表し合いましょう。
　　・前向き子育てプログラム：トリプルP
　　・PCIT（親子相互交流療法）
　　・安心感の輪子育てプログラム（COS-P）
　　・CARE プログラム
(2)　1冊の本をみんなで分担し，それぞれが自分の担当箇所をまとめて報告し合い，読み終える手法を，ジグソーパズルのピースを集めてひとつの絵を完成させることにたとえて「ジグソー」といいます。この「ジグソー」の手法で，友田明美『脳を傷つけない子育て──マンガですっきりわかる』（2019，河出書房新書）を，クラスやゼミのみんなで分担し，自分の担当部分をパワーポイントなどにまとめ，発表し合いましょう。

引用・参考文献
・Van der Kolk, B.（2005）"Developmental trauma disorder," *Psychiatric Annuals*, 35（5）, pp. 401-408.
・Oliver, J. E.（1993）"Intergenerational transmission of child abuse: raise, research, and clinical implications," *The American Journal of Psychiatry*,

150(9), pp. 1315-1324.

・厚生労働省ホームページ「体罰等によらない子育てのために——みんなで育児を支える社会に」(https://www.mhlw.go.jp/stf/seisakunitsuite/bunya/kodomo/taibatu.html　2022年7月20日アクセス)。

・杉山登志郎（2013）『子ども虐待への新たなケア』学研。

・杉山登志郎（2019）「複雑性 PTSD への簡易トラウマ処理による治療」『心身医学』第59巻第3号，219〜224頁。

・セーブザチルドレン（2021）「子どもに対するしつけのための体罰等の意識・実態調査結果報告書——子どもの体やこころを傷つける罰のない社会を目指して」(https://www.savechildren.or.jp/news/publications/download/php_report202103.pdf　2022年7月20日アクセス)。

・セーブザチルドレンホームページ「どうなる？　子どもへの体罰禁止とこれからの社会」(https://www.savechildren.or.jp/lp/banningphp5/　2022年7月20日アクセス)。

・友田明美（2012）『新版　いやされない傷——児童虐待と傷ついていく脳』診断と治療社。

・友田明美（2017）「マルトリートメントに起因する愛着形成障害の脳科学的知見」『予防精神医学』第2巻第1号，31〜39頁。

・ナカザワ，D. J. ／清水由貴子訳（2018）『小児期トラウマがもたらす病——ACE の実態と対策』パンローリング。

・日本精神神経学会　日本語版用語監修／高橋三郎・大野裕監訳（2014）『DSM-5 精神疾患の分類と診断の手引』医学書院。

コラム　少年院・少年鑑別所からみた幼児期に大事な3つのこと

　私はこれまで，心理職として少年鑑別所や女子少年院で勤務し，多くの非行少年・少女と出会ってきました。「非行少年」というと，悪人かのように思えてきますが，赤ちゃんの頃から非行をする子はいません。失敗体験を重ね，社会にうまく適応できなかった結果，非行に至るのです。このコラムでは，私が非行少年・少女たちに，幼児期に経験しておいてほしかったことを書いてみます。

　ひとつ目は，「適切なしつけを受ける」です。適切なしつけは，子どもが自分の行動や感情をコントロールする素地になります。非行少年たちは，行動や感情をコントロールすることが苦手です。そのために，トラブルをおこし，学校や職場からドロップアウトした末に，非行に至ります。少年院に来てからも，ルールを守ることの大切さを繰り返し伝えますが，10代後半になって，幼児期に受けるはずだった「適切なしつけ」を体験し直すのは，とても大変です。幼児期なら，やってよいこといけないことの区別を安全に学ぶことができるはずです。

　2つ目は，「発達特性に合った関わりや支援を受ける」です。非行の背景には，発達の遅れや障害が隠れていることがあります。私は少年鑑別所で，割り算や分数の計算ができず，適切な援助を一切受けてこなかった子に多く出会いました。この子たちは，日々の学校生活の中で失敗体験を繰り返し，自信を失っていました。非行は，失った自信を取り戻すための間違った行動のようでした。だからこそ，幼児期のうちに発達の遅れや障害に気づき，その子の力が発揮されるような支援を行ってほしいと思います。

　3つ目に，何よりも「愛されること」が大切だと感じます。たとえ一度は非行に走ってしまったとしても，少年院で反省する中で愛された経験を思い出すことができれば，立ち直るための大きな原動力になります。

　この3つは，普通のことではありますが，そうした「普通のこと」を知らずに育ったのが非行少年です。少年院に来た子たちがおこした事件は肯定できないものの，一方で，この子たちは誰からも理解してもらえず，社会に居場所が得られなかったのだと感じます。未来を担う子どもたちが，社会の中で生きる人としての土台作りを行うのは，きっと保育の場です。保育はじつは，未来の非行を防いでいるのかもしれません。

（交野女子学院法務技官　藤原歩惟）

＊ 編者注 少年鑑別所と少年院：どちらも非行を犯した少年が入る施設。少年鑑別所は，少年が少年院等の施設で教育を受ける必要があるか否かについて判断するところ。少年院では，非行を繰り返さないための教育や社会復帰のための支援が行われる。

第Ⅲ部
子どもの学びと保育

第12章
保育にいかす学習理論

　私たちは，生まれてから現在にいたるまで，いろいろなことができるようになっています。それは，毎日をスムーズに気持ちよく過ごしていくため，経験によって，さまざまな行動を身につけてきた結果といえます。これが，心理学でいう「学習」です。ここではまず，心理学における「学習」と「行動」について学びます。次に，保育に役立つ3つの「学習理論」を学んだあと，学習理論を実践にいかすための「行動理解」と「技法」の習得をめざします。

1　心理学における「学習」と「行動」

1．生活の中にある学習

　さて「学習」という言葉には，私たちも普段からなじみがありますね。では，実際に「学習」と聞いてどんなことをイメージするでしょうか。

　学校での勉強や，辞書やインターネットを使っての調べもの，習い事を思い浮かべたりするのではないでしょうか。

　ところが，心理学において「学習」は，もっと広い範囲の学びをさします。「経験による①，比較的永続的な②，行動変化がもたらされること，およびそれをもたらす操作，そしてその過程③」（中島ほか編，1999，108頁）と定義され，下線部の3つのポイントに整理されることがわかります。やさしい言葉で言いかえると，「学習」とは，経験によって，一時的ではない行動が身につくこと，といえるでしょう。

　そう考えると，私たちの生活は心理学的な意味での「学習」にあふれています。たとえば，お箸などの道具を使って食事をすることも，番組の録画をスムーズにできることも，予定をメモに書き留めることも，それらの行動を「学習」したことによるものです。また，技能のようなことだけでなく，虫を見たら怖がっているとすれば，それも行動の学習です。いつも部屋がほどほどに片づいているとすれば，部屋をほどほどに片づける行動を学習しているといえます。

　保育の場は，あいさつや身支度，食事などの基本的生活習慣や，遊びや保育課題を通しての運動，対人関係スキルなど，子どもたちがこれから学んでいく行動でいっぱいです。まだ人生の初期にいる子どもたちの

育ちを担う保育者にとって，「学習」がどのように成り立っているのかについて知識をもつことは，必須といえるでしょう。

2. 生活の中にある行動──生得的行動と習得的行動

さて，心理学においては，「行動」を大きく2種類に分けることがあります。

ひとつ目は，刺激に反応して自動的に引き起こされるもので，生まれながらにして身に備わっている行動であることから，「生得的行動」といいます。たとえば，食べる，眠るなど，日常でいう「本能的なもの」がこれに含まれます。

2つ目は，さまざまな経験から学び，身についた行動であることから，「習得的行動」といいます。

実際に，私たちの生活の中にはたくさんの行動がありますが，人の行動において，その多くは習得的行動です。これから学ぶ「学習理論」は，生得的行動についてではなく，習得的行動についての理論であることを理解しておいてください。

では，「学習理論」▷1についての話を進めていきましょう。

習得的行動の学習理論については，これまで心理学によって研究され，いくつかの仕組みが明らかにされています。本章では，代表的な理論である，「レスポンデント条件づけ」「オペラント条件づけ」「観察学習」を取り上げ，説明します。

この3つの学習理論は，保育の場面でみられる子どもたちの行動を理解するため，また，行動を身につけることを援助するためにとても役立つものです。

2 保育に役立つ3つの「学習理論」
──行動を学習する仕組み

1. 学習理論① レスポンデント条件づけ

レスポンデント条件づけ▷2は，環境や刺激と，それに対する反応としての行動という関連で，学習の仕組みをとらえようとする理論です。

たとえば，「レモン」と聞いたり画像を見たりするだけで，思わず唾液が出てくるといった経験があると思います。実際に口にレモンを入れているわけではないのに唾液の分泌がおこるのです。これはよく考えてみると，とても不思議なことです。

▷1 **学習理論**
行動の学習についての理論であることから，「行動理論」ともいわれる。

▷2 **レスポンデント条件づけ**
レスポンデント（respondent）は，「反応する」を表す英語 respond から派生した。「刺激」を表す英語 Stimulus と「反応」を表す英語 Response の頭文字をとって，S-R説ともいう。行動を刺激と反応の連合でとらえることから，連合説ともいわれる。

| エサが与えられる | エサと同時にベルが鳴る | ベルだけが鳴る |
| 唾液が出る | 唾液が出る | 唾液が出る |

図12-1　パブロフの犬の実験

出典：筆者作成。

▷3　パブロフ（Pavlov, I. P., 1849～1936）
ロシアの生理学者。食物消化の神経機能の研究によって，1904年ノーベル生理学医学賞受賞。唾液分泌に関する研究中に，条件反射の現象を発見した。パブロフの研究は，行動主義心理学の発展に大きく貢献した。

ロシアの生理学者である**パブロフ**の，犬による有名な実験は，この不思議の謎を解くものでした。以下でその実験の内容をみてみましょう。

食べ物を与えられると唾液が出てきます。食べ物は，動物が何も経験することがなくても，唾液を分泌させるものです。このように，経験なく生まれながらにしての反応をおこさせるもの（この場合は，食べ物）を「無条件刺激」といいます。そして，刺激に対して生理的に無条件に生じる反射（この場合は，唾液分泌）を「無条件反射」といいます。

犬の場合だと，無条件刺激となるエサを与えると，無条件反射として唾液が出る，これは当然の反応ですね。

そこでパブロフは，エサを与えると同時に必ずベルの音を鳴らすようにしました。すると，それを繰り返し行ううちに，犬はエサが与えられなくても，ベルの音が鳴るのを聞くだけで唾液を出すようになりました。ベルの音は，本来唾液の分泌とは無関係なものです。しかし，エサとベルの音という無関係な刺激を同時に提示することで，いつしか，ベルの音に対して唾液を分泌させることが学習されたのです。

これを学習理論で説明すると，ベルの音という「条件刺激」に対し，「条件反射」として唾液を出すという行動が学習されたということになります（図12-1）。これが，「レスポンデント条件づけ」という学習のかたちです。

▷4　心理学者のワトソンとレイナーが行った「アルバート坊や」の実験も有名（第2章参照）。11か月の健常な男の子に対して，もともと怖がることのなかったシロネズミを怖がるように学習させた。シロネズミと触れ合う時に，不快で大きな音を鳴らすことを繰り返した結果，坊やはただシロネズミを見るだけで，激しく泣き逃げ出すようになった。さらに，白くて毛がふさふさとしたものに対しても恐怖を示すようになった。これを「般化」という。

レスポンデント条件づけの学習のかたちを考えてみると，ネガティブな感情をおこすものと無関係な刺激とが結びついて「条件刺激」となれば，まるで嫌がる理由がなさそうなものを嫌ったり，恐れたりする「条件反射」として学習される場合があることがわかります。これとは逆に，なんだか好き，というようなことも同様に条件刺激に対する条件反射として学習されることもあるわけです。ひとつの事例をみてみましょう。

【事例12-1】幼稚園のトイレに近づくことができなかったAちゃん(3歳)

　年少組のAちゃんは，入園以来，トイレに行くことをうながすと，毎回とても嫌がり，保育者が手を引いて行こうとしても動こうとしませんでした。近づくことさえできないとなると，トイレに対して何かとても大きなマイナスの体験があると考えられました。

　トイレそのものは，人を怖がらせたり，痛みを与えたりするものではありません。仮に，過去にトイレに関してとても嫌な経験があったとしても，トイレに近づいても苦しい感覚や嫌な出来事などが何もおこらないことが繰り返し体験できれば，一度学習された行動は変わっていきます。そこで，安全感，安心感を大切にし，子どものペースに合わせて，ゆっくりと，大好きな先生と一緒に，また，明るく親しみのもてるトイレの環境も整えて，少しずつトイレに近づくことを繰り返しました。

　その結果，Aちゃんはトイレに行けるようになりました。そして，言葉の力がついたころに，昔，外のトイレの床に泥の足跡が点々とついていたのをみたことが怖かったということを話してくれました。泥の足跡は，その中に知らない人がいるのではと思わせ，とても怖い感情がわき起こったのではないかと思います。家庭外のトイレとその感情とが結びつき，幼稚園のトイレをみただけで怖がっていたことが理解できた，とても貴重な事例でした。

2．学習理論②　オペラント条件づけ

　「オペラント条件づけ」[5]は，行動とその結果の関連で，学習の仕組みをとらえようとする理論です。定義では「自発的に行動したことの，結果によって，今後その行動がおこる確率を変化させる（つまり，増えもすれば減りもする）手続き」とされます。

　たとえば，電気のスイッチを押すことや，慣れた身支度や，身近な道具の使い方など，もう今はあまり意識することなく行動していることがあると思います。スイッチを押したらちゃんと電気がつく，身支度がスムーズにできている，道具が便利に使えているなど，どれも現在のやり方が生活環境に合った行動になっているのです。行動すると望ましい結果があるから，その行動が増え，今も続いている，これが比較的永続性，いわば身についた行動ということです。行動すると望ましくない結果があれば，反対に行動は減っていくことも，生活環境に合わせた結果といえるのです。

　アメリカの心理学者である，スキナー[6]は，ネズミを使った実験を行って，こうした行動の学習の仕組みを明らかにしようとしたことで知られています。

　スキナーは，レバーを押すとエサが出てくる仕組みの箱型装置をつく

▷5　オペラント条件づけ
オペラント（operant）はスキナーによる造語で，「働きかける」を表す英語operateに由来する。自発的に環境に働きかける行動の理論であることを，先のレスポンデント条件づけと対比してわかりやすく示した。

▷6　スキナー（Skinner, B. F., 1904〜1990）
アメリカの心理学者で，行動分析学の創始者。20世紀を代表する心理学者のひとりである。

▷7　スキナー箱，またはオペラント箱ともいう。

り，そこにネズミを入れました。ネズミは最初，箱の中をウロウロしますが，そのうち偶然にレバーに触れます。するとエサが出てきて，その結果エサを食べることができました。そしてまた偶然にレバーに触れるとエサが出ることを繰り返すうちに，たびたび自発的にレバーを押すようになりました。

これを学習理論で説明すると，ネズミにとって，エサを得たことが望ましい結果だったので，やがて自発的にレバーを押すようになった，つまり，エサを得るためにレバーを押すという行動を学習したといえます。

この，オペラント条件づけについては，このあと第4節で，保育にいかす技法の観点からさらに詳しく取り上げていきます。

3. 学習理論③ 観察学習

3つ目の代表的な学習理論は「**観察学習**」[8]です。観察学習は，直接経験しなくても，モデルである他者を観察することで行動を学習することです。

ほめられている子がいると，それを見ていた子も同じことをしようとする，ということはよくみられるのではないでしょうか。

カナダの心理学者**バンデューラ**[9]は，この仕組みに関して，映像を用いて攻撃行動の観察学習の実験を行いました。

この実験[10]では，モデルの大人が子どもと等身大の人形にさまざまな攻撃行動をするのに対して，他者から①ほめられる，②厳しく罰を受ける，③ほめられないし罰も受けない，という結果の異なる3つの映像を用意し，3〜5歳の子どもたちに，いずれかひとつを見せました。その後，子どもたちには映像の中と同じ人形のある部屋で，10分間自由に遊ぶように伝え，遊びの中でどれくらい攻撃行動がおこるのかを調べました。

その結果，「②を見た子どもは，①または③を見た子どもより攻撃行動が少なかった」こと，「①または③を見た子どもは，同程度の攻撃行動がみられた」ことが明らかになりました。つまり，「他者が罰を受けるのを見ることで，攻撃行動が抑えられること」や，「他者がほめられるか，ほめられないかに関係なく，攻撃行動を見るだけで学ぶこと」が示されたのです。他にも，映像で見た行動を真似できたらごほうびがもらえると伝えたところ，「①から③のどの映像を見ていても，差がなく同程度の攻撃行動がみられた」こともわかりました。

この実験から明らかになったもっとも重要な結果と思われることは，見るだけで社会的に望ましくない行動が学習される，ということです。保育では，大人の振る舞いや子ども同士の行動による影響に十分気をつ

▷8 **観察学習**
バンデューラが社会的学習理論を提唱する上で中心においた学習で，モデルを観察することによってある反応を習得することから「モデリング」ともいわれる（中島ほか，1999，139頁）。

▷9 **バンデューラ（Bandura, A., 1925〜2021）**
カナダの心理学者。観察学習や自己効力感，社会的認知理論などを提唱した。

▷10 「ボボ人形実験」という。この実験では，映像をひとりずつに見せているが，結果は①〜③のどの映像を見たかによる3つのグループごとに，統計処理している。よってその結果は，グループ間を比較したことによるものである。

けなくてはならないことを心に深く刻んでおかなくてはなりません。

　ここまで3つの学習理論を学びました。これらの理論を保育にいかしていくために，理論に加えてぜひ学んでおいてほしいポイントが，さらに2つあります。それが「行動理解」と「技法」です。

　そこで，第3節では「行動理解」をテーマに行動の具体的なとらえ方を，第4節では「技法」として，オペラント条件づけを基盤とした「応用行動分析」と「スモールステップ」について学びましょう。

3　学習理論を保育にいかすために──行動理解編

1．行動を具体的にとらえよう

　保育の場では，話す，並ぶ，歌う，といったものから，服を着る，あいさつをする，友だちと遊ぶなど，さまざまな行動がみられます。

　ここで「行動」について考えてみてほしいことがあります。「きちんと」という言葉を例にとってみましょう。「きちんとあいさつする」「きちんとごはんを食べる」「きちんとおもちゃを片づける」，どれもがよく使われる表現で，違和感もないものです。けれど，具体的にどんな行動や状態なのかは曖昧ではないでしょうか。こんなふうに曖昧なままでは，目標行動が定まりません。そこで，誰にとっても，何をどうすればよいか共通理解できる具体的な行動の表し方にすることがとても大切になるのです（表12-1）。そうすることで，目標行動が明確になり，その行動の獲得に向かって，学習理論を用いた的確な支援ができるようになるからです。

2．気になるのは子どもではなく「行動」

　「行動」を具体的にとらえることは，子どもの姿を正しく見つめることにもとても役立ちます。

表12-1　こんなに違う「きちんとあいさつする」の行動目標

状態	具体的な様子		きちんとあいさつの具体的な行動目標
あいさつしない	忘れる	➡	保育室を出る時に忘れずあいさつする
	恥ずかしい	➡	保育者のそばで，あいさつを受ける
言葉の問題	声の大小・スピード	➡	適切な声の大きさ，早さであいさつする
	不適切な言葉	➡	おはようございます，さようならという
態度の問題	じっとしていない	➡	姿勢を正し静止してからあいさつする
	目を合わせない	➡	保育者の顔をみてあいさつする

出典：筆者作成。

気になるのは
子どもではなく
「行動」

たとえば，子どもがまったく指示に従わないことはよくあるでしょう。そんな時，この子はやる気がない，ふざけている，困らせる子だ，と性格や育ちなどの「子ども自身の問題」だと思ってしまうことがあります。そうなると，冷静に考えられず，子どもに対して怒りや悲しみ，嫌悪を抱くとともに，感情的な対応をしてしまうことにもつながります。感情的に強く叱ることで，一時的には望ましくない行動が止まることがあり，効果を感じることもあるかもしれませんが，あくまで一時的であるだけでなく，長期的には子どもとの信頼関係にも影響することを考えると，決して陥りたくない状況です。

そのために，力を与えてくれるのが，「気になるのは子どもではなく，行動」という視点です。やる気がない，ふざける，困らせるなども，すべて行動ととらえます。子どもが，場に応じてそうせざるをえなかった行動のかたちであり，子どもの問題ではなく，行動の問題ということです。もう気づいているかもしれませんが，やる気がない，ふざける，困らせる，というのはどれも具体的ではありません。なぜそのような行動をするのか具体的にとらえることができれば，落ち着いて考えることができ，効果的な援助が可能になります。行動をとらえる基本は，５W１H です。

▷11　5W1H
５W１Hとは，「When（いつ）」「Where（どこで）」「Who（だれが）」「What（なにを）」「Why（なぜ）」「How（どのように）」の英単語の頭文字をとった表現。「Whom（だれに）」「How many（どれだけ）」を加えて６W２Hとすることもある。

「いつ，どこで，だれが，なにを，なぜ，どのように」行動しているのかを，他者とも共通に理解できるような表し方にしてみることです。行動を具体的に表すことは，訓練を重ねればどんどん上手にできるようになります。

４　学習理論を保育にいかすために──技法編

最終節では，学習理論をいかした具体的な実践のための「技法」を学びます。その前に，実践においては，大切な大原則があることを知っておきましょう。その大原則とは，望ましい行動をほめて増やしていくことです。もし，望ましくない行動があっても，今すでにできている行動で代替したり別の新しい行動を身につけたりすることにより，子どもを援助することを常に優先するということです。それらを試みてもなお，望ましくない行動が続く場合には，望ましくない行動を減らす方法を用いる，という順番です。それでは，「技法」について詳しく学んでいきましょう。

1．行動が増える仕組み，減る仕組み──応用行動分析を学ぶ

　学習理論の実践のかたちとして，オペラント条件づけを基盤とした「応用行動分析」（Applied Behavior Analysis：ABA）があります。**応用行動分析**[12]は，行動を身につける際に用いられる代表的な技法で，その仕組みはシンプルです。「きっかけ」があり，「行動」がおこる，そしてその行動に「結果」がともなう。この一連の流れによって，行動は増えたり減ったりすることを利用します。

　この，「きっかけ」―「行動」―「結果」の３つの枠組みで示される一連の流れを「**三項随伴性**」[13]といいます。「きっかけ」は先行刺激ともいわれ，「行動」「結果」それぞれの英語の頭文字をとると ABC となる[14]ことから，行動の ABC と覚えておきましょう。

　まずは，行動（B）と結果（C）の関係から説明していきます。

　先生にほめられたことが，その子にとってプラスの結果であれば，子[15]どもはもっと絵を描くようになります（図12-2）。このように，行動が増加することを，行動が「強化」されるといい，その行動を増加させた，行動直後のプラスの結果を「好子（強化子）」といいます。この場合，先生にほめられるという好子により，画用紙にクレヨンで絵を描くという行動が強化されました。この行動の強化が，行動が身につく仕組みです。

　先生に叱られたことが，その子にとってマイナスの結果であれば，子[16]どもは落書きをしなくなっていきます（図12-3）。このように，行動が減少することを，その行動が「弱化」されるといい，その行動を減少さ

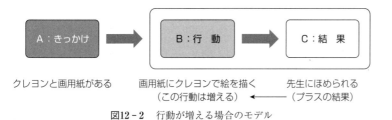

　クレヨンと画用紙がある　　画用紙にクレヨンで絵を描く　　先生にほめられる
　　　　　　　　　　　　　　（この行動は増える）　←──（プラスの結果）

図12-2　行動が増える場合のモデル
出典：筆者作成。

　クレヨンと画用紙がある　　机にクレヨンで落書きする　　　先生に叱られる
　　　　　　　　　　　　　　（この行動は減る）　←──（マイナスの結果）

図12-3　行動が減る場合のモデル
出典：筆者作成。

▷12　**応用行動分析（ABA）**
行動を個人（個体）と環境との相互作用から理解しようとする行動分析学の一領域である。行動変容法とも呼ばれ，自閉症スペクトラム障害（自閉スペクトラム症）児の療育をはじめ，子育て支援，教育，カウンセリング，介護など，さまざまな場面で実践的に活用されている。

▷13　**三項随伴性**
行動随伴性ともいう。

▷14　**行動の ABC（きっかけ─行動─結果）**
英語では，きっかけを意味する「先行する」は Antecedent，「行動」は Behavior，「結果」は Consequence で表せる。それぞれの頭文字をとって，行動の ABC という。

▷15　「その子にとって」というところが重要。ほめても行動が増えない場合は，ほめることがその子にとっての好子（強化子）になっていないと考えられる。

▷16　叱ったつもりでも，それがその子にとって「注目された！」というプラスの結果となることもある。その場合は，叱っても，落書きするという行動は増えるのである。

表12-2　強化と弱化の４つの型

	ある	ない
プラスの結果が（好子）	正の強化（行動は増加する）	負の弱化（行動は減少する）
マイナスの結果が（嫌子）	正の弱化（行動は減少する）	負の強化（行動は増加する）

出典：筆者作成。

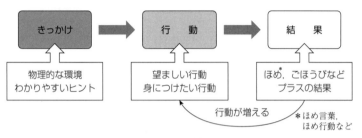

図12-4　正の強化モデル

出典：筆者作成。

せた行動直後のマイナスの結果を「嫌子（弱化子）」といいます。

　そして，行動の強化と弱化については，行動直後にプラスの結果（好子）があるか・ないか，マイナスの結果（嫌子）があるか・ないか，という組み合わせで４つの型があります（表12-2）。

　組み合わせにより行動は増える場合（強化）もあれば，減る場合（弱化）もあるということです。

　図12-2では，プラスの結果があったので，行動は「**正の強化**」，つまり増加し，図12-3では，マイナスの結果があったので，行動は「**正の弱化**」，つまり減少していきます。

　「負の弱化」の例としては，姿勢よく座って先生の話を聞いていたのに，ほめられることがなかったため，姿勢をよくするという行動が減少する（姿勢が崩れていく），「負の強化」の例としては，監視している先生がいたため騒がないでいたが，いなくなったら大騒ぎを始める，があげられます。

　行動とその結果の関係で，行動が「増える」「減る」４つの型があることを知っておくと，いずれ保育の場でいかせることもあるでしょう。

　このように４つの型があるものの，行動を扱う場合には，身につけたい行動の直後にプラスの結果をともなわせて，行動を増加させていく，つまりほめて増やしていくこと（正の強化）が大原則で，もっとも広く用いられていることを改めて強調しておきます（図12-4）。保育の中でも，ほめ言葉だけでなく，スタンプやシール，楽しい活動時間などを上手に好子として用い，子どもたちの望ましい行動を強化する仕組みが働

▷17　**正の弱化・負の弱化**
正の弱化は，正の罰ともいわれる。負の弱化は，負の罰ともいわれる。この場合の「罰」は「弱化」と同義で，行動の頻度が減少することを表す学術上の表現である。一般的に使われるペナルティという意味の罰と混同しやすいため，弱化を使うことが多くなっている。
▷18　ここで扱った４つの型とは別に，「消去」という行動をなくす手続きがある。消去は，すでに好子によって強化されていた行動の直後に，その好子となる結果がともなわないことで，行動が消失する，という仕組みである。第12章末のコラムも参照。詳しくは，三田村（2017），山本ほか責任編集／日本行動分析学会編（2015）などを参照。

表12-3　ボタンを留めるスモールステップ

Step 1	ボタンを右手親指と人差し指でつまみ持つ
Step 2	ボタン穴を左手親指と人差し指の指先で開く
Step 3	ボタンをボタン穴のところまで持っていく
Step 4	右手親指を使ってボタンをボタン穴にさしこみ押し上げる
Step 5	ボタンを左手親指と人差し指の指先でつまみ引っぱり上げる
Step 6	ボタンがボタン穴を通り抜けるよう穴のほうの布を下に引く

出典：筆者作成。

いている場面もよくみられます。

2．行動を形成していく技法——スモールステップの原理

　次は，「スモールステップの原理[19]」について学んでおきたいと思います。スモールステップの原理とは，大きな目標行動を①小さな行動の段階，つまりスモールステップに分け，②その行動をひとつずつ「強化」していく技法です。小さな行動を順に獲得できれば，最終的に大きな目標行動を身につけられることから，新しい行動や手順が複雑な行動などを身につけたい時に用います。

　たとえば，ボタンを留めることは，ひとつの行動のように表現されますが，複数のスモールステップから成っており（表12-3），ステップを順に行ってはじめてボタン留めに成功します。[20]

　スモールステップの原理では，ステップに分けた行動ができるたびにほめます。途中でつまずいた時には，手助けをします。どの段階でつまずいているのかが見つけやすいので，的確に援助することができます。

　ステップごとにほめながら進められ，成功体験が積み重ねられることで，保育者と子どもがよい関係を築きながら目標とする行動に近づくことができるところにも大きな利点があります。

3．環境調整・課題調整[21]

　さて，最後に行動のABCの，きっかけ（A）と行動（B）の関係について学びます。行動（B）は，その直前にきっかけ（A）があることで，おこります。このきっかけのあり方が，このあとおこる行動に影響を与えることは簡単に想像できることでしょう。だとすれば，望ましい行動がおこりやすい，適切なきっかけがあればよいことになります。

　たとえば，保育室での自由遊び時間に，毎回のように「走らないで」とか「静かに」と注意しなくてはならないとしたら，環境調整・課題調整という点では，遊びのルール作りや，望ましい具体的な行動の明確化など，何か工夫が必要になってくるといえるでしょう。

▷19　**スモールステップの原理**
行動を形成する技法であり，形を意味する英語 shape から，シェイピング法ともいわれる。

▷20　スモールステップの取り組みにはコツがある。それはステップの手順を，子どもと課題に合わせて選ぶことである。手順にはステップの最初から行う「順向型」と，逆から行う「背向型」がある。基本的に，「やさしい方から難しい方に」進めるとよい。

▷21　**環境調整・課題調整**
環境調整とは，主に物的や人的な環境について調整すること，また課題調整とは，主にプログラムやルールなどの課題について調整することをいう。保育における環境調整としては，保育室の環境，掲示物，座席，道具などを，課題調整としては，プログラムやルールの難易度，保育課題の量やそれにかかる時間などを，子どもに合ったものにすることが例としてあげられる。

A：きっかけ	→	B：行　動	→	C：結　果

遊びのルールがある　→　　　静かに遊ぶ　　　　　　　先生にほめられる
プレイマットを設置　→　　マットの上で遊ぶ　　　　　先生にほめられる
積木やブロックを用意→　積木・ブロックで静かに遊ぶ　先生にほめられる

図12-5　環境調整・課題調整と行動の関係モデル
出典：筆者作成。

　図12-5の場合，たとえば「騒がず，走りまわらず，静かに遊ぶ」という明確なルールや，わかりやすく場所を示すためのプレイマットの設置，積木やブロックなど落ち着いて遊べるものを準備することは，望ましい行動がおこるきっかけとなる，よい環境調整・課題調整です。

　保育場面では，絵カードを用いて次の行動を示すことや，工作の見本を用意すること，行動モデルとなる子どもと席を隣り合わせにすることなどが環境調整，子どもの発達に応じた教材や集中できる時間配分を工夫することなどが課題調整のよい例としてあげられます。

　このように，きっかけ（A）として，子どもをとりまく環境面と課題面の両方の調整を試みることができれば，子どもの望ましい行動（B）はずいぶんおこりやすくなります。そしてもちろん，望ましい行動（B）のすぐ後にプラスの結果となるほめ（ほめ言葉，ほめ行動）（C）を忘れずにいてください。

　筆者は普段から，保育現場において心理支援を行っていますが，保育にたずさわる人たちは，とても環境調整や課題調整が上手だと感心させられます。一人ひとりの子どもたちを大切にし，よくみているからこそできることです。これこそが，保育のプロとしての姿といえます。みなさんもぜひ，そうした目標（保育者）をめざしてスモールステップで進んでいきましょう。

　本章では，学習理論として行動の学習に関する3つの理論，行動を具体的にとらえること，応用行動分析とスモールステップ，環境調整や課題調整について学びました。ここで学んだように，学習理論の知識と技法をもって，少しの工夫ができれば，子どもたちはどんどん望ましい行動を身につけていってくれます。保育においては，ぜひ積極的な活用にチャレンジし，大きな成果を実感してほしいと思います。

◆考えてみよう！

(1)　「きちんとごはんを食べる」を具体的な行動に表してみましょう。
　　ヒント：食事のマナー，態度，道具の使い方，食べる量，時間など，
　　　　　　いずれか目標を絞って考えてみるとよいでしょう。
(2)　「卵を割る」行動を，スモールステップに分けてみましょう。
(3)　次の事例を読んで支援の方法について考えてみましょう。

【事例12-2】Bくんとタンバリン遊び（年少児）
　年少組のBくんは，普段から，保育室を歩きまわったり，お友だちと追いかけっこをしたりして元気いっぱいです。そして，保育者のお話をじっとして聴くのは苦手なようです。
　その日の活動は，はじめてのタンバリン遊びでした。着席した子どもの前にタンバリンが配られ，先生がお話を始めました。けれどBくんは，タンバリンが配られる前にさっさと離席してしまいました。
　先生はお話を終えると，タンバリンを打ってみせました。子どもたちはそれをまねて，いろんなリズム打ちをして楽しそうです。
　途中，先生はBくんに，「お席にすわろう」「タンバリンで遊ぼう」と声をかけましたが，聞いているかもわからない様子で，保育室内のいろいろなものを眺めたりさわったりしながら歩きまわっています。

　Bくんがタンバリン遊びに参加できるように支援するには，どんなことができるでしょう。目標行動と，その行動につながりやすい環境調整や課題調整，目標行動ができた時のプラスの結果のそれぞれに注目し考えてみましょう。

引用・参考文献
・東正（1985）『子どもは変わる』川島書店。
・鹿取廣人・杉本敏夫・鳥居修晃編（2015）『心理学（第5版）』東京大学出版会。
・関一夫・齋藤慈子編（2018）『ベーシック発達心理学』東京大学出版会。
・中島義明・安藤清志・子安増生ほか編（1999）『心理学辞典』有斐閣。
・Bandura, A.（1965）"Influence of model's reinforcement contingencies on the acquisition of imitative responses," *Journal of Personality and Social Psychology*, 1(6), 589-595.
・三田村仰（2017）『はじめてまなぶ行動療法』金剛出版。
・宮下照子・免田賢（2007）『新行動療法入門』ナカニシヤ出版。
・山上敏子監修（1998）『お母さんの学習室——発達障害児を育てる人のための親訓練プログラム』二瓶社。
・山本淳一・武藤崇・鎌倉やよい責任編集／日本行動分析学会編（2015）『ケースで学ぶ行動分析学による問題解決』金剛出版。

・山本淳一監修／吉野智富美（2012）『ABA スクールシャドー入門——特別に支援が必要な子どもたちと園や学校でサポートする親・セラピストそして先生のために』学苑社。

コラム　子どもの行動も，まわりの大人の対応次第!?

○叱ったつもりでも……

　「絵本を，破ってしまうんです……」その
たびに叱り，「ピリピリしていいの？」と聞
くと「ダメ〜」と答えます。けれど，何度も
続き，お母さんは困り果てています。

　ここで注目すべきは，子どもの行動の直後
のお母さんの対応です。対応をよく思い出す
と，どこにいても，ピリッという音に素早く
反応し，ダメッ！　と大声をあげていました。
また，子どものそばに来て，さらに正面に向
き合って，絵本がかわいそう，悲しいなどさ
まざまに声かけしていました。一方，絵本以
外のおもちゃで上手に遊んでいてもほめられ
ていなかったとしたらどうでしょう。絵本を
破ったら，こんなに素早く来てくれて，しっ
かり目を合わせて一生懸命話してくれるので
す。

　つまり，行動の直後にともなう結果として，
叱ったつもりでも，子どもにとっては，母が
飛んで来る，見つめる，たくさん語るという
強力なプラスの結果になっていたのです。だ
から，絵本を破るという行動は変わらず続い
てしまっていたのです。

**○身についた行動は，簡単にはなくならな
い？**

　スイッチを押せば，部屋の照明がつく。も
しつかなかったら，あれっと思い，再びス
イッチを押す。つかなかったら，また何度も

押し，それでもつかなければ，やがて押さな
くなるでしょう。

　さて保育中のこと。先生のお話しの途中に，
「あっくん，しってる!!」と大声をあげたの
で，先生はあっくんにお話をさせました。す
ると，この後，頻繁に先生の話に割って入る
ようになりました。そこで先生はこれをやめ
させようと，あっくんに対応しないと決めま
した。「あっくん，しってる！」，けれど今日
の先生はまったく反応しません。すると
「せーんせい！きいて!!」とあっくんはエス
カレート。それでも先生が淡々とお話を続け
ると，やがて黙り，話を聞き始めたのでした。

　これは，行動理論の「行動をなくす」手続
きである「消去」をうまく説明しています。
「しってる！」と割り込んで，自分が話せる
という「プラスの結果」を得たため，この行
動は身につきました。そのプラスの結果を完
全に取り去ると行動がなくなる，というのが
「消去」の仕組みです。また注目点がありま
す。それは，これまでのプラスの結果がない
と，そんなはずがない，と行動が激増すると
いうことです。あっくんも，先生が反応しな
かったことで，行動がエスカレートしていま
すね。これは「消去バースト」という強い反
応で，つい根負けして対応してしまうと，子
どもは，今度はこれくらい激しく行動すれば
いい！　ということを学習してしまうのです。

（矢本洋子）

第13章
遊びの発達

　子どもたちは，さまざまなことに興味をもち，主体的に遊ぶことを通して発達していきます。ここでは，子どもたちの発達に欠かせない「遊び」に関する理論を学んでいきます。まず，遊びとは何か，どのようなものかについていくつかの視点から学びます。次に，ピアジェ，ビューラー夫妻，パーテンらの遊びの発達に関する研究を紹介し，最後に，ごっこ遊びやじゃんけん，ドッジボールなど保育の中でよく見かける遊びからその発達の理解を深めていきます。

1　遊びとは？

1．保育と遊び

▷1　**津守眞（つもり まこと，1926～2018）**
日本の保育学者。津守式乳幼児精神発達検査を開発。また，津守の「省察」に関する考えも以下の文献の中で詳しく説明されているのでぜひ学んでみてほしい。西隆太朗（2018）『子どもと出会う保育学』ミネルヴァ書房。

　保育学者である津守眞は『保育者の地平』(1997)の冒頭に，以下のように述べています。

　遊ぶことによって子どもは成長する。遊びは子どもの本性であるけれども，大人が配慮をもってかかわらなければ子どもは遊べるようにならない。(津守，1997，ⅰ頁)

　津守が述べているように，遊びは子どもの成長にとってかけがえのない体験です。たしかに，子どもは自ら遊びはじめますが，保育者の関わりによって遊びがより豊かなものになることもまた事実です。大人が配慮をもって関わるためには，保育者としてのさまざまな知識・技術が役立ちます。心理学の立場からは，遊びの発達について理解を深めておくことで，子どもの遊びを促すために役に立つはずです。そこで，この章では遊びの発達について学んでいきましょう。

2．「保育所保育指針」にみる遊び

　保育所保育指針の「保育の方法」には6つの項目があげられていますが，そのひとつに以下のような文章があります。「オ　子どもが自発的・意欲的に関われるような環境を構成し，子どもの主体的な活動や子ども相互の関わりを大切にすること。とくに，乳幼児期にふさわしい体験が

得られるように，生活や**遊びを通して**総合的に保育すること」。

　ここでは，子どもの主体的な活動や子ども同士の関わりのために「遊びを通して」保育を行うことが明記されています。つまり，遊びの発達を学ぶことは，年齢に合った保育を考えることに通じるのです。

3．カイヨワによる遊びの分類

　次に，**カイヨワ**が『遊びと人間』（1967/1990）の中で述べている，遊びの定義と分類をみてみましょう。

①カイヨワによる遊びの定義

　カイヨワは，すべての遊びに通じる性質として，遊びの基本的な定義を，活動の観点から以下の6項目に整理しています。
(1)　**自由な活動**
(2)　隔離された活動
(3)　未確定の活動
(4)　非生産的活動
(5)　規則のある活動　┐
(6)　**虚構の活動**　　┘どちらかひとつ

　これらのうち，とくに(1)(3)については，遊びの楽しさやおもしろさを守るものでもあると感じます。カイヨワは「人は遊びたければ，遊びたいときに遊び，遊びたいだけ遊ぶ」「最後がどうなるか，ぎりぎりまで分かってはいけない」（カイヨワ，1990，36頁）と指摘していますが，自由だからこそ遊びはわくわくするものなのでしょう。(4)についても，遊びの結果として役立つものができたり，ごほうびをもらえたりするわけではないからこそ，余計なことを考えずに遊びに熱中することができます。
　一方，(2)の「隔離された活動」というのは，時間や場所があらかじめ決められているという「制限」のことです。たとえば，かくれんぼをする時に，隠れる人はどこまで行ってもよいということにしてしまうと，いつまでも見つけることができず，遊びとして成立しなくなります。制限があるからこそ，他者と遊びを共有することができますし，安全も確保されます。
　また，カイヨワは，(5)と(6)については「規則をもつか虚構か，いずれかなのである」と述べています。(5)についてはルール遊びのことで，たとえばドッジボールやじゃんけんなど勝ち負けのある遊びなどです。一方，(6)にある「虚構」というのは，ごっこ遊びのように，現実の真似事や非現実的な活動のことです。これらの遊びのいずれも(1)〜(4)は満たし

▷2　保育所保育指針「第1章総則　1保育所保育に関する基本原則　(3)保育の方法」に記されている。下線は筆者による。

▷3　**カイヨワ**（Caillois, R., 1913〜1978）
フランスの作家・批評家。『遊びと人間』（1967/1990）における遊びの定義が有名。

▷4　**自由な活動**
カイヨワは「もし強制されれば，遊びはたちまち魅力的な愉快な楽しみという性質を失ってしまう」と述べている。

▷5　**虚構の活動**
たとえば，おままごとのように生活を真似た遊びでも，日常生活と違った真似事であるということは理解している。

図13-1　カイヨワによる遊びの分類
出典：カイヨワ（1967/1990）より筆者作成。

ています。

　以上の6つは遊びの定義なので，逆にこの6項目が当てはまらなくなると，「遊び」ではなくなってしまう可能性が出てきます。たとえば，設定保育[16]に参加してほしい気持ちのあまり，やりたがらない子を強引に参加させてしまうと，その子にとっては「遊び」でなくなってしまっているかもしれません。保育は「遊び」を通して行われるものであるため，この定義には折に触れて立ち返ってほしいと思います。

　②カイヨワによる遊びの分類
　カイヨワは遊びの分類[17]も行っています。アゴン（競争），アレア（偶然），ミミクリ（模擬），イリンクス（眩暈）の4つです。

　アゴンは競争の遊びで，具体例として取っ組みあいやかけっこ，スポーツ全般などをあげることができます。アレアは，じゃんけんやルーレット，くじなど結果を自分の力ではどうにもできない，運や偶然に身を任せるような遊びのことです。ミミクリは，ごっこ遊びや人形遊び，演劇など，何かの真似をしたりアニメのキャラクターになりきったりする遊びです。イリンクスは感覚を刺激するような遊びで，その場でぐるぐる回ることやブランコ，大人であればスキーやバイクなどでスピードを出すことも含まれます。

　この4つの遊びは，「ルール―脱ルール」「意思―脱意思」という二軸を用いて整理することもできます（図13-1）。意思というのは，自分の力でどうにかしようとすることで，アゴンやミミクリでは自分の意思で戦い方や演じ方を決めることができます。一方，脱意思になると「自己放棄」をして，運や外的な力に身を委ねることをさしています。

　ルールについてみてみると，アゴン（競争）とアレア（偶然）はどちらもルールのある遊びですが，ミミクリ（模擬）とイリンクス（眩暈）はどちらもルールがあるわけではありません。

▷6　設定保育
保育士が目標に沿って活動内容を計画して行う保育方法のこと。クラスやグループの子どもがみんなで一緒に活動するスタイル。計画保育，一斉保育ともいう。

▷7　カイヨワの遊びの分類
アゴン（競争），アレア（偶然），ミミクリ（模擬），イリンクス（眩暈）の4つ。図13-1の二軸で整理することができる。

このように一口に「遊び」といっても，いくつかの種類に分けることができます。遊びを分類する考え方をもっておくことで，保育の中で性質の違う遊びを行い，子どもたちにさまざまな経験をもたらすことができるでしょう。

2　遊びの発達

1．ピアジェによる遊びの発達

発達心理学においては，遊びを分類した上で，その発達的な変化についても研究されています。この節では，遊びの発達について，3人の研究者の考えを紹介します。

第8章で紹介した，認知発達に関する発達段階を研究した**ピアジェ**[8]は，自身の理論に対応する形で，遊びの発達的変化について述べています。

ピアジェは遊びを3種類に分類しています（表13-1）。発達の中でみられる順に「実践遊び」「象徴遊び」「ルール遊び」です。ピアジェはこれらの遊びについて，それぞれ感覚運動期，（0〜2歳），前操作期（2〜7歳），具体的操作期（7〜11歳）に対応していると考えています。

実践遊び[9]は，感覚運動遊びともいわれるように，行動自体は，手を動かす，物を口に咥える，物を引っ張る，といった感覚運動的なものです。ただ，ピアジェは運動や感覚を通して自分や周囲の環境を確かめていくことと，この実践遊びとを区別しています。実践遊びは，新たに学ぶためにしているのではなく，すでに自分ができる，わかっている行動を，ただ"楽しい"，"おもしろい"といった快楽のために「実践」するという特徴があります。

次に現れるのが**象徴遊び**です。具体例として，寝るふりをする，人形にごはんを食べさせる真似をする，箱を車に見立てて遊ぶ，実際にあったことを人形で表現するといった，目の前にないもののふりをしたり，

▷8　ピアジェの発達理論
ピアジェの認知発達に関する研究は第8章で詳しく紹介している。

▷9　実践遊び
実践遊びは前操作期以降もなくなるわけではない。ピアジェは実践遊びの例として，ただ跳ぶことが楽しくて，繰り返し小川を飛び越えるというものをあげているが，運動発達から考えると2歳以降の姿だと思われる。

表13-1　ピアジェによる遊びの発達段階

実践遊び（感覚運動遊び）	2歳頃までに特徴的な感覚運動的な遊び。ただし，感覚運動の発達のためでなく，すでにできることを遊びとして楽しいからやっている。
象徴遊び	2〜7歳頃までの前操作期に対応。表象を利用した，ふり遊び（食べる，飲む，寝るなど），人形遊び，ごっこ遊びなど。
ルール遊び	7歳頃からの具体的操作期に対応。ルールを理解し共有して遊べるようになる。スポーツ，トランプ，将棋など。

出典：ピアジェ（1945/1967）より筆者作成。

167

▷10　表象
詳しくは，第8章▷4を参照。

見立てたりする遊びをあげることができます。なお，象徴遊びは，「目の前にないものをイメージする力」（**表象**）[10]の獲得と関係しています。

　最後にみられるようになるのが「**ルール遊び**」です。7歳以降，認知発達が具体的操作期の段階になると，具体的なものであれば論理的に考えることができるようになります。遊びにおいても，ルールを理解した上で，ルールに則り子ども同士で上手に遊べるようになっていきます。例としては，さまざまなスポーツやトランプ，将棋などをあげることができます。なお，ルールについては，一般的に広く知られているルールと，自分たちで作るルールがあります。また，ルール遊びが成立するためには，ルールを理解していることに加えて，そのルールを他者と共有できている必要があります。もちろん，保育所や幼稚園でも鬼ごっこやドッジボールなどのルール遊びはしています。ただ，ルールを完全に理解しないままなんとなく参加していたり，わざとではなくてもルールを破ってしまったりして，そこからいざこざに発展することもあります。そのため，幼児期におけるルール遊びでは，保育者も一緒に入ってさりげなくサポートをしながら遊ぶことも少なくありません。

2．ビューラー夫妻による遊びの発達

　ビューラー夫妻[11]は，遊びの発達を，機能遊び，受容遊び，想像遊び，構成遊びの4つに分けてとらえています（表13−2）。機能遊びと想像遊びは，ピアジェの分類における実践遊びと象徴遊びに相当しますが，夫であるカール・ビューラー（1958/1966）は想像遊び（ごっこ遊び）の意義として，社会生活を真似することで理解の助けになることに加えて，気持ちの整理・発散の方法でもあると考えていたようです。

　受容遊びというのは，絵本を読んでもらったりテレビを見たりするような受け身の活動のことです。妻であるシャルロッテ・ビューラーの研究によると，受容遊びは1歳頃から始まり，幼児期の間は頻度は多くないものの継続的にみられるようです。構成遊びについては，機能遊びか

▷11　ビューラー夫妻
カール・ビューラー（Bühler, K., 1879〜1963）はドイツの心理学者。妻のシャルロッテ・ビューラー（Bühler, C., 1893〜1974）も心理学者で，発達指数（DQ）という考え方や反抗期という言葉を初めて用いた。

表13−2　ビューラーによる遊びの発達段階

機能遊び	物を触る，見る，叩くなどの行動を通して，大きさ・重さ・音など物の性質を理解する。身体の動きを通して運動能力を獲得する。
受容遊び	テレビを見る，絵本を読んでもらうなど受け身の遊び。
想像遊び（ごっこ遊び）	人形遊びや大人の真似をするなど，自分や他者，物を何かになぞらえる空想を表現した遊び。
構成遊び	何らかの材料を使って創造物を作る遊び。積木，粘土を使って何かを作る，描画など。

出典：ビューラー（1958/1966），山下（1971）をもとに筆者作成。

ら発展して，１歳半以降からみられるようになります。たとえば，それまでは積木をわたしても，ただ舐めたり，叩きつけたりしていたのが，それを積んだり，並べたりするようになっていきます。カール・ビューラー（1958/1966）によると，３歳頃には積木で何かはっきりわかるものを作るようになると述べています。このように，積木や粘土，絵具のようなものを使って別の何かを自由に作るのが，構成遊びの特徴です。保育の中でも日常的に行われる，制作活動やお絵描きなどの活動も，構成遊びに含まれます。

　ちなみに，カール・ビューラー（1958/1966）は，構成遊びに対する大人の関わり方として「大人が手を出したり，批評したり，模範を示したりすることは，遊びの自然の発達を妨げる。しかしほめたり，感心したり，励ましたりして子どもの遊びの喜びを高め，情緒的刺激を与えることは，大人の重要な役割である[12]」と述べています。保育者として子どもたちにどのように関わるのかを考えさせられる指摘です。

３．パーテンによる遊びの発達

　カイヨワは『遊びと人間』の中で「遊びの社会性」に言及し，多くの遊びは「仲間を前提としている」と述べています。ピアジェ（1945/1967）[13]も，ルール遊びは基本的に競争相手がいるものだと指摘しています。一人で遊ぶ遊びもありますが，これらの指摘からは，多くの遊びがもつ特徴として，人との関わりがあることがわかります。

　パーテン[14]（Parten, 1932）は，遊びの社会的参加，つまり他者とのやり取りの違いに着目して研究を行いました。パーテンの研究では，数か月にわたって保育園の朝の自由遊び場面を観察し，まず社会的参加の面から遊びを６つに分類しました（表13-3）。

▷12　ビューラー（1966）139頁。

▷13　出典：ピアジェ（1967）116頁。

▷14　パーテン（Parten, M. B., 1902~1970）
アメリカの社会学者。彼女が遊びの分類を行ったのは90年ほど昔であるが，現代の子どもの姿も説明可能な研究結果である。

表13-3　パーテンによる遊びの分類

遊びの分類	説明	例
何もしていない	何もせず，ぼんやりしたり，ふらふらしたりしている。	
一人遊び	一人で遊んで他の子には関わらないし，興味も示さない。	
傍観	他児が遊んでいるのを眺めている。自分は参加しない。	
平行遊び	近くで同じような遊びをしているが，関わらない。	何人かの子どもたちが近くにいて，それぞれくるまで遊んでいる。
連合遊び	他児と遊ぶが役割分担をせず，それぞれ自由に遊んでいる。	ままごとをしているが，それぞれが料理をしたり赤ちゃんの世話をしたりしている。
協同遊び	共通の目標をもって役割分担をして遊ぶ。	・役割を決めてままごと ・ドッジボール

出典：Parten（1932）より筆者作成。

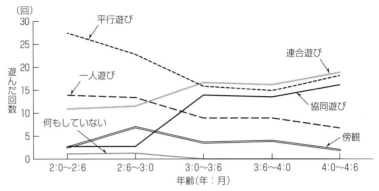

図13-2　年齢による遊び方の違い

出典：Parten（1932）をもとに筆者作成。

▷15　平行遊びの例
2人の子どもが近くにいて同じ玩具を使っているが，別々に遊んでおり，関わっていない。

　この分類のうち，「何もしていない」と「傍観」は，子ども自身が直接遊んでいるわけではありません。「一人遊び」と「平行遊び」 ◁15 は，遊んではいますが，他児との直接的なやり取りはない状態です。一方，「連合遊び」と「協同遊び」になると，他児と一緒に遊んでいるといえそうです。

　そして，パーテンは年齢ごとにそれぞれの遊びをどのくらい行っているのかについても調べています。図13-2の折れ線グラフをみると，「何もしていない」状態は2歳台でもほとんどなく，3歳を過ぎるとみられなくなっています。2歳台では「一人遊び」や「平行遊び」が多くなっていますが，年齢とともに少なくなっていき，3歳を過ぎる頃から，「連合遊び」や「協同遊び」が増えています。

　パーテンの研究からは，どのようなことがいえるでしょうか。2歳台では，他児との直接的なやり取りがみられない遊び方（「一人遊び」や「平行遊び」）が多くみられました。一方，3歳頃になると「連合遊び」や「協同遊び」のような，他児との直接的なやり取りをともなう遊びが増えています。

　では，3歳未満の乳幼児にとって，子ども同士の集団の中にいる意味はないのでしょうか。じつは，そうではありません。ここでは，2つのことに注目してみましょう。ひとつ目は，「平行遊び」の存在です。平行遊びでは他者との直接的なやり取りはみられませんが，他児のそばで同じような遊びをしていることが特徴です。「そばで同じような遊び」をしているのは，もちろん偶然ではなく，あえて近づいて同じような遊びをしているのです。つまり，直接的な関わりがなくても他児の存在や遊びを何かしら意識しているといえるでしょう。「平行遊び」は遊びの中で子ども同士のやり取りが育ってくるための準備段階のようです。そ

のため，たとえ子ども同士で一緒に遊ばなくても，同じ空間に「いる」こと自体に意義があるのです。

　もうひとつ注目したいのは，２歳過ぎの幼児でも，回数は少ないながら，連合遊びや協同遊びもみられることです。連合遊びや協同遊びは３歳以降に多くなっていましたが，それ以前の時期から年齢とともに徐々に増えているのです。２～３歳の頃は**いざこざ**[16]が生じても，上手く解決できない場合が多いのは第７章で学んだ通りですが，いざこざを含めたさまざまなやり取りを経験しながら，子ども同士での遊びが発達していくのだと考えられます。

③　保育場面にみられる遊びの発達とその意義

1. ごっこ遊びの発達

　幼児期における遊びの主役のひとつが，ごっこ遊びです。絵に描いた食材を棚に並べて「いらっしゃいませー！」とお店屋さんになったり，友だちと役割を決めて家族になって「じゃあお仕事に行ってきます！」と仕事に出かけ，帰ってご飯を食べて，時にはビールも飲んで……と家族の日常を再現したりします。年中クラスや年長クラスにもなると，ひとつの設定で遊び込める時間も長くなり，ごっこの役割や設定も複雑になってくるのですが，このようなごっこ遊びも，発達の経過の中で徐々に発展してきます。

　ごっこ遊びにおいて，もっとも基礎となる遊びは「ふり遊び」です。「ふり」とはつまり，空っぽのコップや何ものっていないスプーンを，それを知った上で口に運び，飲んだり食べたりと真似をすることです。この時，実際は存在しない食べ物や飲み物が，あたかもスプーンやコップの中に存在しているように，子どもはイメージしているでしょう。第８章で述べた「表象」の力が，このイメージを生み出しています。また，「ふり」にみられるように，ある物を別の物で表現する遊びのことを「象徴遊び」といいます。つまり，先ほどの食べ真似のふりであれば，「スプーンで何かをすくう動作をする」ことによって，そこに「食べ物がある」ことを表現しているのです。

　マッキューン＝ニコリッチ[17]（McCune-Nicolich, 1981）は，子どもの象徴遊びには５つの水準があることを示しました。この象徴遊びの５つの水準を表13-4にまとめました。

　水準１は，厳密にはまだ象徴遊びに入っていません。「慣用操作」と

▷16　いざこざ
連合遊びや協同遊びの中で子ども同士のやり取りが生じるからこそいざこざが起こる。いざこざの理解や対応については，第７章参照。

▷17　マッキューン＝ニコリッチ（McCune-Nico-lich, L.）
発達心理学者であり，初期の象徴遊び（pretend play）や表象，遊びと言葉との関連など，象徴機能の発達過程に関する精密な研究を多数行っている。

表13-4　象徴遊びの水準

水準	象徴遊びの内容	遊びの例
1	慣用操作	スプーンを見て口に運ぶ
2	自己へのふり	自分で食べ真似をする
3	他者や人形へのふり	人形や他者に食べ真似をさせる
4	ふりの連鎖や関連づけ	自分で食べ真似をした後，人形や他者にも食べさせる
5	人形を主体とした遊び　計画的なふり	人形を主体として，人形にふりをさせる

出典：McCune-Nicolich（1981）をもとに筆者作成。

▷18　ふり・みたて・ごっこ
象徴遊びの中で，少し区別がわかりにくく混乱しやすいのが「ふり遊び」「みたて遊び」「ごっこ遊び」である。身振り（動作）によって実際には存在しないものをあるようにふるまうのが「ふり遊び」，四角い積木をスマホのつもりで扱うなど，ある物を別の物で表現するのが「みたて遊び」，誰か（お父さんだったりお母さんだったり，仮面ライダーだったり）になり切って遊ぶのが「ごっこ遊び」である。

いって，「物の用途に応じた操作」が出てくる時期で，およそ1歳前後であるとされています。先ほどのスプーンでのふり遊び[18]を例にすれば，まずスプーンの用途を理解していなければ，スプーンで食べ物をすくうふりもできないわけなので，慣用操作が生じていることが，象徴遊びが出てくる前提条件となります。次の水準が，「自己へのふり」，つまり自分で食べ真似をするなど，自分自身に対してふりを適用する段階です。第3の水準になると，今度はふりを，人形や親など自分以外の対象に向けることも可能になります。

　第4の水準では，2つかそれ以上のふりが連続して生じます。たとえば，「まず自分が食べ真似をした後，人形や親に対して行う」という行動や，「人形に対して，食べ真似をさせたり，髪をすいたりする」などの行動があげられます。自分が食べ真似をした後，お母さんにもスプーンを向けて食べさせようとする姿は，なんとも微笑ましいです。そして最後の第5の水準では，人形を生きているかのように活動させたり，先に予告をしてからふりを行うような計画的なふりが生じてきます。

　この第5の水準のふり遊びは2歳後半で生じるとされています。この5つの水準を意識して子どものごっこ遊びをみていくと，遊び方の変化や特徴に気づくきっかけになるかもしれません。

2．ルール遊びの発達

　ごっこ遊びと双璧をなす，子どもの遊びの王道といえるのが，鬼ごっこやかくれんぼ，ドッジボールに代表される「ルール遊び」です。「ゲーム（game）」と言いかえてもよいかもしれません。ルール遊びの特徴は，一定のルールの中で勝敗を競ったり，目標の達成をめざしたりすることで，鬼ごっこであれば「鬼に捕まらないようにする」ことが目標で，「タッチされたらアウト」「タッチされた人が次の鬼になる」などのルールが決められています。これらのルールにはかなり柔軟性があり，「タッチされた人も鬼になる」というルールでどんどん鬼が増えていく

「増え鬼」や，「タッチされた人は凍ってその場で動けなくなる」という
ルールの「氷鬼」など，遊び方のバリエーションもとても多彩です。

　一方，ルール遊びに参加するためには，それぞれの遊びのルールを理
解する力が求められることになります。ではルールを理解するための力
は，いつ頃どのように育っていくのでしょうか。ここでは，ルール遊び
の基本的な要素を含んでいるとされる「じゃんけん」を取り上げ，じゃ
んけんができるようになるまでの過程を紹介しながら，子どものルール
遊びの発達について考えます。

　まず質問です。じゃんけん[19]ができるようになるのは何歳くらいでしょ
うか。小さいころのことを思い返してみても，意外とはっきり覚えてい
ないかもしれません。

　お気づきかもしれませんが，この質問には受け取り方が２つあって，
「じゃんけんをするようになるのは何歳？」と考えるか「じゃんけんの
勝ち負け（ルール）がわかるようになるのは何歳？」と考えるかで，答
えが違うのです。じつは子どもたちは，じゃんけんの勝ち負けを理解す
る前から，すでにじゃんけんをしています（野村，1991）。保育園などで，
年長さんたちがじゃんけんで鬼ごっこの鬼を決めようとしている時，通
りがかった２歳児が，全然関係ないのにじゃんけんの輪に加わりに行っ
たりする姿を見たことはないでしょうか。

　筆者は以前，子どもたちが①何歳くらいでじゃんけんの手の形とその
名称を理解し，②何歳くらいでタイミングよくじゃんけんの手を出すこ
とができ，③何歳くらいで勝ち負けを理解できるようになるのかを調べ
たことがあります。その結果，じゃんけんのグー，チョキ，パーの手の
名称を理解して自分の手で形を作れるようになるのは２歳11か月頃，
「じゃんけん，ぽん！」の合図でタイミングよく手を出せるのが３歳７
か月頃，じゃんけんの勝ち負けがわかるのが５歳４か月頃であることが
わかりました（大谷ほか，2019）。ちなみに，じゃんけんの勝ちの判断だ
けが可能な時期，つまり「グーに勝てるのは？」はわかるけれど，
「グーに負けるのは？」はわからない時期というのもあって，これは４
歳９か月頃でした。

　以上のように，じゃんけんを理解していく過程を説明しましたが，こ
の経過はルール遊びにおける「ルールの理解」について重要な点を明ら
かにしています。つまり，遊びのルールは遊びながら理解していくので
す。そして，理解できていなくても直ちに困ったりもしないのです。
じゃんけんでいえば，勝ち負けはわかっていなくても，ちゃんと後出し
にならないように手を出すことさえできれば，「あぁー僕の負けだ。

▷19　じゃんけん
日本においては，グー，
チョキ，パーの３種類の手
で勝ち負けを決める手法が
広く用いられており，３す
くみの構造になっているこ
とが特徴である。国によっ
て手の種類が異なり，フラ
ンスでは親指と他の４本の
指で筒状の形を作る「井
戸」という手も存在する。
じゃんけんの起源は「なめ
くじ」「かえる」「へび」の
形を指で表す「虫拳」とい
われており，平安時代に中
国大陸から伝来したとされ
ているが（稲葉，2015），
現代において年齢を問わず
日常的に幅広くじゃんけん
が使われている社会は日本
に特有である。

じゃあ君が先ね」と勝敗は相手が教えてくれるからです。これはどの遊びにも共通していえることですが，ルールを理解していることや，周りと対等な能力をもっていることは，必ずしも遊びに参加する前提条件にはならないのです。以前，保育園で見かけたある場面を紹介します。

> **【事例13-1】ドッジボールをしたい2歳児**
>
> 　年中児・年長児のグループがドッジボールをしているところに，2歳児クラスの男の子が「ぼくも！」と入れてもらいたがるという場面を見かけました。2歳児と年長児では体格も力も違いすぎますし，もちろん2歳児はドッジボールのルールがわかっているとも思えません。とても一緒に遊ぶのは無理だろうと思われましたし，実際，2歳の男の子を止めようとする子どももいました。
>
> 　しかし，ある年長児が「じゃあ，この子にはころがしってことにしよう」と言いました。「ころがし」とは「転がしドッジ」のことで，ボールを投げるのではなく転がして相手を狙います。周りの子どもたちも"なるほど"という様子で，これまでのようにドッジボールを続けながら，2歳の男の子を狙う時だけボールを転がすという形で遊びが継続されました。

　この時の子どもたちの様子から，力量が同じでなくても遊びは楽しめるし，ルールはそのために自在に変化させたり組み合わされたりしてよいのだという，遊びの真髄を見た気がしました。

　ちなみにその後，2歳児の男の子は転がってきたボールをキャッチしてしまい，「そうじゃないって！」と年長さんたちがズッコケるという一幕もありました。仕方ないなぁという様子で，次は避けるように教えにいく年長さんは，"育てる者"としての姿も見せており，"次は避けてくれるかな？"と見守ることも楽しんでいる様子でした。また，ボールをキャッチできた2歳児は，ルールはわかっていないながらも終始笑顔でした。

3．遊びの創造

　ごっこ遊びにせよ，ルール遊びにせよ，成長とともにその遊び方は複雑かつ高度になっていきます。しかし遊びというのは，高度になればその分だけ面白くなる，というものでもありません。子どもは棒1本，鉛筆1本あれば，そこに想像力をのせて遊びを展開していくことができます。また，時に本筋とは違うところでおこるハプニングが，遊びにスパイスや新たな展開を与えてくれることもあります。

　前項のドッジボールの事例のように，遊びのルールや枠組みにとらわれるのではなく，自分たちの意図で遊びを変化させ，能動的，主体的に活動している時，子どもたちはもっとも生き生きとした表情を見せてく

れます。自分で遊びを創造していくこと，つまり自分で活動の舵取りを
しながら状況に応じて遊びを変化させたり発展させたりしていくことが，
遊びの本質的な楽しみであると思います。それはひょっとすると，変化
の激しい現代社会の中で，自分の人生の舵取りをする力を育むことにも
つながっているのかもしれません。

◆考えてみよう！

(1)　保育所や幼稚園でよく遊んでいた遊びを思い出し，ベスト３を書き出し
　　てみましょう。そしてそれらの遊びが，カイヨワ，ピアジェ，ビューラー，
　　パーテンの遊びの分類のうち，どこに当てはまるか考えてみましょう（ど
　　れにも当てはまらない場合もあるかもしれません）。

> カイヨワ：アゴン（競争），アレア（偶然），ミミクリ（模擬），
> 　　　　　　イリンクス（眩暈）
> ピアジェ：実践遊び（感覚運動遊び），象徴遊び，ルール遊び
> ビューラー：機能遊び，受容遊び，想像遊び（ごっこ遊び），構成遊び
> パーテン：一人遊び，平行遊び，連合遊び，協同遊び

(2)　パーテンの分類における「一人遊び」と「平行遊び」の違い，「連合遊
　　び」と「協同遊び」の違いについて，自分自身がこれまでに見たことのあ
　　る子どもたちの様子を具体例としてあげながらまとめてみましょう。

引用・参考文献

・稲葉茂勝（2015）『じゃんけん学――起源から勝ち方・世界のじゃんけんま
　　で』今人舎。
・大谷多加志・清水里美・大久保純一郎・郷間英世・清水寛之（2019）「幼児
　　におけるじゃんけんの勝敗判断に関する発達段階の評価」『発達心理学研
　　究』30(3)，142～152頁。
・Caillois, R.（1967）*Les Jeux et les Hommes*, Gallimard（ロジェ・カイヨワ／
　　多田道太郎・塚崎幹夫訳（1990）『遊びと人間』講談社学術文庫）.
・厚生労働省（2018）「保育所保育指針」。
・津守眞（1997）『保育者の地平――私的体験から普遍へ向けて』ミネルヴァ
　　書房。
・野村東助（1991）「自閉症児におけるジャンケン技能の発達過程４――非自
　　閉的遅滞児との比較」『特殊教育施設報告』東京学芸大学，40，73～81頁。
・Parten, M. B.（1932）"Social participation among pre-school children," *The
　　Journal of Abnormal and Social Psychology*, 27(3), pp. 243-269.
・Piaget, J.（1945）*La formation du symbole chez l'enfant*（J. ピアジェ／大伴
　　茂訳（1967）『遊びの心理学』黎明書房）.
・Bühler, K.（1958）*Abriss der geistigen Entwicklung des Kleinkindes*, Quelle
　　& Meyer（カール・ビューラー／原田茂訳（1966）『新版　幼児の精神発

達』協同出版）.

・McCune-Nicolich, L.（1981）"Toward symbolic functioning: Structure of early pretend and potential parallels with language," *Child Development*, 52(3), pp. 785-797.

・山下俊郎（1971）『幼児心理学』朝倉書店。

コラム プレイセラピーにみる遊び

　プレイセラピーとは，遊びを主な表現ツールとして用いるカウンセリング（心理療法）の一種です。主に，自分の考えや気持ちを言葉にして伝えることが難しい子どもに用いる手法です。

　プレイセラピーでは，遊びのもつ癒しの効果を最大限に引き出すため，日常の遊びとは異なる観点で遊びをとらえます。第13章で説明されている発達的な視点に加え，心理的な視点，つまり遊びを子どもの気持ちの表れとして理解します。

　また，プレイセラピーでは1対1で秘密が守られ安心できる時間・空間が設定されるという「枠」があることも，日常の遊びとの大きな違いです。日常の遊びでは，他児との予期せぬ相互作用や遊び場の移り変わりによって遊びが意外な展開になるなど，外に開かれているからこそその面白さがあります。一方，プレイセラピーでは，外と独立した「枠」を設定することで，子どもが安心して本音を表現することができます。その遊びに含まれた子どもの悩みや不安をくみ取り，セラピストが共感・受容していくことで，子どもは癒され生き生きと過ごせるようになっていくのです。

　プレイセラピーにおける遊びは多種多様で，同じ遊びであってもその時の子どもの状態や遊びの流れによっても意味合いが変わってきます。「この遊びにはこういう意味がある」と1対1対応で理解できるものではなく，プレイセラピーを通して子どもの気持ちを受け取るには専門的な訓練が必要です。いくつか具体例をみてみましょう。

　ごっこ遊びは，プレイセラピーでもよくみ

プレイセラピーにみる遊び
筆者が勤務する小児科クリニックにおけるプレイルーム
（筆者撮影）

られる遊びのひとつです。たとえば，子どもが人形をボコボコに殴ったりしたとします。この表現は，虐待等で子ども自身が負った傷つきを再現した可能性もありますし，普段は気持ちを抑えこみがちな子が自分の気持ちに素直になって攻撃性を表出したのかもしれません。表現し始めの時期は安全な場で攻撃性を表現しきることに意味があることが多いですし，何度も表現を重ねた時期であれば，攻撃性を遊びとしてうまく処理できるようになったととらえられることもあります。

　このように，プレイセラピーでは多彩な遊びが展開され，その意味もまた多様です。遊びそのものに創造的な治癒力がありますが，遊びに託された子どもの思いを，その意味を決めつけずに広く想像し受けとめようとする姿勢が，子どもと深い信頼関係を築き，子どもの癒しを支えるための第一歩となります。

（帝塚山大学こころのケアセンター

主任相談員　平野仁弥）

第14章
乳幼児期の学びの過程と特性

本章では，乳幼児期の学びには「発達」の視点が重要であることを学びます。第1節では乳幼児期の学びを，「発達」の視点からとらえる意義を説明します。その上で，発達の全体像をとらえるために，「乳児（0歳）」，「1歳以上3歳未満児」，「3歳以上児」の3つの時期に分ける視点を紹介します。そして，第2〜4節で，これまでの章で学んできたそれぞれの発達を土台に，各時期の発達の全体像を整理し，保育者としての関わりを考えていきます。

1 乳幼児期の学びの過程と特性の理解

1．乳幼児期の学びとは

　乳幼児の「学び」とはどのようなものでしょうか。乳幼児は，教科書を読んだり，授業を聞いたりするような「お勉強」のような学びはあまりしません。乳幼児にとっては，ガラガラを振ると音が鳴るとわかることも学びですし，お友だちと順番におもちゃを使えるようになることも学びです。大人にとっては当たり前のことでも，私たちは発達の過程で学んだからこそ，「当たり前」に感じられるようになっているのです。

　乳幼児期の学びを考える上では，「学び」を単体でとらえるのではなく，発達の過程の中に位置づけていくことが大切です。ガラガラを振ることが「学び」になるのは，ピアジェの理論で感覚運動期にあたる乳児にとっては，繰り返し物を扱って，どうなるかを理解していくことが大切な時期[1]だからです。このように，その時々の発達にあった学びを積み重ねていくことが，発達的変化の大きい乳幼児にとってはとくに重要です。

▷1　感覚運動期の循環反応のこと。詳細は第8章を参照。

　また，乳幼児の学びは，「お勉強」を通して行われるというよりも，「遊び」や「生活」の中で進んでいくという特性があります。たとえば，お友だち同士で鬼ごっこをすることでルールややり取りを学ぶことができますし，着替えや排せつなど生活習慣を身につけていくことも，乳幼児期の大切な学びです。

　さらに，保育所や幼稚園における学びにおいては，「保育所保育指針」にもあるように，養護と教育が一体的に行われます。学びというと「教

178

育」が必要な気がしますが，とくに乳幼児期における学びのためには，保育における「養護」が欠かせません。安全な環境の中で，保育者が傍にいてくれる安心感のもとでこそ，乳幼児は伸び伸びと学びを積み重ねていくことができるのです。

2．発達の中の言葉

本書では，乳幼児の発達について学んできました。具体的には，第4～9章および第13章で，身体・運動，アタッチメント，自己・感情，社会性，認知，言語，遊びという側面ごとに，「○○の発達」というテーマのもと，それぞれについて詳しく学んできました。しかし，「○○の発達」というとらえ方だけでは，見落としてしまうことがあります。それぞれの側面の発達がまったく別々に進んでいくわけではないということです。

岡本夏木は『子どもとことば』（1982）の中で，「その子としての一つの発達が，各領域に反映している」のを○○の発達と呼んでいるに過ぎないと指摘しています。すなわち，一人の人間としてその全体像をとらえる視点です。そして岡本は，「言語の発達」に代わる表現として「発達のなかのことば」という表現を提案しています。

この指摘は，言語以外の側面にも当てはまります。一人の子どもが発達していく中で，社会性や認知，遊びなどの発達が見えてくるのです。子どもの発達に携わる上では，「○○の発達」をそれぞれ理解しておくことは大切ですが，一人の子どもとして，その全体像をとらえる視点もまた大切です。そこで本章では，乳幼児期を大まかに3つの時期に分け，全体像として発達を整理し直してみましょう。

3．「保育所保育指針」における発達段階の分類

「保育所保育指針」の中では，発達段階ごとに，0歳台の「乳児」，「1歳以上3歳未満児」，「3歳以上児」の3つに分けられています。その中でも「第2章 保育の内容 (1) 基本的事項 ア」の中に，各時期の特徴が端的にまとめられています。内容については，第2節以降で紹介します。

4．エリクソンの心理・社会的発達段階──ライフサイクル理論

子どもの発達の全体像をとらえるために有用な視点に**エリクソン**のライフサイクル理論があります。エリクソンは，人の一生には8つの発達段階があり，それぞれの**発達段階**にその時期特有の達成すべき**発達課題**

▷2　**保育における養護**
『保育所保育指針解説』（2018）で「子どもたちの生命を保持し，その情緒の安定を図るための保育士等による細やかな配慮の下での援助や関わりを総称するものである。心身の機能の未熟さを抱える乳幼児期の子どもが，その子らしさを発揮しながら心豊かに育つためには，保育士等が，一人一人の子どもを深く愛し，守り，支えようとすることが重要である」（15頁）と説明されている。

▷3　「0歳」「1～3歳」「3歳～就学まで」の3つに分けるのは，発達心理学における分類とも一致する。発達心理学においては，各時期を「乳児期」「幼児期前期」「幼児期後期」と呼ぶことが多い。

▷4　**エリクソン（Erikson, E. H., 1902～1994）**
ウィーンでアンナ・フロイト（Frued, A.）から精神分析の訓練を受けた精神分析家であり臨床医。1933年にアメリカ合衆国にわたり，1946年から1950年にかけて著した『幼児期と社会』の中で，ライフサイクル理論を明確にした。

があることをライフサイクル理論としてまとめました（表14‐1）。

　エリクソンのライフサイクル理論が，子どもの発達を考えていく時に役に立つ視点はいくつもあります。まずひとつ目は，人の発達というのは，生物としての身体発達，心理的発達，社会的発達の3つの側面が相互に関連し合いながら発達していくという視点です。とくに，それぞれの発達段階には，その時期に重要となる人間関係があり，その関係の中で発達課題を達成して成熟していく，と考えます。また，私たち人間はこうしたライフサイクルを進みながら，社会の一員となり，そして次の世代に文化や価値観等を伝えていくのだということも示しています。

　2つ目が，人の心理社会的な発達も**漸成的**（epigenesis）に進むということを示した点です。人の心の発達も身体器官と同様に段階的に発達し，発達課題を達成しながら一歩一歩進み大人として成熟していく，もしそれを逃すと，心理社会的発達に課題が残る，と考えたのです。

　3つ目が，発達の「**危機（crisis）**」という考え方です。各発達段階にはそれぞれの時期に優勢になる発達課題がありますが，それを達成するために人は葛藤を経験します。そして，うまく達成できた時に得る特質と失敗してしまった場合に負う特質を「～対～」という形式で表しています。どちらに進むかの分かれ道にあることを，「危機（crisis）」と表現したのです。

　8つの発達段階の中の最初の3つが，乳幼児期に集中しています。つまり，私たちが「**健康なパーソナリティの成長**」，つまり心の健康を保って人格の成長を果たす上で，乳幼児期がいかに重要な基盤になるかということをエリクソンは教えてくれています。そしてこれが，ちょうど「保育所保育指針」の3つの区分に対応しています。

　ここからは，エリクソンのライフサイクル理論をわかりやすく著した佐々木（1996）を参考にして保育現場に関連の深い乳幼児期にあたる3つの段階を中心に簡単に紹介します。

①乳児期（0～1歳頃）

　乳児期の発達課題は「基本的信頼」です。一人では生きていくことができない乳児が，泣くことで自分の欲求を養育者（主には母親が担うことが多い）に伝えて自分の望みを叶えてもらいます。そうすることで，乳児は養育者を信頼できるようになり，周囲の世界は安全で信頼できるという感覚を育てていきます。そのように愛され大切にされる自分自身の存在を信頼できるようになっていきます。これが「基本的信頼」であり，乳児期にもっともよく育つということです。それには乳児が望んだこと

表14-1　エリクソンの発達段階と心理的危機および重要な関係の範囲

発達段階	心理・社会的危機	重要な関係の範囲
Ⅰ　乳児期	基本的信頼　対　基本的不信	母親的人物
Ⅱ　幼児期前期	自律性　対　恥，疑惑	親的人物
Ⅲ　幼児期後期 ◁7	自発性　対　罪悪感	基本家族
Ⅳ　学童期	勤勉性　対　劣等感	「近隣」，学校
Ⅴ　青年期	同一性　対　同一性混乱	仲間集団と外集団：リーダーシップの諸モデル
Ⅵ　前成人期	親密　対　孤立	友情，性愛，競争，協力の関係におけるパートナー
Ⅶ　成人期	生殖性　対　停滞	（分担する）労働と（共有する）家族
Ⅷ　老年期	統合　対　絶望	「人類」「私の種族」

出典：Erikson（1963/1977）および Erikson & Erikson（1997/2001）をもとに筆者作成。

を望んだ通りに満たしてあげることが大切なのです。これが十分に満たされないと，周囲の人も自分自身も信じることができない「基本的不信」を根深く抱えることになってしまうのです。

②幼児期前期（1～3歳頃）

　幼児期前期の発達課題は「自律性」です。トイレトレーニングに象徴されるように，しつけを通して自分の欲求や衝動をコントロールし，自制することを学ぶ時期です。社会で生きていくためには，ルールを守る必要があり，その基盤が育つ時期なのです。大人はルールの枠組みを示し，根気よく繰り返し教え，子ども自身が自分で自分の心身の欲求の自制ができるのを待ってあげることが大切です。これがうまく獲得できないと，自分自身の存在を「恥じ」たり自分の能力への「疑惑」を植えつけたりすることになるのです。

③幼児期後期（3～6歳頃）

　幼児期の後半の発達課題は「**自発性**」◁8 です。子どもの運動機能が発達し，自分の身体を思うように動かせるようになるにつれて子どもは活発になります。周囲のものごとに好奇心旺盛に働きかけ，よく遊びます。遊びを通して周囲の世界を探求していきます。この時期に多くみられるいたずらも，大人からみればわかりきっていることですが，子どもは自ら興味をもったものに対して，その性質を知ろうとして何度も何度も繰り返し働きかけ，同時に自分の体力，知力，能力を確認していきます。これはまさに科学者が実験を繰り返して真理を追究する態度に通じるも

▷7　**幼児期後期**（表14-1）
発達段階Ⅲは，英語ではplay age で，『ライフサイクル，その完結』（1997/2001）では「遊戯期」と訳されているが，ここでは，エリクソンの発達段階Ⅱに対応させ，かつ「保育所保育指針」の3つの区分にも呼応する形で，「幼児期後期」とする。

▷8　**自発性**
発達段階Ⅲの心理・社会的危機は英語では initiative である。エリクソンの訳書では「自発性」または「自主性」とされているが，ここでは，『幼児期と社会』（1963/1977）に合わせて「自発性」とする。

のです。創造力の基盤になっていきます。こうした子どもの行動に対して強く罰したり禁止しすぎると，子どもは自分が行うことに対する罪の意識，すなわち「罪悪感」をもってしまうのです。

④学童期（7～12歳）

乳幼児期に身につけたものの先に学童期の「勤勉性」獲得の発達課題がやってきます。「勤勉性」，すなわち，自分たちが所属する社会が期待している活動を自発的にかつ習慣的に営む力がもっとも発達する時期だとエリクソンは言っています。そしてそれは，仲間と道具や知識，体験世界を共有することを通して身につけるといいます。つまり，友だちから何かを学ぶこと，友だちに何かを教えることを通してもっとも育まれるのです。この時期に期待されたことがうまくできないと「劣等感」を強く感じるようになってしまいます。

これ以降，**青年期**，^{▷9} **前成人期**，^{▷10} **成人期**，^{▷11} **老年期**^{▷12}と続き，死に至るまでのライフサイクルをエリクソンは提示しています。

② 乳児の発達

1．「保育所保育指針」とエリクソンにみる乳児

乳児への保育のねらいと内容について，「保育所保育指針」では，第2章保育の内容で次のように説明されています。

1　乳児保育に関わるねらい及び内容
　(1)　基本的事項
　　ア　乳児期の発達については，視覚，聴覚などの感覚や，座る，はう，歩くなどの運動機能が著しく発達し，特定の大人との応答的な関わりを通じて，情緒的な 絆 が形成されるといった特徴がある。これらの発達の特徴を踏まえて，乳児保育は，愛情豊かに，応答的に行われることが特に必要である。

短い文章の中に，端的にまとめられていますね。ここでは，最初にその時期の発達の特徴がまとめてあり，最後の一文に関わりのポイントが書いてあります。この書き方は1歳以上でも同様なので，第3節以降で確認してみてください。

さて，ここに書かれている特徴のひとつ目は「感覚」や「運動機能」

▷9　**青年期**
青年期の課題は「同一性の獲得」。英語では identity，それをこのまま「アイデンティティの獲得」ともいう。「同一性」が獲得できず，自分が社会の中で役割を果たす何者にもなれないと，「同一性の混乱」した状態になってしまう。

▷10　**前成人期**
同一性（アイデンティティ）の獲得ができ，自己を安定して確立できた先に，他者との「親密性」がテーマになる。自分がしっかりできているからこそ，親友，パートナーとの親密な関係をもてるようになる。この時期に親密な友人関係，パートナー関係が結べないと，「孤立」を抱えることになる。

▷11　**成人期**
成人期の課題は「生殖性」とされているが，英語ではgenerativity，「世代性」とも訳される。次の世代をよりよく生み出そうとし，その役割を担うという意味である。子育てだけではなく，社会における知識，技術，文化を次の世代に伝え，それを担う人材を育てる仕事を行うことがこの時期の課題だとエリクソンは言う。このような関わりができないと，人は自己愛的に生きることになり，さまざまなつながりがもてずに「停滞」してしまう。

といった，第4章で学んだ身体・運動面に通じる内容です。これらはピアジェのいう**感覚運動期**の特徴とも関係します。2つ目は，特定の大人との情緒的な絆，すなわち**アタッチメント**の重要性についてです。

一方，エリクソンの理論における乳児期の発達課題は「基本的信頼」です。乳児は泣くことを通して自分の欲求を伝えようとし，養育者はその欲求を満たしてあげます。すると，乳児は養育者を信頼するようになります。このやり取りを積み重ねると，周囲の世界が安全だと感じ，自分自身の存在も確かなものとして実感できるようになります。この自分と世界に対する信頼を，エリクソンは「基本的信頼」と呼んだのです。

2．発達の特徴──人と物の世界を知る

子どもの発達のスピードはめまぐるしいものがありますが，その中でも乳児期はもっとも変化の大きい1年だといっても過言ではありません。この乳児期の発達的な特徴を一言でいうと「人と物の世界を知る」ことといえます。ここでは，「保育所保育指針」にも書かれている運動機能の発達に合わせて整理していきましょう。

「保育所保育指針」にあるように，乳児期には「座る，はう，歩く」と運動機能が段階的に発達していきます。しかし，ヒトは**生理的早産**であるといわれるように，乳児期の初めは自分で姿勢を変えることすらほとんどできず，「寝転がっている」だけの期間が数か月続きます。その間も，おなかがすいたり，排せつをしてお尻が気持ち悪くなったりはします。乳児のほぼ唯一の対処である「泣く」ことに対して，養育者が応答的に世話をしていくことの重要性は，「基本的信頼」として説明した通りです。また，この世話では，目を合わせてほほえみかけられたり，やさしい声かけをしてもらったり（**マザリーズ**），抱っこをしてもらったりと，情緒的な関わりも一緒に経験します。特定の相手とのこのようなやり取りを通して，「情緒的な絆」であるアタッチメントが確かなものになっていきますし，言葉や社会性が発達する土台になります。

自分で「座る」ことができるようになると，一気に見える世界が変わります。それまでは，覗き込む大人の顔や天井くらいしか見えなかったのが，座ると，近くに置いてあるもの，遠くで動いているもの，いろいろなものが目に入り，興味が広がります。そして，ハイハイで自ら移動できるようになると，安定したアタッチメントがあれば，養育者を安全基地として部屋を「探索」するようになります。

認知発達の面からみると，乳児期は「感覚運動期」にあたり，実際に自分の身体を動かしてみたり，いろいろなものを舐めたり，触ったり，

▷12　**老年期**
佐々木（1996）はこの時期の課題「統合」を「広大無限に広がり，悠久と続く空間と時間のなかで，宇宙万物と自分の生涯の間に秩序と意味を見出すことです。やり直すことのできない自分の人生の意味に気づくことです」と解説している。これまで生きてきた人生に意味を見出し，そして自分を超える大いなるもの，歴史や宇宙といったものの一部として自分自身を位置づけることができ，自分の人生に満足できるような境地をさしている。これができないと，老人は深い「絶望」に陥るという。

▷13　**感覚運動期**
詳細は，第8章第3節を参照。

▷14　**アタッチメント**
詳細は，第5章を参照。

▷15　**生理的早産**
詳細は，第1章第2節第2項を参照。

▷16　**マザリーズ**
詳細は，第9章第3節を参照。

投げたりすることが大切です。繰り返し行うことにより（**循環反応**）[17]，自分の行動と身の回りの物との関係性を学んでいきます。初めて出合う物に対しては，最初は怖いと感じることもありますが，「**社会的参照**」[18]を行い，大人の反応を確認することで，怖いものではないと理解していきます。興味が広がると，さらに動きたい気持ちも増えて，自ら立ち上がって上の方の物を取ってみたり，歩いたりしはじめます。

3．保育のヒント──安心・安全

　乳児保育で大切なことは「安心・安全」な環境づくりです。

　まず，心理的な「安心」を感じるためには，保育者との信頼関係が大切です。「保育所保育指針」には「乳児保育は，愛情豊かに，応答的に行われることが特に必要である」とありましたが，ここでのポイントは「応答的」です。つまり，乳児が「泣く」ことを通して伝えてくれることに，応え（答え）ていくということです。乳児にとって，泣くことは唯一の対処方法なので，求めていたものが返ってくれば，自分自身の行動によって対処できるのだと理解することにつながります。一方，泣くという精一杯の努力に対して求めている応答がなければ，乳児はいくら頑張ってもどうにもできないということを学習してしまいます。佐々木（1998）は，乳児院での夜間授乳の研究[19]を紹介する中で，乳児期の子どもが自分の要求を周囲の大人から満たしてもらえなければ，将来「すぐあきらめる子」に育つことを指摘しています。乳児期の心理的な「安心」は，その後の人生の心理的基盤になるのです。

　一方，物理的に「安全」な環境構成[20]も大切です。乳児は身の回りのありとあらゆる物を手に取り，舐めますが，まだ何が危険なのかをよくわかっていません。そのため，誤飲しそうな小さな物や，尖っていたり鋭くなっている物などは，手の届かない位置に置く，衛生面に気をつけるなどの配慮が必要です。また，自分で移動できるようになったら，転落・転倒防止や家具の角を丸くするなどの対応が望ましいです。

　このように，保育者との関係性の中で心理的に満たされ，乳児が活動できる環境を物理的に構成する，「安心・安全」な環境づくりが，乳児期の保育を考える上でのポイントです。

▷17　循環反応
詳細は，第8章第3節第2項を参照。
▷18　社会的参照
詳細は，第7章第1節第3項を参照。
▷19　佐々木（1998）が紹介している研究の概要は以下の通りである。乳児院の夜間授乳について，乳児を2つのグループに分けた。一方は，泣いても夜間は授乳を行わず，昼間にだけ定時授乳を行った。もう一方は，乳児の要求にそのつど応えた（授乳だけでなく，あやしたり，遊んだりもした）。その結果，最初のグループは1週間で朝まで泣かなくなったが，その後，忍耐強い子どもに育ったわけではなく，困難を避けたり，すぐにあきらめる傾向があった。また，周囲の人に対する不信感と自分に対する無力感をもっていた。一方，要求に応えたグループの子どもは，あきらめない子になり，基本的信頼をもつことができた。
▷20　「保育所保育指針」では，「第3章健康及び安全」で次のように記されている。
3　環境及び衛生管理並びに安全管理
(1)　環境及び衛生管理
ア　施設の温度，湿度，換気，採光，音などの環境を常に適切な状態に保持するとともに，施設内外の設備及び用具等の衛生管理に努めること。
イ　施設内外の適切な環境の維持に努めるとともに，子ども及び全職員が清潔を保つようにすること。また，職員は衛生知識の向上に努めること。

3　1歳以上3歳未満児の発達

1．「保育所保育指針」とエリクソンにみる1歳以上3歳未満児

1歳以上3歳未満児への保育のねらいと内容について，「保育所保育指針」第2章保育の内容では次のように説明されています。

2　1歳以上3歳未満の保育に関わるねらい及び内容

　(1)　基本的事項

　　ア　この時期においては，歩き始めから，歩く，走る，跳ぶなどへと，基本的な運動機能が次第に発達し，排泄の自立のための身体的機能も整うようになる。つまむ，めくるなどの指先の機能も発達し，食事，衣類の着脱なども，保育士等の援助の下で自分で行うようになる。発声も明瞭になり，語彙も増加し，自分の意思や欲求を言葉で表出できるようになる。このように自分でできることが増えてくる時期であることから，保育士等は，子どもの生活の安定を図りながら，自分でしようとする気持ちを尊重し，温かく見守るとともに，愛情豊かに，応答的に関わることが必要である。

　この時期の発達の特徴のひとつは，「保育所保育指針」にもある通り，粗大運動，微細運動いずれもの運動機能が発達し，生活を通して自分の身のまわりのことが次第に自分でできるようになっていくことです。もうひとつの特徴は，自分でやりたいという意欲が高まり，自己主張が強まることです。エリクソンは，幼児期前期の発達課題を「自律性」だとしています。自律性とは，自分の意志で自分の衝動，欲求，行動をコントロールする力のことです。やりたい意欲は尊重されながらも，何でも自分の思い通りにできるわけではなく，自分を抑えてルールに従う必要があることを，しつけを通して信頼できる大人から教わります。大切なのは，それも**自分でできるようになる**，ということです。誰かにコントロールされるのではなく，幼児自身が自分の衝動もコントロールできるようになることをめざして，大人は根気よく関わっていくことが大切になります。

▷21　佐々木（1998）はエリクソンの自律性についてわかりやすく書いた書籍の中で，「子どもの自律というのは，しつけを通じて育てるのですが，こうしてはいけません，こうしなければいけませんということを，優しく，できるまでくり返しくり返し伝えるのです。失敗すれば，また教え伝えるのです。伝えるところまでがしつけでありまして，いつからできるようになるかは，子どもまかせにしてあげるところに，しつけの一番重要な鍵があるわけです」(174頁）と記している。

185

2．発達の特徴──自分でやりたい，自分で抑える，自分でできる

　1歳以上3歳未満児の発達の特徴は，「自分でやりたい，自分で抑える，自分でできる」です。エリクソンはこの時期を，自分の「意志」の力がもっとも育つのだと言っています。

　1歳を過ぎて歩き始めると，子どもは自分の身体を使って何でもやってみたい意欲が高まり，周囲の世界への探索を広げていきます。信頼できる大人との関係を支えにしながら（アタッチメント，基本的信頼），五感を通した体験と心地よい感情の体験が言葉と結びついていきます。たとえば，おやつにぶどうを出されると，幼児は自分でつまんで口に入れます。そばで母親は，「ぶどうおいしいね。まあるいぶどうだね。上手にお手てで食べてるね」と声をかけながら一緒に食べます。「ああ，おいしい。大好きなぶどうを食べられてうれしいね」と母親は一緒に笑顔で食べてくれます。自分の手を使って食べてぶどうの甘酸っぱいおいしさを味わい，うれしい，楽しいという感情を分かち合う体験をします。やがて食べていない時にも，ぶどうをつまんで食べるふりをする姿がみられるようになります。イメージを描く力＝表象機能が発達してくると，ピアジェの言う「感覚運動期」から「前操作期」に入ってきたことがわかります。すると，「ぶどう」という一語文を話し出し，語彙が増え始めます。

　できることが増えるにつれて，自分を強く主張することも増え始めます。やりたい意欲は尊重しながらも，何でも自分の思い通りにできるわけではなく，自分を抑えてルールに従う必要があることを，しつけを通して教える時期になります。「ぶどう（もっと食べる）」という子どもの欲求と「ぶどうはごはんのあと」という大人が提示する制限がぶつかり，子どもは激しい葛藤を経験します。イヤイヤ期には，かんしゃくもみられますが，情動調整の発達に伴い，3歳を迎えるころには制限を受け入れていくことを学び，「ぶどうはごはんがおわったら」と欲求を抑えて言葉でも自分を調整する力をつけて，自律性を身につけていきます。

　まわりの子どもたちのすることにも興味をもち，友だちの持っているものをほしがり，物の取り合いをめぐるいざこざが多くみられるようにもなってきます。ここでも，「じゅんばんね」「あとでね」「かしてって言おうね」と大人に言葉をかけられながら，やがて，自ら「じゅんばんね」「まってね」「かしてね」「いいよ」という言葉を使って自分の欲求をコントロールする自律性が育っていきます。自分の力で自分ができる，という体験が，子ども自身に**誇らしい気持ち**[22]を育てていきます。この育

ちが，幼児期後期の子ども同士で一緒に遊ぶ楽しさを味わい，さらなる世界を広げる発達段階へとつながっていくのです。

3．保育のヒント──受け止め，教え，待つ

第2項で示したように，運動，認知，社会性，言語発達が相互に関連し合いながら伸びてくることに支えられながら，この時期は自分の意志で自分の行動をコントロールする力を身につけていきます。それが自律性です。子ども自身が自分でできるようになるためには，保育者は，子どもの「やりたい」「自分で」，という意欲を認め，受け止めつつ，できるように手と言葉を添えて教え，できるように励まし，子ども自身が自分でできるのを待ちます。失敗すれば，また繰り返し教えてできるようになるのを支えていく関わりが求められます。ですから，たとえば，定期排せつの時間だからと，どの子も一度に排尿するまで座らせる，といった関わり方は，もっともしてはいけないものです。ましてや，トイレの失敗をした時に，厳しく叱ったり，なじったり，子どものせいにしたりするような関わりはすべきではありません。それは，自分の身体を外部から強制的にコントロールされることであり，自律ではなく，他律です。自分で自分自身をコントロールできないという，恥の感覚を根深く植えつけることになり，子どもの将来につながる健康な発達を阻害することになりかねないのです。そのことを保育者は深く理解しておく必要があります。

4　3歳以上児の発達

1．「保育所保育指針」とエリクソンにみる3歳以上児

3歳以上児への保育のねらいと内容について，「保育所保育指針」では次のように説明されています。

3　3歳以上児の保育に関するねらい及び内容
　(1)　基本的事項
　　ア　この時期においては，運動機能の発達により，基本的な動作が一通りできるようになるとともに，基本的な生活習慣もほぼ自立できるようになる。理解する語彙数が急激に増加し，知的興味や関心も高まってくる。仲間と遊び，仲間の中の一

> 人という自覚が生じ，集団的な遊びや協同的な活動も見られ
> るようになる。これらの発達の特徴を踏まえて，この時期の
> 保育においては，個の成長と集団としての活動の充実が図ら
> れるようにしなければならない。

　この短い文章からも，3歳未満児と比べると，格段に「できる」こと
が増えていることが感じられますね。エリクソンの理論では，幼児期後
期（3歳以上児）の発達課題は「自発性」です。自分でできることが増
え，興味の広がりに合わせて，新しいことを実際にやってみて確かめた
り，挑戦してみたりします。これは「保育所保育指針」の内容とも重
なっています。

2．発達の特徴──世界が広がる，広げる

　3歳以上児の発達的な特徴は「世界が広がる，広げる」ことです。
「保育所保育指針」にもあるように，運動機能でも，生活習慣でも，自
分で「できる」ことが増えてきます。また，知的発達が進み，いろいろ
なことが「わかる」ようにもなってきます。そして，いろいろなことに
興味・関心を広げていきます。この時期の子どもはとても活発で，いろ
いろなところを走りまわり，大人が見えないところでも遊ぶようになり，
子どもだけでの遊びも多くなります。

　いずれにせよ，子ども自身の興味・関心の高まりとともに，遊ぶ場所
や内容という意味でも，子ども同士の関わりという意味でも，世界が広
がっていきます。そして，子どもが興味をもったことは，実際に「やっ
てみる」ことで，自分自身の力でさらに世界を広げていくことができま
す。乳児期には大人の応答が，1歳以上3歳未満児では大人が気持ちを
受け止めつつ教えることが大切であり，主に大人との関わりの中で発達
していきます。一方，3歳以上児では，子ども自身でやってみること，
子ども同士で関わることが大切になってくるのです。

3．保育のヒント──見守ること

　子ども自身，もしくは子ども同士の関わりが大切なので，保育者の直
接的な関わりは，それまでと比べると少なくなります。その際に保育者
が行うのは「見守る」ことです。

　「見守る」という言葉から，保育者は何をすればよいのかイメージし
てみましょう。もちろん，何もしなくてよいわけではありませんし，子

どもを放置しているわけでもありません。文字通り，きちんと「見る」ことが求められます。なぜかというと，子どもだけで「できる」ことが増えたといっても，まだまだ十分にわかっていないことや知らないこともあれば，人間関係でうまくいかなくなってしまうこともあります。そのため，保育者は直接的に子どもたちと関わらなくとも，子どもたちが誰とどこで何をしているのかをきちんと見ておき，必要なタイミングを見極めた上で関わることが大切です。見るというのは，じつはとても難しく，断片的にしか見ていないと，うまく間に入ることができなくなってしまいます。

　具体的には，まず子ども同士で安全に遊ぶことができ，自分から興味や関心を広げられる環境構成を行いましょう。そして，発達のチャンスを見つけたら，興味をもう一歩広げることができそうなおもちゃをさりげなく置いてみたり，子どもたちの気づきにつながるような声かけもできるかもしれません。また，いざこざ場面では，子どもたち同士で考えられるようにしていくことが大切です。このように，大人がすべて教えるのではなく，子ども自らが考え，気づけるような関わりがポイントです。

　なお，子どもが自分からやろうとしたことに対して，大人が厳しく禁止したり，否定したりすると，自分が間違ったことをしているという感覚，すなわち自分の行動への罪悪感をもつようになってしまいます。危険なことを止めたり，時には叱ることもあるでしょうが，頭ごなしに否定するのではなく，子どもが自分から興味をもち，やってみようとした気持ちは尊重しつつ，必要なことを教えていく姿勢が大切です。

　第2～4節まででみてきたように，ひとくちに乳幼児期といっても，その中の各時期での姿は異なります。それぞれの時期の発達の特徴を理解し，保育の心理学で学んだ視点をもとに的確な関わりを心がけて保育を行っていきましょう。

◆考えてみよう！

(1) 乳児になった気持ちで，まず「仰向けに寝転ぶ」ことを実践し，その時に見える世界を味わってみましょう。その後，「座る」「立つ」と姿勢を変え，違いを確かめてみましょう。

(2) 自分自身や身近な人の乳幼児期の写真を見返し，「0歳」「1歳以上3歳未満」「3歳以上（就学前）」の各時期の特徴をよく表している写真を探して持ち寄り，グループで見比べてみましょう。

引用・参考文献

・Erikson, E. H.（1959）*Identity and The Life Cycle*, International Universities Press（E. H. エリクソン／西平直・中島由恵訳（2011）『アイデンティティとライフサイクル』誠信書房）.

・Erikson, E. H.（1963）*Childhood and Society*（2nd ed.）, W. W. Norton（E. H. エリクソン／仁科弥生訳（1977）『幼児期と社会1』みすず書房，317〜353頁）.

・Erikson, E. H. & Erikson, J. M.（1997）*The Life Cycle Completed*, A Review Expanded Edition, W. W. Norton（E. H. エリクソン・J. M. エリクソン／村瀬孝雄・近藤邦夫訳（2001）『ライフサイクル，その完結〈増補版〉』みすず書房，71〜78頁）.

・Erikson, J. M. & Erikson, E. H.（1950）Growth and crisis of the "healthy personality," In Symposium on the Healthy Personality, edited by M. Senn, New York: Josiah Macy Foundation.

・岡本夏木（1982）『子どもとことば』岩波書店。

・厚生労働省（2017）「保育所保育指針」。

・厚生労働省（2018）『保育所保育指針解説』。

・佐々木正美（1996）『生き方の道標 エリクソンとの散歩』子育て協会。

・佐々木正美（1998）『子どもへのまなざし』福音館書店。

第15章
乳幼児期の学びを支える保育

　本章ではまず，乳幼児期の遊びを中心とした総合的な学びが，学童期以降の学びにどのように
つながっていくのかについて学びます。また，乳幼児期の学びを支える保育実践について具
体例をあげて論じ，保育者の関わりのポイントについて解説します。最後に，乳幼児期の学び
を支える中心的存在である保護者の役割について学び，現代社会における子育ての難しさや，
保育者が行う保護者支援の重要性について考察します。

1　幼児期に育みたい資質・能力について

1．幼児期にどのような資質・能力が必要か

　本書の各章で学んだように，乳幼児期の発達には目覚ましいものがあ
り，運動発達面，認知発達面，言語発達面のいずれもが劇的に発達して
いきます。保育者は，こうした子どもの発達段階を理解した上で保育を
計画し，日々の保育実践を行っていきます。

　年長児は卒園すると，小学校という教育の場に足を踏み入れることに
なります。9年間という長い義務教育の始まりです。保育者は，幼児期
に培った力が小学校就学後の学校への適応につながっていくことをめざ
し，指導計画を立てる必要があります。2018（平成30）年4月から施行
された「保育所保育指針」においては，保育所が，幼稚園，認定こども
園と共に幼児教育を行う中心的な施設のひとつであることが明記されま
した。従来の「幼稚園は教育を行う施設であり，保育所は保育を行う施
設である」という画一的な見方にとらわれることなく，保育所も幼児教
育を積極的に行っていく必要があります。

　「保育所保育指針　第1章総則　4　幼児教育を行う施設として共有す
べき事項　(1) 育みたい資質・能力」には以下のように記されています。

　　(ア)　豊かな体験を通じて，感じたり，気付いたり，分かったり，で
　　　きるようになったりする「知識及び技能の基礎」
　　(イ)　気付いたことや，できるようになったことなどを使い，考えた

り，試したり，工夫したり，表現したりする「思考力，判断力，
表現力等の基礎」
　(ウ)　心情，意欲，態度が育つ中で，よりよい生活を営もうとする
　　「学びに向かう力，人間性等」

　重要なのは，これら３つの資質・能力は，５歳児の保育活動において
のみ達成されるものではなく，日々の保育活動を通して，徐々に育まれ
ていくものだという点です。長時間子どもが生活する場である保育所に
おいては，養護と教育が一体となって行われる必要があります。保育者
は温かく受容的な雰囲気の中で，子どもの表現を受け止め，応答的に関
わることが求められます。０歳児から５歳児までのそれぞれの発達段階
における「ねらい」の達成の積み重ねが，３つの資質・能力につながる
ことを忘れないでください。たとえば「早期教育」の名のもとに行われ
る，識字や運動を教育活動として発達早期から行う取り組みではなく，
子ども自身の興味や関心を，遊びを通して育んでいくことも保育者の重
要な役割です。子ども自身の興味関心が遊びを通して学びにつながって
いる具体例をみてみましょう。

▷１　「保育所保育指針」
によれば，「養護」とは
「子どもの生命の保持及び
情緒の安定を図るために保
育者が行う援助や関わり」
（「保育所保育指針　第１章
総則　２養護に関する基本
的事項　(1)」）とされる。
▷２　応答的関わり
とくに乳児保育において重
視されているが，３歳未満
児や３歳以上児の保育にお
いても重要である。子ども
の感情，欲求，思考，意図
等を保育者が読み取り，言
葉や言葉以外（態度等）で
伝え返すことをさす。

【事例15-1】ひらがなかけたよ！（５歳）
　筆者の息子が５歳の頃のことです。ひらがなを見よう見まねで書いてい
た彼は，「む」「わ」がうまく書けず，「書けないー！」と泣きながら黙々
と練習していました。同時期に幼稚園で「ことばあつめ」という課題があ
り，50音順に好きな言葉を自分で考えて書き，冊子にまとめていました。
年長（６歳）の７月に，できあがった「ことばあつめ」を持ち帰り見せて
くれた息子の表情は，字が書けるようになった満足感と１年以上かけてひ
とつの作品を完成した満足感でいっぱいでした。
　ちなみに彼のお気に入りの言葉は，「ゆうれいイカ」（深海魚の一種）で
した！　幼児の感性はとてもユニークですね。

　事例15-1に示した「文字への関心」に関するエピソードは，３つの
資質の「知識及び技能の基礎」（ひらがなを書く），「思考力，判断力，表
現力等の基礎」（好きな言葉を考えたり調べたりして書く），「学びに向かう
力・人間性等」（さいごまでやりとげる）につながる経験であったと理解
することができます。息子にとっては「文字を書くこと」は遊びであり，
自分から楽しんで取り組めることが文字への関心を高めたのでしょう。
当然こうした学びの背景には，保育者の環境構成（教材の準備，失敗時の
援助，励まし等）が必要なことは言うまでもありません。

表15-1　幼児期の終わりまでに育ってほしい10の姿

ア	健康な心と体
イ	自立心
ウ	協同性
エ	道徳性・規範意識の芽生え
オ	社会生活との関わり
カ	思考力の芽生え
キ	自然との関わり・生命尊重
ク	数量や図形，標識や文字などへの関心・感覚
ケ	言葉による伝え合い
コ	豊かな感性と表現

2．幼児期の終わりまでに育ってほしい姿

　2017（平成29）年に「幼稚園教育要領」「幼保連携型認定こども園教育・保育要領」「保育所保育指針」が改訂され，園種を問わず幼児教育・保育の目指す方向性を統一していく方針が示されました。「保育所保育指針　第1章総則　4　幼児教育を行う施設として共有すべき事項(2)」に記載されている，「幼児期の終わりまでに育ってほしい姿」について表15-1にまとめています。10項目あるため，「幼児期の終わりまでに育ってほしい10の姿」と紹介されることが多いです（以下「10の姿」とする）。汐見（2018）は，「これらは年長になって急に育っていくものではありません。赤ちゃんの時から丹念に育てていくべきことがらです」と述べています。また，「10の姿」は到達目標としてとらえるべきではなく，一人ひとりの子どもの発達状況をふまえた上で，遊びを通した総合的な指導を通して育まれていくものです。保育者が子どもの成長にふさわしい環境を提供していくことを通して，子どもたちが「10の姿」を育み小学校に入学していけるよう，日々の保育を構想し，評価していくことが求められています。

　また，「10の姿」は互いが関連し合って育っていきます。事例をもとに考えてみましょう。

▷3　「幼稚園教育要領」「幼保連携型認定こども園教育・保育要領」にも同様の記載がある。

【事例15-2】　かぶとむしのおはか
　年中クラスで飼っていたカブトムシが，虫かごの中で動かなくなっていました。子どもたちは，「寝ているのかな」「おなかがすいているんじゃない?」などと言います。誰かが，「動かないよ。死んじゃったんじゃない?」というと，「うそだ!」と別の子どもが怒ってケンカになりそうになりました。カブトムシをかごから出してみると，足が縮んで，体のつやもなくなっています。「かわいそう」と泣き出す子もいます。
　担任のユミ先生が「このカブトムシ，どうしてあげようか」とみんなに

聞きます。「お墓にうめてあげないとおばけになるよ」「おばけになるとこわいからお墓をつくろう」などと言い合っていますが，お墓を作ることにまとまりました。園庭のすみの子どもたちにふまれないような場所がいいと，みんなで話し合い，お墓を作ります。お墓に「かぶとむしのおはか」と書いた板を立てました。その後，遊びの合間にふと「かぶとむしのおはか」に行き，数人で歌を歌う姿がみられました。ユミ先生が理由を聞くと，「カブトムシのおばけが出ないように，楽しい歌を歌ってあげてるの」と子どもたちはにっこりして答えました。

　このエピソードは，「自然との関わり・生命尊重」に加え，「文字への関心」「協同性」「豊かな感性と表現」「言葉による伝え合い」など，複数の「10の姿」の項目と関連しています。みなさんがユミ先生の立場なら，このような場面でどのように子どもたちに関わるでしょうか。たとえば，「おばけになるなんて，非科学的だ」と否定したくなったり，歌を歌っていたりする子どもたちに，「カブトムシはみんなのこと大好きだからおばけにならないよ」などと言いたくなるかもしれません。しかし科学的な知識を教えることと，子どもが自ら科学的な思考・知識に気づくこととは異なります。事例15－2では，飼育した小さないのちへの慈しみの気持ちや，「死」というものへの不思議と子どもなりの理解，歌うという行為でカブトムシの魂を鎮めたいという鎮魂の儀礼などが，子どもたちの行動の背景にはあるようです。ユミ先生のように，簡単に答えを出さず，子どもたちと一緒にとことん考える姿勢が，豊かな子どもの感性を育てるのだと思います。ぜひみなさんには，「子どもの姿から学び，子どもと一緒にワクワクドキドキする」柔軟な心を育てていってほしいと思います。

3．接続期における小学校との連携

　5歳児の時期になると，先述したように，小学校入学以降を見据えた教育・保育を意識的に行っていくこととなります。幼児期は，遊びを中心とした総合的な指導を行い，幼児期に育みたい3つの資質を育てていくことが求められます。一方，小学校では，到達目標を設定し，目標に向かって子どもたちが自覚的に学ぶことをめざした教育が行われます。「勉強」をする場所が小学校である，というとわかりやすいでしょう。幼児期の教育・保育と小学校の教育とのちがい（段差）をなくし，子どもたちが義務教育にスムーズに移行するための保育所・幼稚園と小学校の連携がより一層求められるようになってきています。5歳児から，1年生の就学までにかけての時期を「接続期」と呼びますが，接続期にお

いて小学校を意識した保育・教育を行うことを「**アプローチカリキュラ
ム**」と呼びます。たとえば、小学校の運動会に次年度入園予定の年長児
を招待し、プログラムへ参加してもらうこと（玉入れなど、事前の練習が
必要ないプログラムが多い）や、年長児が小学校へ訪問して「学校探検」
を行うことも、広い意味でのアプローチカリキュラムといえます。一方
で、「10の姿」をもとにアプローチカリキュラムを体系的に実施してい
る園もみられます。

　木下（2019）が紹介している、鳴門教育大学附属幼稚園・小学校にお
けるアプローチカリキュラムの実践例を紹介します。「いかだプロジェ
クト」と名づけられたこの活動（授業）では、5歳児と1年生が一緒に
なってペットボトルのいかだを作り、プールに浮かべて遊ぶという目標
を立てて、協力していかだを作っていきます。まずいかだの材料となる
ペットボトルを集めるという活動・授業、材料を使っていかだを作ると
いう活動・授業、完成したいかだで遊ぶという活動・授業、を実施する
プロセスを通して、年長児は「数量や図形、標識や文字への関心・感
覚」や「協同性」「思考力への芽生え」「豊かな感性と表現」「言葉によ
る伝え合い」などを育てていきます。一方1年生は、集めるプロセスは
「**生活科**」や「算数科」、作るプロセスは「生活科」や「図工科」、遊ぶ
プロセスは「生活科」や「体育科」に対応する内容となり、幼児期の学
びと小学校1年生の学びを接続する内容になっています。こうした実践
を通して、5歳児は1年生の姿を見て憧れや尊敬の念を抱き、「こんな
小学生になってみたい！」と期待をふくらませることでしょう。1年生
にとっても、5歳児と接しながら数を数えてあげたり、年長児には難し
い作業を手伝ってあげたりすることで、お兄さん、お姉さんとしての自
覚をもち、積極的に学習に取り組んでいきます。また、「いかだを作っ
てプールに浮かべて遊ぶ」という活動には、子どもたちが自分から進ん
で活動に取り組みたくなる要素がつまっています。子どもの「知りた
い」「やってみたい」が強くなるようなはたらきかけが、接続期の保
育・教育にとって重要と考えられます。

2　乳幼児期の学びを支える保育実践

1.「応答的関わり」と子どもの学び

　とくに乳児保育および1歳以上3歳未満児の保育においては、「応答
的関わり」が重視されます。保育所保育指針の「第2章保育の内容　1

▷4　**アプローチカリキュ
ラム**
国立教育政策研究所
（2017）によると「就学前
の幼児が円滑に小学校の生
活や学習に適応できるよう
にするとともに、幼児期の
学びが小学校の生活や学習
で生かされてつながるよう
に工夫された5歳児のカリ
キュラム」とされており、
幼保小の接続を円滑にする
目的で導入されている。

▷5　「生活科」は、小学
校低学年において設置され
ており、理科や社会科の内
容を含んでいる。生活科で
は体験や活動を重視してお
り、遊びを通じた体験的な
学びを重視する幼児教育・
保育から、到達目標を設定
し、主体的に学習に取り組
むことが求められる小学校
教育への接続を円滑にする
役割を担っている。

乳児保育に関わるねらい及び内容　(1) 基本的事項　ア」には，「乳児期の発達については，……特定の大人との応答的な関わりを通じて，情緒的な 絆 が形成されるといった特徴がある。……乳児保育は，愛情豊かに，応答的に行われることが特に必要である」（下線部筆者）と記載されています。また，「第2章保育の内容　2　1歳以上3歳未満児の保育に関わるねらい及び内容　(1) 基本的事項　ア」には，「……このように自分でできることが増えてくる時期であることから，保育士等は，……自分でしようとする気持ちを尊重し，温かく見守るとともに，愛情豊かに，応答的に関わることが必要である」と記載されています。授業で学生と話していると，この「応答的な関わり」がピンとこないという声をしばしば耳にします。まずは事例をもとに「応答的関わり」のイメージをつかんでみましょう。

【事例15-3】うしろにいるの，なーんだ？（乳児保育）

　クミちゃんは8か月の乳児です。ハイハイが上手になったのがうれしいのか，保育室の中をいつも活発に動き回っています。天気が良い日に，カーテンを開けた保育室で遊んでいたクミちゃんは，自分の後ろに黒いかたまり（影）があるのを見て，不安げに担任のアキ先生を見つめます。「クミちゃん，うしろにいるのなんだろうね」とアキ先生がにっこり笑って言うと，クミちゃんは安心した表情を浮かべ，ハイハイを再開します。しかしまた振り向くと，自分のあとを黒いものがついてきているではありませんか！　クミちゃんは泣き出します。アキ先生はクミちゃんをだっこして，「黒いのがおいかけっこしてびっくりしたね」「あれ，どこいったのかな？」ときょろきょろしてみせます。クミちゃんは泣きやみ，アキ先生の視線をたどって一緒にきょろきょろします。そしてにっこり笑います。床におりてまた元気にハイハイをし始めました。

　クミちゃんは，自分の後ろにぴったりくっついてくる何か（影）に気づき，不安を感じます。アキ先生の表情を見て，にっこり笑っているのを見て，安心してまた遊び始めます。しかし，ふと後ろをふりかえると，ついてくる「何か」に再び気づき，不安に圧倒されます（泣き出す）。アキ先生はだっこしながら，クミちゃんの気持ちを言葉にして伝え返します。さらにクミちゃんが感じた不思議な気持ち（影がいなくなる）を動作（きょろきょろする）で表現します。するとクミちゃんの気持ちは安定し，遊びにまた戻ることができたのです。

【事例15-4】自分でやりたいもん！（1歳児）

　タロウ君は1歳8か月。少し言葉の発達がゆっくりで，「ママ」「ワンワン」などまだ一語文しかでません。外遊びに行く際，まだ上手に靴を履く

ことができません。担任のコウイチ先生はいつもお手伝いをしていたのですが，ある日いつものように，外遊びに行く時にタロウ君に靴を履かせようとすると，「イヤ！」「ダメ！」と言って泣き出しました。コウイチ先生は，「タロウ君自分ではきたいね」と言い，見守ることにしました。タロウ君は靴に足を入れるまではできましたが，マジックテープをとめることができず，怒り出しました。「くやしいねえ。上手にお靴はきたいもんね」とコウイチ先生は優しく語りかけ，「一緒にパッチンしようか」とタロウ君の手を取ってマジックテープの端を自分の指で持ち，くっつけてみました。タロウ君は満足げな表情です。「タロウ君自分でできたね。すごいね」とコウイチ先生がにっこりすると，タロウ君は「デキタ」と微笑みながら言い，外遊びに出かけていきました。

　1歳児後半から，幼児は「**イヤイヤ期**」と呼ばれる時期に差しかかります。何でも自分でしたがる反面，発達的にまだまだ自分ではできないことが多く，かんしゃくを起こしたり泣いたりすることが増えます。この時期に，自分でやりたい気持ちを大人から尊重してもらうことを重ねることで，幼児は自分から環境に関わることの意味を学んでいくのです。事例では，コウイチ先生は，タロウ君の自分でやりたい気持ち，できなくて悔しい気持ちを言葉にして伝え返し，一人ではテープをとめられないタロウ君をさりげなく援助することで，タロウ君が「自分でできた」という感覚をもてるようはたらきかけています。

▷6　**イヤイヤ期**
第一反抗期ともいわれる。イヤイヤ期については，第6章を参照。

　事例15-3，事例15-4から，発達段階に応じた保育者の「応答的な関わり」がイメージできましたか。保育者の「応答的な関わり」を通して，乳幼児は情緒が安定し，自分の気持ちを言葉にして伝え返してもらう経験を重ねることで，自分の気持ち（感情）に気づきます。さらに，保育者の「応答的な関わり」に支えられ，幼児は，自分から環境に働きかけていく（主体性を発揮する）ことでさまざまな気づきが得られることの喜びを感じていくのです。このように，保育者の「応答的な関わり」は乳幼児期の学びにとても重要な役割を果たしていることが理解できたでしょうか。実際に子どもたちと関わる中で，「応答的な関わり」を積極的に行い，身につけていきましょう。

2．協同的な学びと保育

　「10の姿」のひとつに，「協同性」があります。「保育所保育指針」には「友達と関わる中で，互いの思いや考えなどを<u>共有し</u>，共通の目的の実現に向けて，考えたり，工夫したり，<u>協力したり</u>し，<u>充実感をもってやり遂げる</u>ようになる」（下線部筆者）と記載されています。「協同性」

を育てるような学びのプロセスを「協同的な学び」と呼びます。「協同的な学び」が成立するためには，単発の保育活動ではなく，共通の目的を達成することをめざした活動を一定の期間行うことが必要となります。大豆生田（2018a）は，「協同的な学び」が保育において生まれるためのポイントについて整理し，子どもたちの興味・関心を生かし，発表会や運動会などの行事に展開していくことや，「人や環境との豊かな対話を生かす」ことや，「家庭や地域の資源を生かす」ことなどが「協同的な学び」にとって重要であると述べています。保育者主導の行事や保育活動ではなく，子ども主体の行事，保育活動こそが「協同的な学び」につながるものであり，全国で幼児教育・保育における**「協同的な学び」の実践**が展開されています。

> ▷7　「協同的な学び」の実践例を，ポートフォリオ等を用いて視覚的に紹介考察しているものに，大豆生田（2014，2016）などがある。

3．乳幼児期の学びを支える保育実践

　大豆生田（2018b）は，子どもの主体的な学びにつながる保育実践において，「環境構成」に着目して論じています。単に環境を構成していればよいのではなく，子どもの発達段階や興味・関心に応じて柔軟に環境を再構成することが有効であると考え，「動的環境のデザイン」と名づけています。大豆生田（2018b）は「子どものあそびが主体的で，豊かな人やモノとの対話が起こり，気づきや工夫，試行錯誤，探求，創造が起こる学びになるためには，子どもの興味・関心に基づいて環境を再構成するとともに，再構成していく工夫が必要なのです」と述べています。保育者が一方的・固定的に保育環境を設定するのではなく，子どもたちとの「対話」を通して環境を柔軟に変更していくという視点は，これからの保育の展開の可能性を大きく広げるものとして注目されます。

　神奈川県逗子市の「かぐのみ幼稚園」における5歳児クラスの保育実践例を紹介します（大豆生田，2018b）。固定遊具をジャンプして遊んでいた子どもたちから，忍者ごっこをしたいという声が上がります。忍者ごっこのために必要なものを考えた結果，忍者修行のコースが作られ，そこからさらに発展して子どもたちによって忍者屋敷がさまざまな素材で作られていきます。できあがった修行コースや忍者屋敷で遊びながら，遊びはさらに展開し，裏山に忍者修行に出かけたりもします。その後，壊れてしまった忍者屋敷を補修するために保護者が協力してくれ，子どもたちは釘打ち等の木工技術を習得していきます。その遊びは卒園前まで続き，忍者ごっこは異年齢の子どもたちも巻き込んだダイナミックな遊びとして展開していきます。

　保育者は，ケガなどの危険に目を配りながらも，子どもたち自身で危

険に気づいたり，補修の必要性に気づいたりできるように，子どもたち
の様子を見守ります。同時に，子どもたちの遊びが豊かに展開するよう
な素材（木材や廃材など）を用意したり，人的環境（保護者）との橋渡し
をしたりして，子どもたちの学びを支えていることがわかります。５歳
児は一連の遊びを通して「協同性」や「豊かな表現や感性」「言葉によ
る伝え合い」「健康な心と体」など，「10の姿」の多くを育てていったこ
とがわかります。また年少児は，５歳児の姿にあこがれをもち，自分た
ちも５歳児のような忍者になりたいとワクワクしたことでしょう。「協
同的な学び」を支える保育とは，子どもたちの「やってみたい」を実現
する保育です。みなさんも子どもたちの「やってみたい」を引き出し，
自分も子どもたちもワクワクするような保育実践を工夫していってくだ
さい。

3　保護者への支援

1．環境としての保護者

　乳幼児が初めて出会う大人は，多くの場合保護者です。本節では，乳
幼児期の学びに保護者が果たす役割について考えていきましょう。乳幼
児の精神発達に母親が果たす役割の重要性を提唱した小児科医であり，
精神科医でもあった，**ウィニコット**[8]（Winnicott, D. W.）の考えを紹介しま
す。ウィニコットは，乳児期の初期においては赤ん坊と母親は一体であ
り，赤ん坊の心の中で母親と自分の区別はないと考えました。赤ん坊は，
泣けば抱っこしてもらう，お腹がすけば授乳してもらう，おむつが汚れ
ればきれいにしてもらうという経験を何百回，何千回としていきます。
ウィニコットはまた，環境としての母親の役割として，「ほどよい母親」
（good enough mother）であることを重視しました。「ほどよい母親」と
は，乳児の欲求に適切に応じながらも，適度に失敗する（乳児がさみし
くて泣いても気づかずにだっこするのが遅れるなど）ような母親をさして
います。乳児の欲求に100％応じることは不可能ですから，適度な失敗は
どの母親と乳児の関係でもおこります。こうした経験を重ねる中で，乳
児は徐々に母親と自分は別の存在であると気づいていきます。その心の
痛みに耐えるために，幼児はぬいぐるみや毛布などのやわらかな肌触り
のものを肌身離さず持ち歩くようになりますが，こうしたものを「移行
対象」（transitional object）と呼びます。井原（2009）によると，移行対
象は，欧米では６～７割の子どもに生じますが，日本では３割程度であ

▷8　ウィニコットは，子
どもの精神発達に関する数
多くの著作を残しており，
とくに子どもにとっての
「遊び」の意味について保
育者が学ぶことは多い。彼
の理論を学ぶ前にウィニ
コットについて解説された
本（たとえば北山（2001），
井原（2009）など）を読ん
で学習されることをすすめ
る。さらに興味をもたれた
方は，ウィニコットが乳幼
児の保護者向けに行った講
演（Winnicott, 1964＝訳書
1985・1986）を読むとより
学びが深まる。ウィニコッ
トの発達理論については，
第3章を参照。

▷9　葛藤
「好きと嫌い」「善と悪」と
いった対立する感情や概念
が同時に心の中に存在し，
せめぎ合うことをさす。

るとされています。移行対象は，母親との依存と自立の葛藤[9]を乗り越え
るために幼児が自ら生み出したものであり，成長するにしたがって徐々
に必要とされなくなっていきますが，形を変えて人間の心の成長に影響
を与えるとされています。

　ウィニコットの理論から保育者が学ぶことはたくさんありますが，こ
こでは乳幼児期の学びの観点からみていきたいと思います。乳児期の育
児は完璧である必要はなく，むしろ適度に失敗する「ほどよい母親」で
あることが，乳児にとって自他の区別（分離）を意識させることにつな
がり，成長につながります。保育者になった時に，ウィニコットの考え
を参考にし，保護者に対して「完璧な育児なんてないから，適度にまわ
りを頼りながら育児していきましょう」と保護者を勇気づけてください。
きっと多くのお母さんお父さんの心が少し軽くなって，よりよい親子関
係につながっていくことと思います。

2．現代社会における子育ての難しさ

▷10　児童虐待
日本における児童虐待は
年々増加傾向にあり，厚生
労働省によれば，2020（令
和2）年度に児童相談所が
対応した児童虐待の対応件
数は，20万5044件であり，
30年前の200倍になってい
る。もっとも割合が多いの
は心理的虐待で，12万1334
件（59％）である。保護者
のDVを目撃すること（面
前DV）も心理的虐待に含
まれる。詳しくは，第11章
を参照。

　「子育ては孤育て」といわれるように，現代の日本社会では，保護者
が育児をすることは簡単ではなくなってきています。児童虐待[10]の問題も
深刻化の一途をたどっており，社会全体で子育て家庭への支援を行う必
要があります。加えて，2020年から全世界で猛威をふるった新型コロナ
ウイルス感染症の影響は深刻です。保護者は，経済的な不安，感染不安，
育児を相談する相手と直接会えない不安等，何重にも重なった不安に圧
倒されそうになりながら，懸命に育児をしています。コロナ禍で，筆者
が保育園の先生たちからよく聞くことは，「参観もできなくなり，個人
懇談もしなくなったので，保護者と話をする機会がめっきり減った」
「そのため，『気になる子』について保護者と話をしようとしても，なか
なかうまくいかない」というものです。保護者の側からも，「園で子ど
もが何をしているのかまったくわからなくなった」という不安をよく聞
きます。直接対面して話すのが難しい状況だからこそ，保育者から保護
者に積極的にコミュニケーションを取り，子どもの様子を地道に伝えて
いくことが求められています。現在，ICT[11]の活用により，ウェブ会議
システムを用いてオンライン上でコミュニケーションを図ることができ
るようになりました。保育現場においても，こうしたツールを用いて保
護者とコミュニケーションを図る工夫が求められています。みなさんも，
ぜひ保護者と，ICTを用いたコミュニケーションを図る工夫について
学んでいってください。

▷11　ICTは，Information
and Communication Tech-
nology の略称で，情報通
信技術を活用してコミュニ
ケーションをはかること。

3．保護者支援の実際

　本項では，保育現場における保護者支援の実際について，筆者が行った実践例を紹介します。筆者は，同じ私立保育所に 8 年間現地調査に行っています。その園では，「気になる子」が多く，保育者が困っていたため，保育者養成校の教員であり，臨床心理士でもあった筆者が呼ばれ，「気になる子」への対応に関する助言を行ってきました。そのプロセスの中で，「気になる子」本人よりもその保護者への支援の方が難しいという保育者の声を聞き，「気になる子」の保護者を支援する場を設定してみることになりました。「**ほっとサロン**」▷12 と保育者が名づけた場には，保育者から参加をすすめられた「気になる子」の保護者や担任保育者，主任保育士などが集まり，子育てに関する悩みを語り合うことになりました。やがてその取り組みは，「気になる子」だけでなく全在園児の保護者を対象にした子育て支援の取り組みとして定着しつつあり，現在 6 年目を迎えています。コロナ禍の年に参加された保護者からは，「他の保護者と話す機会が減っていたので，とてもいい時間になりました」など，肯定的な感想が多く寄せられました。また，保育者からは，「保護者の本音が聞けて今後の保護者との関わりの参考になった」などの感想がありました。今後も対面での開催を基本としつつ，状況次第ではオンライン開催も検討して 2 か月に 1 回程度の実施を予定しています。筆者の実践は，養成校の教員と現場の保育者が一緒になって（協働して）保護者への支援を行った例ですが，現場の保育者だけでこうした実践を行うことも可能と思われます。「子どもの学びを支える環境としての保護者を支える」という視点をもち，みなさんも積極的に保護者への支援に取り組んでいってください。

▷12　筆者の実践については，橋本（2017, 2018）を参照のこと。

◆考えてみよう！

(1) 各園で行われている「アプローチカリキュラム」について調べ，どのような内容を400字程度でまとめてみましょう。また，グループで調べた内容を発表し合いましょう。

(2) 乳幼児の子育てをしている保護者はどのような不安を抱えているか，インターネットなどで調べ，400字程度でまとめてみましょう。また，調べた内容についてグループで話し合い，保育者として保護者の不安にどのように向き合えばよいのかについて意見を出し合いましょう。

引用・参考文献

・井原成男（2009）『ウィニコットと移行対象の発達心理学』福村出版。
・Winnicott, D. W.（1964）*The Child, the Family and the Outside World*, Penguin Books（D. W. ウィニコット／猪俣状二訳（1985）『子どもと家族のまわりの世界　上　ウィニコット博士の育児記録　赤ちゃんはなぜなくの』星和書店；D. W. ウィニコット／猪俣状二訳（1986）『子どもと家族のまわりの世界　下　ウィニコット博士の育児記録　子どもはなぜあそぶの』星和書店）.
・大豆生田啓友（2014）『「子ども主体の協同的な学び」が生まれる保育』学研。
・大豆生田啓友（2016）『「対話」から生まれる乳幼児期の学びの物語』学研。
・大豆生田啓友（2018a）「幼児期の終わりまでに育ってほしい姿（10の姿）3. 協同性」無藤隆編著『「幼児期の終わりまでに育ってほしい姿」（10の姿）と重要事項（プラス5）を見える化！　10の姿プラス5・実践解説書』ひかりのくに，22〜25頁。
・大豆生田啓友（2018b）『あそびから学びが生まれる動的環境デザイン』学研。
・北山修（2001）『精神分析理論と臨床』誠信書房。
・木下光二（2019）『遊びと学びをつなぐ，これからの保幼小接続カリキュラム——事例でわかるアプローチ＆スタートカリキュラム』チャイルド本社。
・厚生労働省（2021）「令和2年度　児童相談所での児童虐待対応件数」（https://www.mhlw.go.jp/content/000863297.pdf　2022年7月17日アクセス）。
・国立教育政策研究所（2017）「幼小接続期カリキュラム全国自治体調査」（https://www.nier.go.jp/youji_kyouiku_kenkyuu_center/youshou_curr.html　2022年8月5日アクセス）。
・汐見稔幸（2018）「「保育所保育指針」の改定とポイント」汐見稔幸・無藤隆（2018）『〈平成30年施行〉保育所保育指針　幼稚園育要領　幼保連携型認定こども園教育・保育要領　解説とポイント』ミネルヴァ書房，43〜60頁。
・内閣府・厚生労働省・文部科学省（2017）『平成29年告示　幼稚園教育要領・保育所保育指針・認定こども園教育・保育要領〈原本〉』チャイルド本社。
・橋本翼（2017）「保育所における保育所と保護者の『対話の場』による子育て支援の可能性——保護者の語りの分析を通して」『近畿大学九州短期大学研究紀要』第47巻，124〜135頁。
・橋本翼（2018）「保育所における『気になる子』の保護者支援の取り組みに関する一考察——保育者へのインタビュー調査を通して」『近畿大学九州短期大学研究紀要』第48巻，77〜89頁。
・無藤隆（2018）『幼児期の終わりまでに育ってほしい10の姿』東洋館出版社。

考えてみよう！〈解答例・解説〉

◆第3章　発達理論と子ども観・保育観

(1)　赤ちゃんはどちらの箱を開けるのか？

　Bの箱に隠すのを見ていたのに，Aの箱を探してしまう。不思議ですね。この赤ちゃんの行動は「A－ノット－B　エラー」と呼ばれ，この行動の理由についてさまざまな研究者が実験を重ねてきました。そして，じつはまだ結論は出ていないのです。いくつかの説を紹介すると，「Aの位置に隠したことを，何度も見ているので，その記憶が強すぎてBに隠したことがうまく記憶できていない」と赤ちゃんの記憶の観点から検討するものや，「ずっとAの箱を開ける動作を繰り返していたので，その動作の痕跡が残って，Bに隠された時もついAの箱に手を伸ばしてしまう」と赤ちゃんの運動感覚の観点から検討するものもあります。後者は"体が覚えている"という感じで，たとえば車を新しく乗り換えた時，誤って前の車のギアレバーがあった位置に手を伸ばしてしまうような感じをイメージしてもらうといいかもしれません。

　みなさんは，どんな答えを考えたでしょうか。子どもの行動については，現時点では必ずしも明確な説明ができないものもあります。しかし，「大人には」「科学的には」わからないだけで，本当は子どもなりの理由があるはずです。まずは大人が「当たり前」としてもっている感覚を一度脇に置いて，この子はなぜこの行動をとったのかと，子どもの世界を想像してみてほしいと思います。きっとそこから子どもとつながれるチャンスが，得られると思います。

(2)　らせん状の育ちの例

　さて，どんな例が思い浮かんだでしょうか。わかりやすいところでいえば「赤ちゃん返り」などもそうですね。いろいろなことが自分でできるようになり，一時は何でも「自分で！」と主張していたのに，「できないー」「やってー」とすべてを委ねる姿はまるで赤ちゃんのようです。これも発達の中では自然なプロセスで，自分でできる自信を育みつつ，「やっぱり甘えたい」という気持ちの揺り戻しもおこります。そのような行きつ戻りつを繰り返しながら，子どもはいつか本当の意味で自立していくわけですね。

◆第7章　社会性の発達

(2)　子どもたちにとって大切な「いざこざ」

　保育園（幼稚園）は，子どもたちにとって初めて「社会」を経験する場所です。家庭では，家族に気持ちをくみ取ってもらえることが多いですが，同じ年齢の子ども同士ではそうはいかず，「いざこざ」がおこります。思い通りにならないと，相手とぶつかり，言い合い，時には手が出てしまうこともあるでしょう。けれど，じつはこのいざこざがとても大切なのです。

　いざこざは，「自分と相手の思い」がぶつかるからおこります。思い同士がぶつかって初めて，子どもたちは自分の思いに気づき，相手の思いを知ることができます。頭で理解できても，最初は折り合いをつけることは難しいでしょうが，4～5歳になると言葉で自分の気持ちを伝えたり，ときには交互に使う，一緒に使うなど上手に遊べるようになっていきます。

　このように他者とのやり取り，その中

でも摩擦のあるものも貴重な経験となって、発達を促していきます。私たち保育者も、子どもたちがお互いの思いに気づいた上で、上手にいざこざを乗り越えていけるよう、サポートしていきたいと考えています。子どもから「いざこざ」の話を聞くと、大人は心配になりますが、子どもと一緒に、場面をよく思い出したり、気持ちを育てたり、言葉で伝えられる力がつくことをサポートするよい機会になります。また、自分のことを熱心に考えてもらったり、話を聞いてもらえる体験は、かけがえのない心の栄養になります。親子で「いざこざ」につきあっていきましょう。

※第7章の第3節にあるような、研究結果を用いながら説明する方法もあります。研究結果を紹介すると、科学的根拠がわかって保護者も納得しやすい反面、説明が難しくなって伝わらない場合もあるので、伝え方に工夫が必要です。

◆第8章　認知の発達
(1)　感覚運動期の遊び

　感覚運動期とは、自分の体を動かしたり、感覚刺激を味わったりして遊ぶ時期です。そういう意味では、あらゆる行動が子どもにとっては「遊び」になります。手に持ったおもちゃや自分自身の手を口に運んでモグモグとしているのも「遊び」です。また、手に持ったおもちゃを打ち合わせたり、家の引き出しから中身を全部出したり、「ババババ……」「ブブブブ……」と発声したりするのも、すべて「遊び」です。

　今いる場所から、少し周囲を見わたしてください。何が目に入るでしょうか。室内であれば、窓枠やカーテン、本やソファなどが目に入るかもしれません。私たち大人は、実際に触れなくても、見た目の質感だけでカーテンやソファの手触りを予測することができます。また、実際には絶対にやらないでしょうが、カーテンや窓枠を口に含んだらどんな味がするかも、おおよそ想像することができるはずです。大人は周囲の情報の大半を「視覚」から得るとされていますが、その視覚情報のベースには、過去の感覚や運動を通しての体験があるのです。だからこそ、たとえば海外旅行で、まったく見たこともないような料理がでてきたら、あなたはどうするでしょうか。きっと、鼻を近づけてクンクンと香りをかいでみたり、指先やスプーンなどでツンツンとつついて触感を確かめたりするでしょう。つまり、感覚的探索に立ち返るわけです。私たちのあらゆる活動は、感覚運動レベルの体験を基盤として成り立っているということですね。

(2)　自己中心性

　子ども同士でよく起こるのは、物の取り合いです。「僕が先に使ってた！」など、それぞれに言い分があるわけですが、なかなか折り合いはつきません。自己中心性を脱していない時期なので、相手の視点を理解することが難しいということもありますし、自分の主張をするのに精一杯で、相手の言い分に耳を傾ける余裕がないということもあります。また、床に落ちていたおもちゃを拾って遊んでいたら、じつはそれは友だちが"いったん置いていた"ものだった……という場合もあり、自分が見ていない場面での、友だちの"つもり"を理解することは、この時期の子どもにとってはより一層難しいことであるといえるでしょう。

　さて、このような場面に対して、保育者はどう関わったらいいでしょうか。「お友だちが先に使っていたから……」と先に使っている人が優先というルールを説明するというのも、ひとつの方法でしょう。ただ、この場面での双方の言い分は「それぞれに一理はある」というもので、どちらが正しいかを大人

がジャッジするというのも違うのかもしれません。「あとで使うつもりでも，床にポンと置いてあったら，誰のものかわからないかもね」「置いてあるように見えても，ひょっとすると誰かが使っているものかもしれないね」と，互いの視点も示しつつ，「じゃあどうしたらいいかな」と一緒に考えていくことが大事だと思います。おもちゃを拾った時に「これ，誰か使ってる？」と近くの友だちに一声かけるだけでも，意図の食い違いによる衝突を減らせるかもしれません。もちろん，この対応が唯一の正解ではなく，子どもたちが気づきを得たり，自分なりに考えたりしながら，その時々の答えを作り出していけるように支えていきましょう。

◆第10章　発達障害と発達
(2)　伝わりやすい言いかえの例
① 「いまゾウさんの声だよ。アリさんの声にできるかな？」
② 「普通電車から特急電車にスピードアップ！」
③ 「忍者になってそろりそろりと歩きましょう。」
※ AD/HD児が想像しやすい具体例（好きなものなど）を取り上げ，楽しんで好ましい行動を選択できるように工夫してみましょう。

◆第12章　保育にいかす学習理論
(1)　きちんとごはんを食べる
　曖昧な表現であるため，何がどうなることを目標にするのかを具体的に考えます。
　食事のマナーだと，たとえば「『いただきます』のあいさつから，『ごちそうさま』のあいさつをするまでは，席にずっとすわって食べる」こと，道具の使い方だと，「食卓の食べ物は，手を使わず，スプーンとフォークで食べる」ことだと具体的になったのではないでしょうか。

(2)　卵を割る

Step 1	卵と，卵を割り入れる容器を用意する
Step 2	卵を，手（利き手）を使ってそっと持ち上げる。その際，親指とその他の指で卵を左右側面からはさむように持つ
Step 3	手に持った卵を，まな板など平らな面に，小さな音が鳴る程度に軽く打ち付ける
Step 4	卵のカラにヒビが入るまで，軽く打ち付けることを繰り返す
Step 5	卵のカラにヒビが入ったら，そのヒビに両手の親指を爪を立ててあてる
Step 6	容器の上で，両手首をひっくり返し，卵の割れ目を下に向ける
Step 7	卵のヒビに，ゆっくり親指の先を押し入れながら，左右に割り開く
Step 8	卵が割れ，中身が容器に入れば，卵割り完了

(3)　【事例12−2】Bくんとタンバリン遊び
環境調整・課題調整
・はじめてのタンバリン遊び⇨「初めて」なので，タンバリンに興味がもてず，早々に離席する可能性を考える。できれば早くタンバリンを手わたしてあげられるとよいかもしれない。
・着席した子ども⇨タンバリンが配られる条件として「着席」があるとしたら，着席しなければ，ずっとタンバリンに触れられないことに気をつける。じっとして聴くのが苦手であることから，着席ではない形で保育をすすめることも検討できる。
・先生がお話を始めました⇨Bくんが話を聞く態勢にならないまま，話が始まっている。着席ができそうになければ，歩いているBくんを自分のそばに連れてきて，話をはじめれば，先生がそばにいる・声が近くで聞こえることで，話を聞くことができる可能性が高まってくる。
・リズム打ち⇨子どもたちが楽しそうなので，課題のレベルは適正だと思われる。ただBくんにとっては，それでも難しく，意味がわからない可能性もあるため，「わかる！」「楽しそう！」なリズム打ち課題を考える。

Ｂくんが楽しめるものは，クラスのみんなもきっと楽しめる。

・Ｂくんへの声かけ⇨先生はどの位置から，どのように声をかけているか。声かけは，声が届いており，かつ聞いてわかる内容であることが前提。この2つがかなうように，そばにいったり，声かけの内容をわかりやすくすることもできる。

・保育室内のいろいろなもの⇨見えないように布をかけたり，手が届かないようにしたり，触ってはいけないものがある場合は，わかりやすく示すなどの環境調整ができる。

目標行動

はじめてのタンバリン遊びであることを考慮すると，目標行動の一例として，どういう形であれ「はじめてのタンバリンに触れ，活動を楽しめること」とできる。

目標行動を強化するプラスの結果（好子）

タンバリンを受け取ったら，タンバリンに目を向けたら，タンバリンを打ったらなど，Ｂくんがタンバリンに関心をよせるさまざまな行動を，そのつどほめることができる。行動の直後に，笑顔を向けたり，一緒に打って音を鳴らしてみたり，ほめ言葉をかけたりすることができる。いずれも，Ｂくんにとってプラスの結果となっていることが大切である。

索　引

（＊は人名）

《執筆者紹介》（執筆順，執筆分担，＊は編著者）

＊原口　喜充（はらぐち　ひさみ）　はじめに，第1章，第7章1・3節，第9章，第10章2・3節・同コラム，第13章1・2節，第14章1・2・4節

　　編著者紹介参照。

嶋野　珠生（しまの　たまお）　第2章，第5章，第6章，第11章，第14章1・3節
　　現　在　富山短期大学幼児教育学科准教授　臨床心理士，公認心理師
　　主　著　『なぜ？から探る子ども理解と援助』（共著）みらい，2022年。
　　　　　　『新保育ライブラリ　子育て支援』（共著）北大路書房，2022年。

大谷　多加志（おおたに　たかし）　第3章・同コラム，第6章コラム，第7章2節，第8章・同コラム，第13章3節
　　現　在　京都光華女子大学健康科学部心理学科准教授　臨床心理士，公認心理師
　　主　著　『新版K式発達検査の精密化に関する発達心理学的研究』（単著）風間書房，2019年。
　　　　　　『発達相談と新版K式発達検査──子ども・家族支援に役立つ知恵と工夫』（分担執筆）明石書店，2013年。

堀田　亮（ほった　りょう）　第4章
　　現　在　近畿大学九州短期大学保育科准教授
　　主　著　『子どもと社会の未来を拓く─保育内容─健康』（共著）青踏社，2022年。
　　　　　　"Healthy Behaviors and Incidence of Disability in Community-Dwelling Elderly"（共著）*American Journal of Health Behavior*, 42(1): 51-58, 2018.

矢本　洋子（やもと　ようこ）　第5章コラム，第12章・同コラム
　　現　在　学校法人津嶋学園　キンダーカウンセラー　臨床心理士，公認心理師

橋本　翼（はしもと　つばさ）　第10章1節，第15章
　　現　在　近畿大学九州短期大学保育科准教授　臨床心理士
　　主　著　『幼児と人間関係──保育者をめざす』（共著）同文書院，2021年。
　　　　　　『豊かな育ちのための保育内容総論』（共著）ミネルヴァ書房，2020年。

コラム執筆

森田　美貴（もりた　みき）　第1章コラム
　　現　在　学校法人心華学園みのり幼稚園副園長，幼稚園教諭

藤原　歩惟（ふじわら　あい）　第11章コラム
　　現　在　交野女子学院法務技官　臨床心理士，公認心理師

平野　仁弥（ひらの　きみや）　第13章コラム
　　現　在　帝塚山大学こころのケアセンター主任相談員　臨床心理士，公認心理師

《編著者紹介》

原口　喜充（はらぐち　ひさみ）
　現　在　近畿大学九州短期大学保育科講師　臨床心理士，公認心理師
　主著・論文
　　　　「チック的コミュニケーションの背景にある親子の想いのずれ——小児科クリニックにおける描画を用いた母子合同面接の事例から」（単著）『遊戯療法学研究』2021年。（2021年度日本遊戯療法学会奨励賞受賞）
　　　　『新版K式発達検査2020　実施手引書』（共著）京都国際社会福祉センター，2020年。
　　　　「保育者からみた心理専門職との協働——経験による変化と関係性に着目して」（共著）『保育学研究』2018年。
　　　　「保育カウンセリングにおける保育者支援の方法とプロセスに関する一考察」（単著）『心理臨床学研究』2017年。
　　　　「日々の保育における担任保育者の保育体験——保育者の主観的体験に注目して」（単著）『保育学研究』2016年。（平成29年日本保育学会研究奨励賞受賞）

実践に活かす保育の心理学

2023年2月20日　初版第1刷発行　　　　　　　　〈検印省略〉

定価はカバーに
表示しています

編 著 者　　原　口　喜　充
発 行 者　　杉　田　啓　三
印 刷 者　　中　村　勝　弘

発行所　株式会社　ミネルヴァ書房
607-8494　京都市山科区日ノ岡堤谷町1
電話代表　（075）581-5191
振替口座　01020-0-8076

©原口喜充ほか，2023　　　　　　　中村印刷・新生製本

ISBN978-4-623-09522-3
Printed in Japan

保育のための教育原理

垂見直樹/金 俊華/大間敏行/三木一司 著
Ｂ５判・172頁・本体2200円

豊かな育ちのための保育内容総論

垂見直樹 編著
Ｂ５判・216頁・本体2400円

幼児教育・保育のための教育方法論

垂見直樹/池田竜介 編著
Ｂ５判・176頁・本体2000円

保育・幼児教育・子ども家庭福祉辞典

中坪史典/山下文一/松井剛太/伊藤嘉余子/立花直樹 編集委員
四六判・640頁・本体2500円

小学校教育用語辞典

細尾萌子/柏木智子 編集代表
四六判・408頁・本体2400円

―――――― ミネルヴァ書房 ――――――
https://www.minervashobo.co.jp/